U0857184

中国电子信息产业统计年鉴
（软件篇）

2012

工业和信息化部运行监测协调局

電子工業出版社
Publishing House of Electronics Industry
北京 • BEIJING

图书在版编目（CIP）数据

中国电子信息产业统计年鉴. 2012. 软件篇 / 工业和信息化部运行监测协调局. —北京：电子工业出版社，2013.8

ISBN 978-7-121-20990-1

Ⅰ. ①中… Ⅱ. ①工… Ⅲ. ①电子信息产业－统计资料－中国－2012－年鉴②软件－电子计算机工业－统计资料－中国－2012－年鉴 Ⅳ. ①F49-66②F426.67-66

中国版本图书馆 CIP 数据核字（2013）第 160424 号

责任编辑：徐蕾薇
印　　刷：涿州市京南印刷厂
装　　订：涿州市京南印刷厂
出版发行：电子工业出版社
　　　　　北京市海淀区万寿路 173 信箱　邮编 100036
开　　本：787×1 092　1/16　印张：17.5　字数：472 千字　彩插：4
印　　次：2013 年 8 月第 1 次印刷
定　　价：268.00 元

凡所购买电子工业出版社图书有缺损问题，请向购买书店调换。若书店售缺，请与本社发行部联系，联系及邮购电话：（010）88254888。

质量投诉请发邮件至 zlts@phei.com.cn，盗版侵权举报请发邮件至 dbqq@phei.com.cn。

服务热线：（010）88258888。

编 辑 说 明

1.《中国电子信息产业统计年鉴（软件篇）2012》（以下简称“本年鉴”）是全面记载2012年度中国软件和信息技术服务业运行的综合统计资料，汇集了全国各地区软件和信息技术服务业发展情况及相关领导、专家学者对产业发展的分析论述，系统反映了中国软件和信息技术服务业在2012年取得的成就、存在的问题和发展趋势。

2.“综述”部分的内容：一是 2012 年中国软件和信息技术服务业发展概况及述评；二是重点软件企业、软件产品、软件业投融资、软件人才发展概况及趋势；三是主要省、市2012年软件和信息技术服务业发展概况及趋势。

3. 本年鉴统计范围：一是在我国境内注册（港、澳、台地区除外），主要从事软件研发、系统集成及相关信息技术服务等业务，且主营业务年收入 100 万元以上，具有独立法人资格的软件企业（含软件认证企业）；二是在我国境内注册，主营业务年收入500万元以上，并有软件研发、系统集成及相关信息技术服务业务收入，以及该收入占本企业主营业务 30%以上的独立法人单位；三是在我国境内注册，主要从事集成电路设计的企业或其集成电路设计和测试的收入占本企业主营业务 60%以上，且主营业务年收入 100 万元以上的独立法人单位。

4. 本年鉴统计数据不包括中国港、澳、台地区。

5. 本年鉴得到各省（区、市）工业和信息化主管部门、有关企业、有关协会及直属单位的大力支持，在此谨表谢意。

目　　录

Ⅰ 综　　述

Ⅱ 综合统计

Ⅲ 三资企业统计

Ⅳ 内资企业统计

I 综　　述

2012年我国软件和信息技术服务业主要指标完成情况

指 标 名 称	单 位	本年完成	指 标 名 称	单 位	本年完成
企业个数	个	29205	年末所有者权益	万元	225894051
软件业务收入	万元	247937524	年初所有者权益	万元	272598521
其中：1．软件产品收入	万元	78572419	应交所得税	万元	8662617
2．信息系统集成服务收入	万元	55832576	应交增值税	万元	6275836
3．信息技术咨询服务收入	万元	24353981	出口已退税额	万元	798877
4．数据处理和存储服务收入	万元	41560129	研发经费	万元	21737824
5．嵌入式系统软件收入	万元	39916146	固定资产投资额	万元	12078537
6．集成电路设计收入	万元	7702274	固定资产折旧	万元	15233125
软件业务出口额	万美元	3942380	生产税净额	万元	9141047
其中：软件外包服务出口额	万美元	988712	营业盈余	万元	20979432
嵌入式系统软件出口额	万美元	1729109	从业人员年末人数	人	4184030
主营业务税金及附加	万元	5431674	其中：软件研发人员	人	1755754
利润总额	万元	33657511	管理人员	人	494123
流动资产平均余额	万元	244811098	其中：硕士以上	人	419763
资产合计	万元	397174514	大本	人	2361991
应收账款	万元	107404027	大专及以下	人	1402142
负债合计	万元	171280463	从业人员年平均人数	人	4043536
应付账款	万元	45700452	本年应付职工薪酬	万元	37492846

2012年我国软件和信息技术服务业统计概况图表

软件和信息技术服务业完成收入情况

单位：亿元

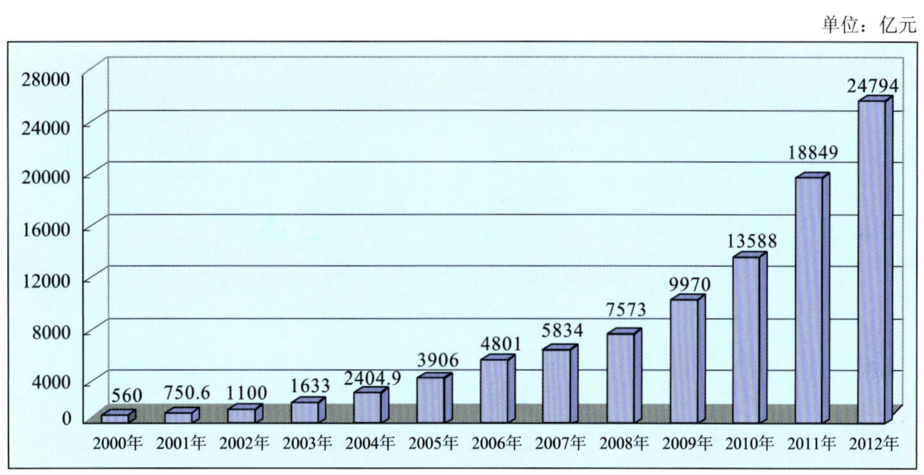

软件和信息技术服务业实现利润情况

单位：亿元

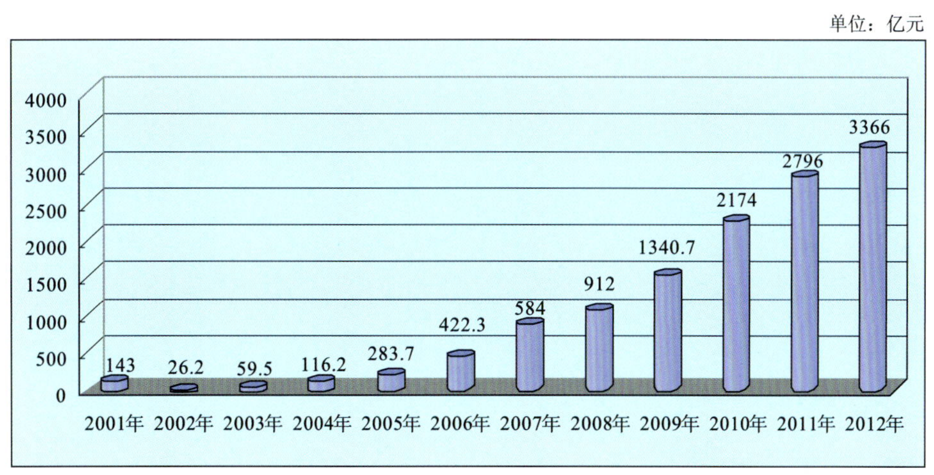

软件收入构成变化情况

单位：亿元

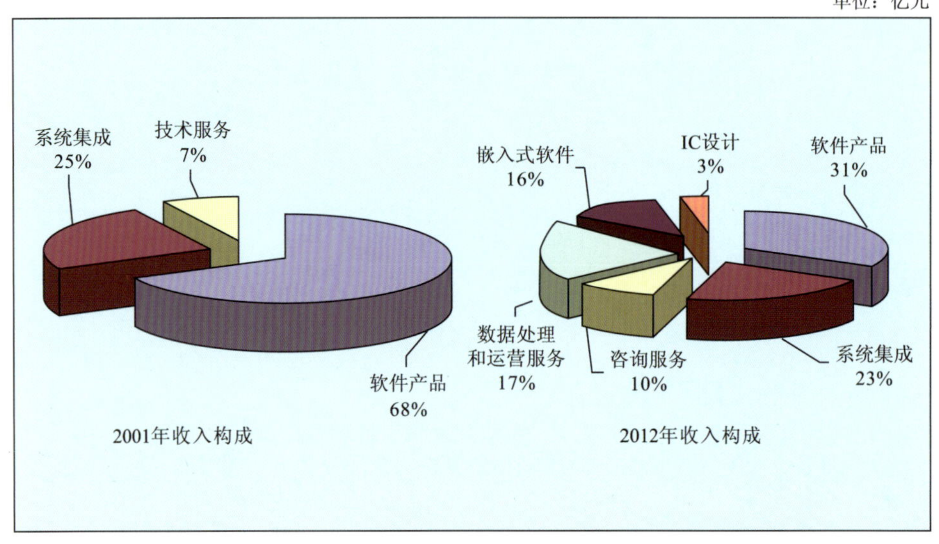

软件和信息技术服务业实现销售利润率、劳动生产率、人均利税情况

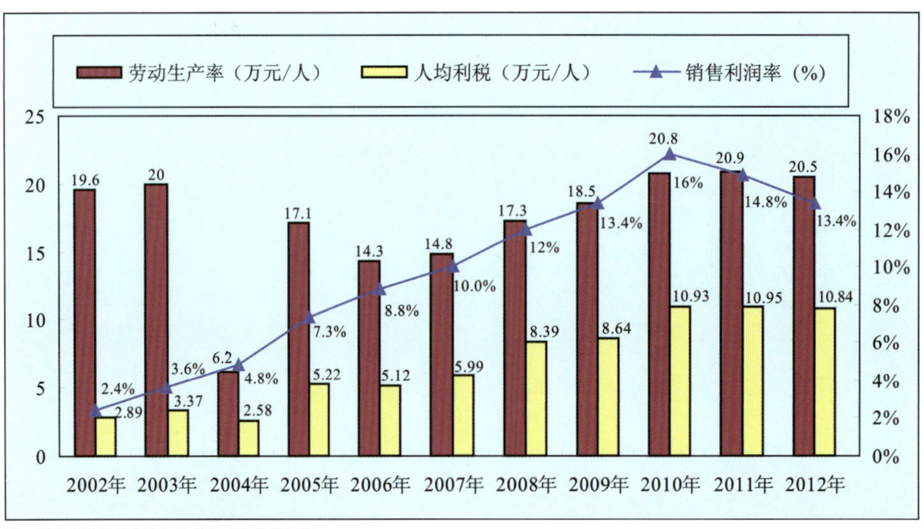

注：2004年劳动生产率未含嵌入式软件增加值。

软件出口情况

单位：亿美元

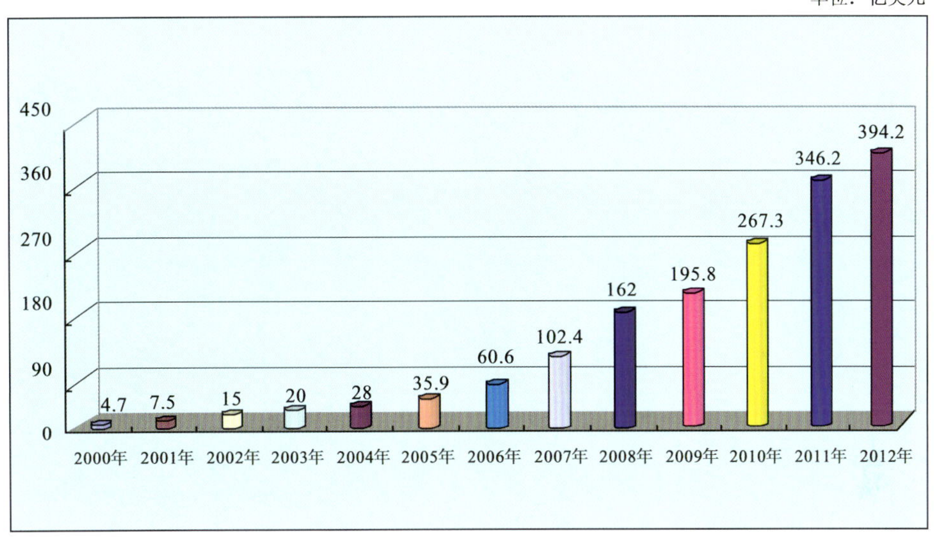

软件出口主要国家（地区）情况

单位：万美元

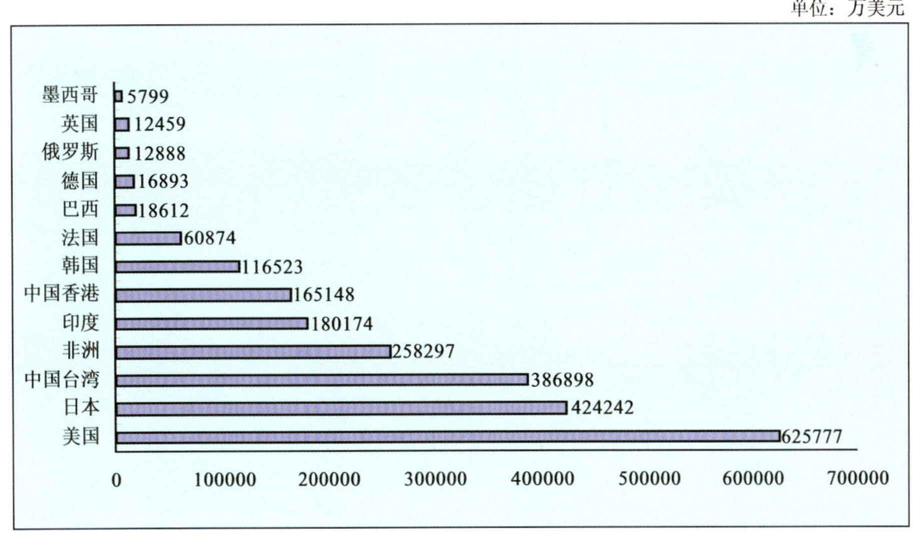

软件企业规模构成情况

单位：个

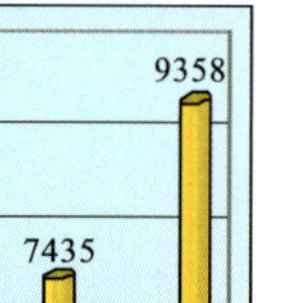

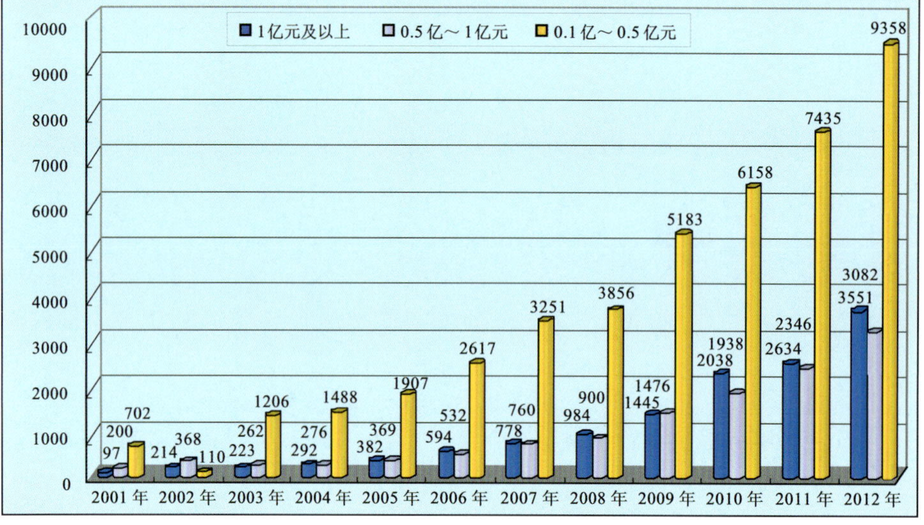

软件企业按规模分布情况

单位：个

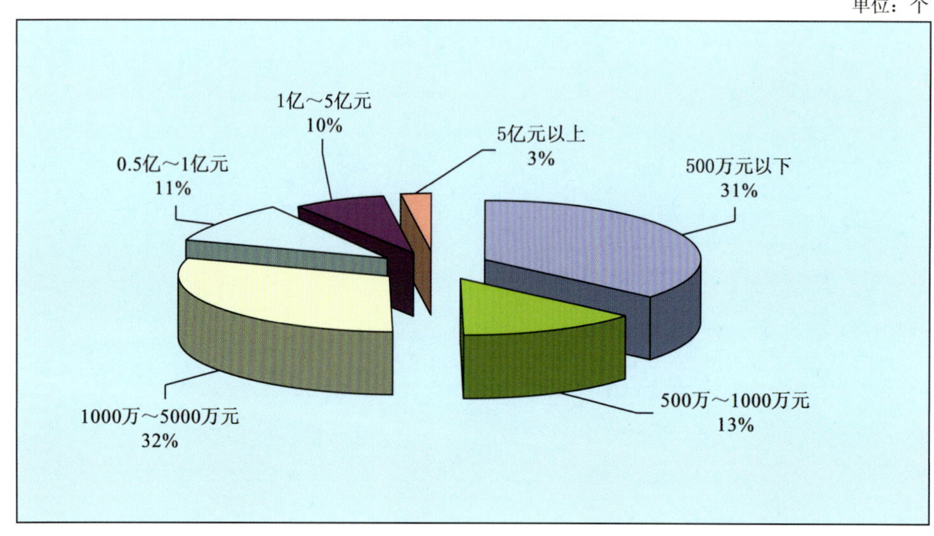

软件产品收入构成情况

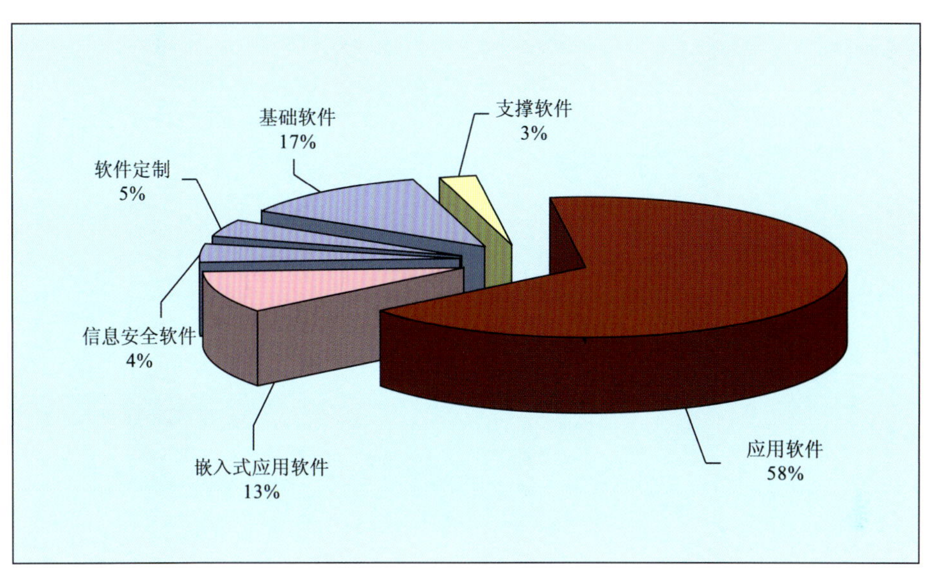

各经济类型软件企业收入构成情况

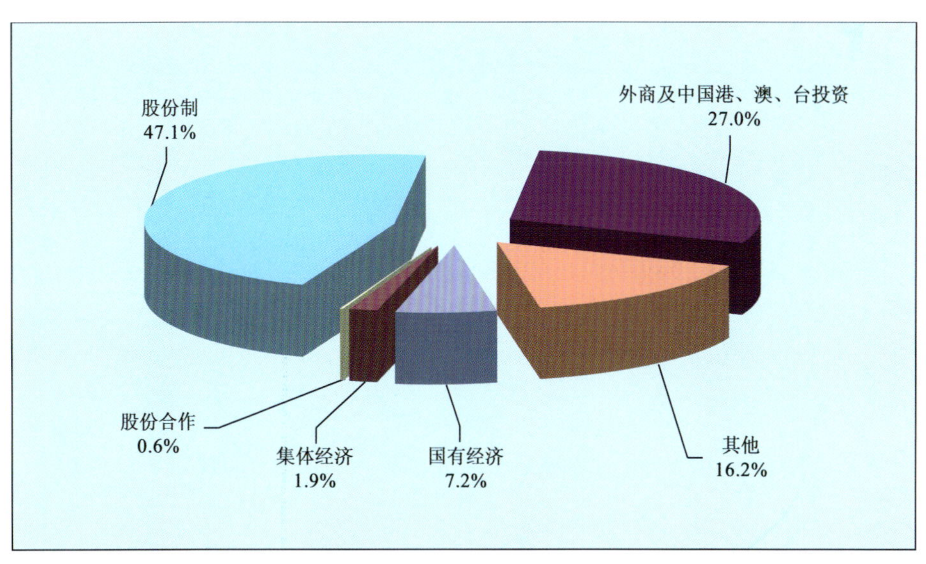

不同规模软件企业收入构成情况

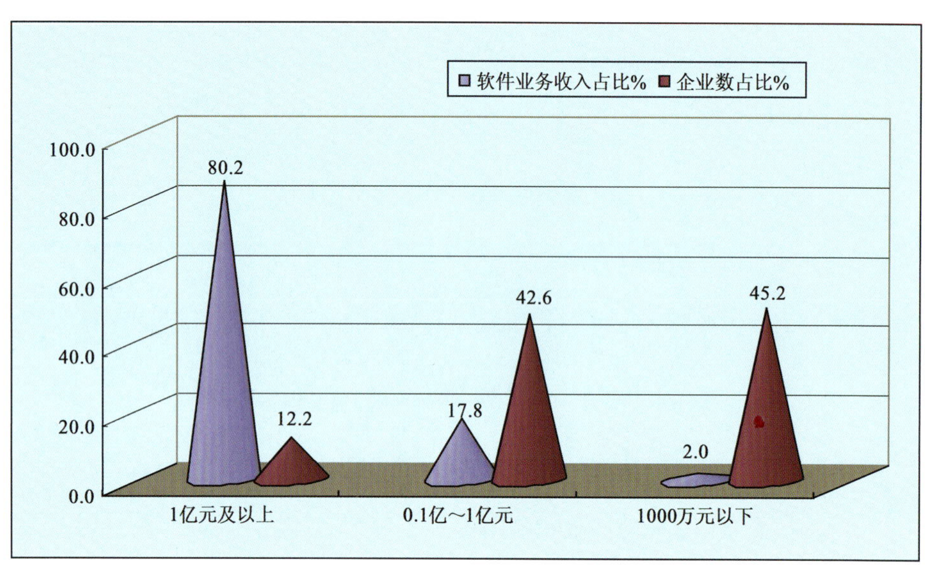

软件收入前十名省市情况

单位：亿元

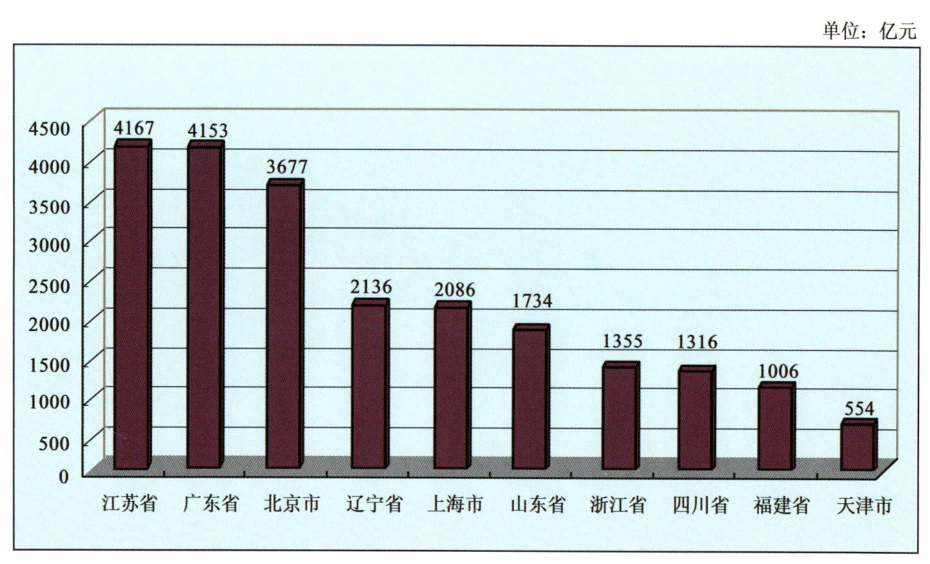

软件和信息技术服务业从业人员构成情况

单位：万人

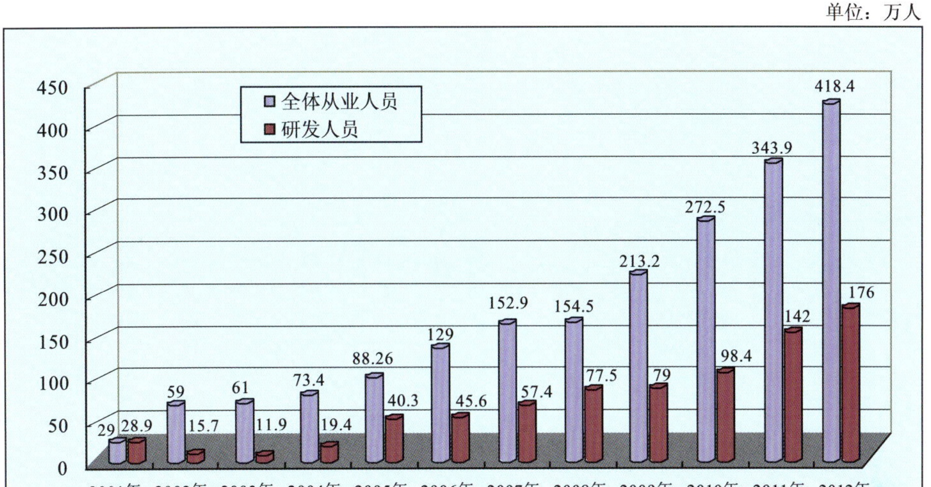

软件和信息技术服务业从业人员学历构成情况

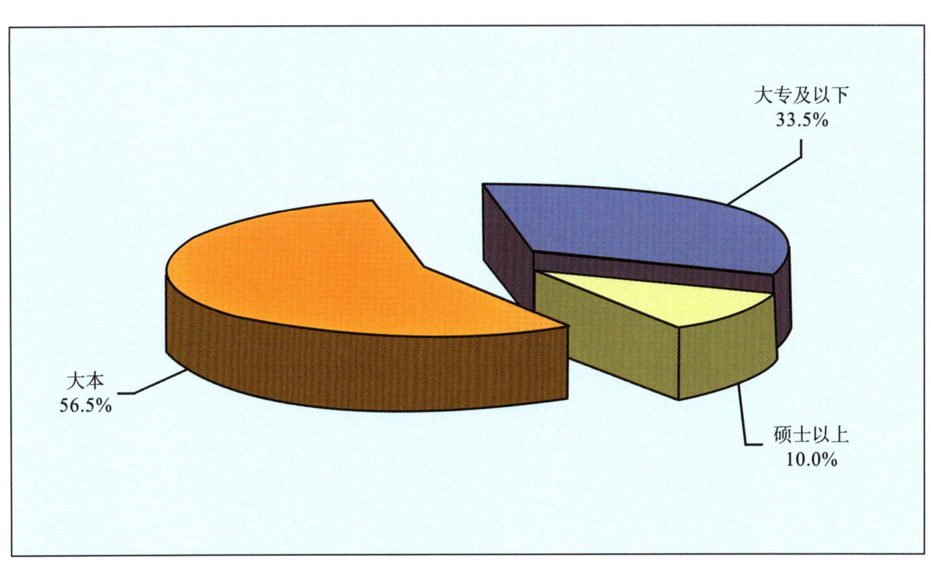

2012年软件和信息技术服务业运行情况和2013年展望

2012年，我国软件和信息技术服务业总体保持平稳较快发展。产业规模持续扩大，产业结构深化调整；信息技术服务作用和地位提升，与软件产品并重发展；产业进入稳定发展新阶段，整合成为软件企业的必然选择。

一、运行特点

（一）产业规模继续扩大，增长阶段由快速步入稳定

软件和信息技术服务业在国家产业政策的扶持下，历经十多年快速增长，2011年增速达38.7%之高。爆发式增长带来产业规模迅速扩大，2011年开始软件和信息技术服务业已成为电子信息第一大产业，2012年在电子信息产业中的比重上升到22.8%，比2011年又提高2.7个百分点，产业规模接近2.5万亿元，同比增长31.5%，增速开始放缓，产业步入稳定增长（见图1）。

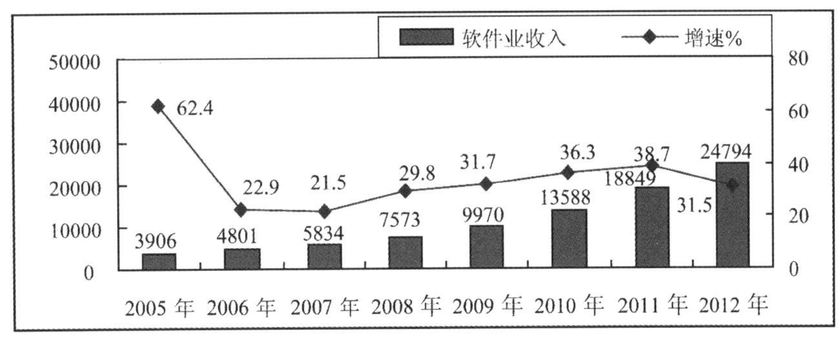

图1　2005—2012年软件和信息技术服务业增长情况

（二）信息技术服务收入比重过半，成为支撑产业增长的重要力量

软件产业服务化的趋势持续发展，促使信息技术服务类收入不断提高，2012年以来连续8个月超过软件产品类，在软件和信息技术服业中的占比和贡献率已经过半，凸显了对产业增长的引领作用。2012年，信息技术服务类收入12945亿元，同比增长35.1%，占比为52.2%。其中，数据处理和存储服务是持续增长最为突出的领域，完成收入4156亿元，同比增长35.6%，增速超过全行业4.1个百分点，在全行业中占比为16.8%，比上年同期提高0.5个百分点（见图2）。

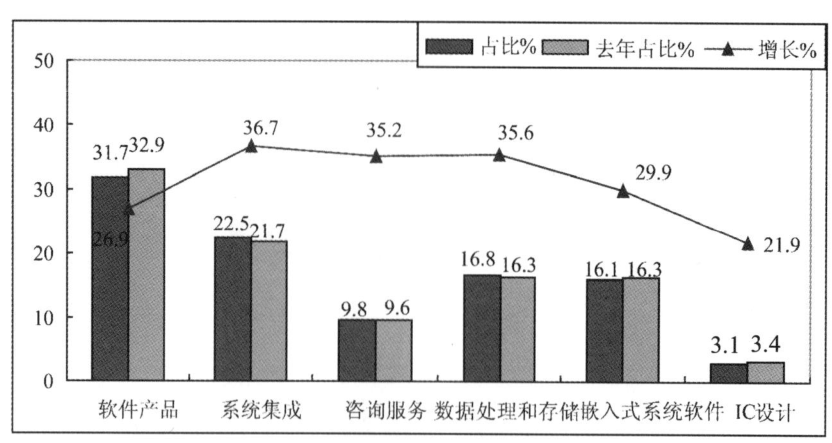

图 2　2012 年软件产业分类收入增长情况

（三）中心城市持续领先增长，东北和西部地区发展加速

2012 年，全国 15 个中心城市（副省级城市）实现软件业务收入 1.36 万亿元，占全国比重（55%）比上年同期提高 1 个百分点，同比增长 32.2%，增速快于全国 0.7 个百分点，继续成为支撑软件和信息技术产业发展的中坚力量。全国分区域看，西部和东北地区软件和信息技术产业发展步伐加快，2012 年分别完成软件业务收入 2492 和 2505 亿元，同比分别增长 33.6%和 41.3%，两者在全国的比重上升为 10%左右；中部地区软件产业扭转 2011 年下滑的局面，完成软件业务收入 921 亿元，同比增长 37.1%；东部地区软件产业保持平稳增长，完成软件业务收入 1.89 万亿元，同比增长 29.8%（见图 3）。

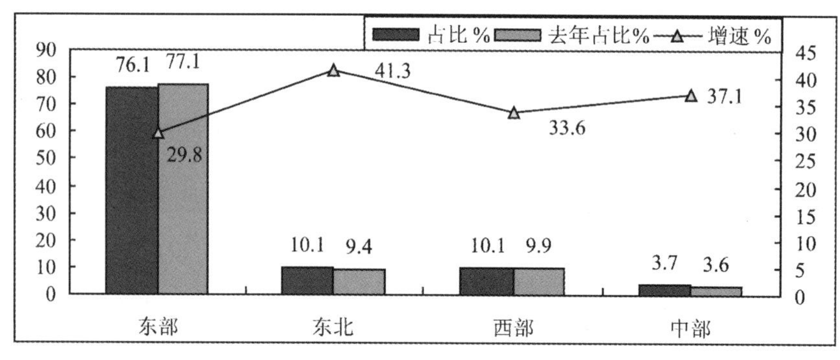

图 3　2012 年软件产业分区域增长情况

（四）成本费用上升加快，行业利润率显著下降

受人力成本持续上升、国内市场竞争趋向激烈的影响，软件企业成本费用上升很快，对利润形成明显侵蚀，利润增速下滑趋势突出。2012 年，软件和信息技术服务业的主营业务成本和“销售、管理、财务”三费增长均超过 30%，本年应付职工薪酬增长 29%；实现利润总额 3366 亿元，同比增长 20.4%，低于 2011 年 8.2 个百分点，低于收入增长 11.1 个百分点；工业和信息化部重点监测的软件业务收入前百家企业的利润连续 10 个月负增长，四成以上企业利润下降或亏损，直至年底前百家企业利润才转负为正（见图 4）。

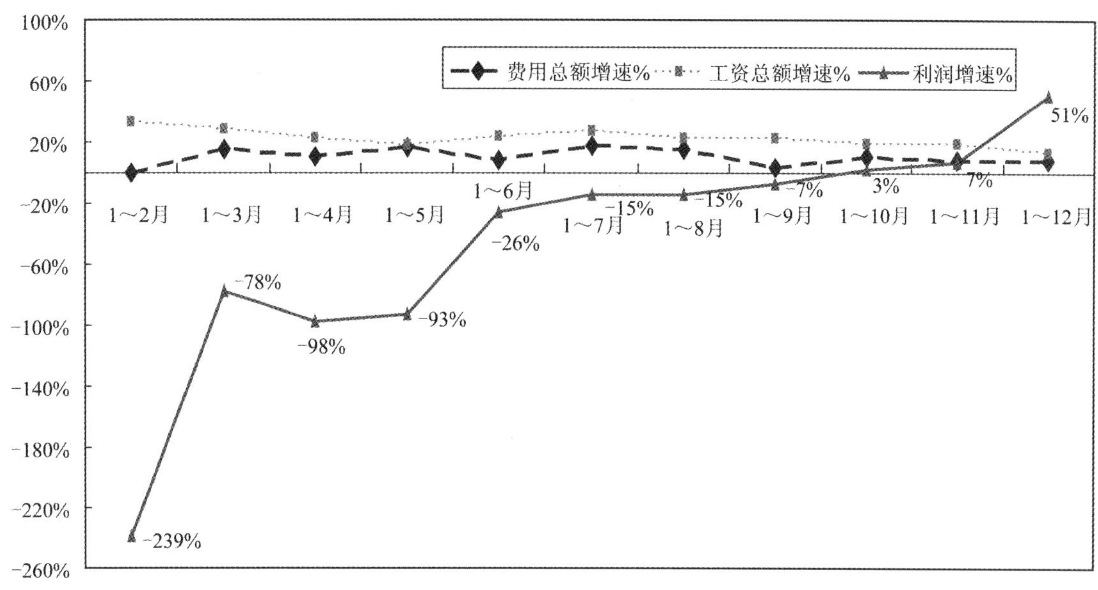

图 4　2012 年 1～12 月软件前百家企业效益变动情况

（五）内生式增长遇瓶颈，企业并购整合特点日益突出

宏观经济形势不容乐观，软件企业特别是以单一产品线为主的企业普遍感觉压力较大，单一领域拓展、内生式增长模式已经遇到瓶颈，整合正成为软件企业发展的必然选择。2012 年以来，软件企业一方面立足核心业务，加强研发和管理，提高盈利能力；另一方面通过资本运作或内部整合，向跨行业、跨领域延伸业务，布局新兴产业，培育未来增长点。例如，提供电力行业集团化管控的企业向类似的石化行业、煤炭行业扩张，提供综合解决方案的企业通过收购相关智能交通、环保监测等领域的软件企业，整合后向数字城市应用拓展。

二、存在的问题

（一）外需疲软导致软件出口持续低迷

2012 年以来，欧债危机持续蔓延导致全球经济复苏放缓，美国、欧盟、日本等主要经济体经济不景气，外需持续疲软，加之钓鱼岛事件对中日双边贸易的影响，以及人民币汇率提高、人力成本上升等因素影响，我国软件出口持续低迷，且月度波动反复特征明显。2012 年，实现软件出口 394 亿美元，同比增长 13.9%，增速低于 2011 年同期 15.6 个百分点，低于全行业 17.6 个百分点。

（二）软件企业“轻资产”导致融资困难

我国软件企业多数处于起步和发展壮大的阶段，获利能力在其技术和产品市场发育成熟之前较弱，常面临资金不足的困境。但软件企业由于天生“轻资产”的特点，经常会遇到现有金融体系的门槛，民间融资市场和其他金融创新尚不健全，导致融资难问题突出。有些地区调查显示，软件企业贷款利率上浮 30%的项目占到 56%，利率上浮 20%的企业占 8%，只有个别企业获得基准利率。

（三）成本、诚信和体制等问题对引进人才的制约突出

物价和房价的上涨，使软件企业的人力成本持续大幅上升，软件前百家企业在2011年从业人员平均工资上涨28%的基础上，2012年继续上涨12%，使得企业成本负担不断加重。同时，人才过度流动已经成为限制国内软件企业发展的重大问题，而一些体制性因素也在制约着部分软件企业对人才的引进。

（四）产业政策需加快完善，发展环境需进一步规范

鼓励软件企业发展相关配套政策落实较慢，软件企业税负明显增长，税金总额增速超过收入增速近15个百分点。扶持政策还存在系统性和协调性不足、管理粗放、缺乏对技术创新、人才、投融资的具体鼓励措施等问题，产业环境方面恶性竞争依然存在。

三、2013年展望

（一）国际形势较为复杂

从国际经济形势看，国际金融危机的深层次影响还在不断显露，发达国家经济依然疲弱，新兴经济体的经济增速普遍开始放缓，软件和信息技术产业外部需求依然低迷。

从IT产业本身看，信息技术仍在快速发展，对未来社会经济产生的影响增强，围绕信息产业发展的国际竞争日趋激烈，许多国家竞相发展新一代信息技术和产业，全球有90多个国家制定了国家宽带战略或计划，主要发达国家加大了对各核心领域主导权和市场的争夺，对我国软件和信息技术服务业发展形成了新的挑战。

尽管全球经济形势仍存在大量不可控因素，但是已经出现前景趋稳的迹象。世界银行预计欧盟经济2013年将好于2012年。新的软件和信息技术应用的需求仍较为活跃，商业模式、组织模式和产业体系深刻变革，在某些领域出现创新突破的可能性明显增强，市场调研机构Gartner预测2013年全球IT支出增长将保持在2.8%，超过3.7万亿美元。

（二）国内形势总体向好

从国内经济形势看，根据国家统计局公布的一系列宏观经济数据，表露出我国国民经济缓中企稳、稳中有进的基本形势确立。党的十八大胜利召开，确定了加快推进工业化、城镇化、信息化和农业现代化的发展道路，坚定了加快转变经济发展方式的发展途径，国内市场蕴涵着信息化与工业化融合的巨大需求，为软件和信息服务业发展带来了广阔的市场空间。

从IT产业发展上看，尽管我国软件和信息技术服务业的企业规模仍较小、管理和技术水平较弱，但同时要看到国内一批新兴创新型企业通过各具特色的创新应用，已在部分领域赢得了市场竞争优势，初步具备了在国际市场上发展的能力。同时，在移动智能终端领域操作系统形成了多元化竞争格局，为国内的智能终端和移动互联网企业发展提供了机遇；云计算的发展，为国内软件企业赶超国际水平提供了可能，只要我们持之以恒地加强对这些创新的支持，就有很大机会在一些核心领域取得突破，从而提升产业整体质量和水平，赢得更大的发展空间。

从国内重大市场需求看，多地智慧城市建设启动，辐射和带动智能交通、城市管理、医疗、电力、节能环保、安防等多个领域的政府信息化投资；金宏、金税、金财、金关等金字工程二期、三期持续建设；商业银行信息化、医疗信息化投入在2013年也将呈爆发式增长。

综合以上方面来看，我国软件和信息技术服务业将继续保持较快的发展态势，预计2013年增速仍将保持两位数，但增幅趋于平稳，将比2012年有所回落。

2013 年（第十二届）中国软件业务收入前百家企业发展情况

根据国家统计局批准的全国软件产业统计年报显示，2013 年（第十二届）中国软件业务收入前百家企业名单揭晓，华为技术有限公司以软件业务年收入 1018 亿元的业绩连续十二届蝉联前百家之冠，海尔集团和浪潮集团有限公司分列第二、第三名。本届中国软件业务收入前百家企业的主要特点如下。

一、企业实力持续增强

（一）规模迈上新台阶

本届百家企业入围门槛从上一届的 6.03 亿元上升至 7.79 亿元，增长 29%；实现软件业务收入合计达 3667 亿元，比上一届增长 7.8%；排名第一位的华为，软件业务收入首超过千亿元，同比增长 19.7%，增速比 2011 年提高 16.9 个百分点；前 10 家企业实现软件业务收入 1974 亿元，同比增长 20.5%。

（二）效益水平明显提升

本届百家企业利润总额达 654 亿元，同比增长 22.5%，扭转了上一届百家企业利润下滑的局面；主营销售利润率上升至 9.7%，比上届提升 1.5 个百分点；其中利润率超过 20%的企业有 19 家，比上一届增加 1 家。

（三）市场竞争力进一步增强

本届百家企业紧跟市场机遇，加快创新和应用，在各自领域内的市场地位得以提升。例如，在安防领域，海康威视、大华等企业不但在国内稳居前列，而且在国际市场上的排名不断上升；用友软件在高端市场的产品和服务上已实现可替代 SAP、Oracle 等国际厂商；在导航领域中，高德地图一举超越谷歌地图，占据中国手机地图市场首位。

二、科技创新能力不断提高

（一）研发投入持续扩大

本届百家企业投入软件研发人员 24 万人，比上一届增加 4 万人，同比增长 20%；投入软件研发经费 628 亿元，比上一届增长 17.8%，高出百家企业收入增长 10 个百分点；研发经费占主营业务收入比重达到 9.5%，比上一届高出 1.3 个百分点。

（二）核心技术和重点产品实现突破

本届百家企业立足自有优势领域，加快技术创新，取得可喜成果。特别是多家企业承担的国家“核高基”等重大科研项目取得突破，如浪潮集团成功研制天梭 K1 系统，打破了信息化网络核心装备受制于人的局面，使得中国成为继美、日之后第三个掌握新一代主机技术的国家。南瑞集团联合业内多个知名软件企业，成功研制出国内首个拥有完全自主知识产权的通用实时数据库，打破了国外垄断，带动了工业自动化软件的发展。

三、转型升级初见成效

（一）产业链整合能力得到提升

近年来，软件业产业链垂直整合趋势突出，“软+硬+服务”的一体化综合能力成为竞争的核心。本届百家企业顺应这一趋势，通过加强与国内外高校、科研机构、上下游企业的产学研合作，加快产业链的整合和构建。例如，北洋集团联合清华物联网中心等单位开展物联网研究协作，将各方技术和产业优势集中起来，成功运营了“智慧威海”项目。用友软件则顺应产业垂直整合的趋势进入基础软件领域，从单一“应用软件”发展到目前的“应用软件与服务+应用平台+基础软件”的产业结构。

（二）在新兴领域的应用取得新进展

云计算、物联网和移动互联网的迅猛增长，带来了软件企业快速成长的机遇。随着 2012 年首批国家智慧城市试点名单公布和 32 条城市轨道交通投资规划的批准，本届百家企业明显加快了在新兴领域的应用步伐。例如，浪潮集团全面向云计算转型，2012 年完成了贵州、南京等六个省市的云计算战略合作协议签署，同时与哈尔滨等八个省市签署了云计算落地协议。用友于 2011 年年底正式发布了用友云平台 V1.0，目前已经部署启动了下一代企业计算的研发；海尔 U-home 系统对以往智能家居和智能社区产品进行全新升级，推出了“云社区”、物联网智慧社区解决方案；新入围的企业小米移动软件、联动优势科技等公司的快速发展，都得益于其在移动互联网领域的业务增长。

（三）产业服务化转型明显

本届百家企业的软件业务收入中，信息技术服务类收入达到 1773 亿元，比上一届增长 16.5%，占行业比重达到 48.4%，比上一届提高 3.4 个百分点。本届百家企业中有 45 家企业为信息技术服务类企业，比上届增加 2 家。其中新入围的 21 家企业中，软件产品领域有 8 家，系统集成和数据处理服务领域分别有 8 家和 3 家，IC 设计 1 家，新增信息技术服务类企业明显增多，占比近六成。

四、产业集聚度不断提高

（一）龙头企业集聚带动作用突出

百家企业以其在各自领域内的优势地位为基础，发挥龙头企业带动作用，建立产业联盟，形成产业园区和产业集群，在很大程度上促进了软件产业的聚集发展。例如，南瑞集团牵头组建江苏、南京两级智能电网产业联盟，推动建立南京智能电网产业集群，其建设的国内首个智能电网科研产业基地，将于2013年上半年竣工投运；新入围的晨讯科技在沈阳建立科技产业园，形成了手机从设计、研发至测试等一体化服务的手机设计产业基地。

（二）地区聚集度进一步提高

本届百家企业中有81家集中在东部沿海地区，比上一届增加3家，其中北京、广东、浙江、江苏分别有28、16、10和9家，占到百家企业的63%；东部81家百家企业完成软件业务收入合计3269亿元，占全部百家企业收入的比重达到89%。本届百家企业中有80家集中在北京、上海及15个中心城市，其软件业务收入占百家企业的91%。

五、国际化进程打开新局面

（一）软件出口克难前行

2012年，百家企业克服不利国际形势、贸易壁垒和人民币汇率升值等带来的影响，实现软件出口134亿美元，出口额与2011年水平相当，占软件产业全部出口的34%。其中嵌入式软件出口增长了13%，软件外包服务出口下滑9%。

（二）企业坚持推进国际化战略

百家企业借力国家支持政策和鼓励措施，加快推进国际业务布局，通过推动产品国际对标和国际认证，培育具有国际竞争优势的系列高端产品；通过产业合作、设置分支机构或并购国外企业等方式，抢占海外市场份额，取得可喜进展。例如，南瑞集团产品已出口到欧美、亚非等60多个国家和地区，2013年海外市场合同预计30亿元。浪潮集团业务拓展至44个国家，集团新设立拉美大区，并在苏丹建成第一个海外云计算中心，目前正在积极跟进俄罗斯等多个国家重大项目，为下一步国际市场开拓打下坚实的基础。

六、社会贡献日益突出

（一）创造出突出的社会效益

百家企业以占全行业企业总数0.4%的企业个数，创造出全行业15%的软件业务收入和19%的利润，贡献出全行业29%的税金，吸纳了65万软件从业人员，占软件产业全部从业人员的16%，为促进软件产业发展和推动结构调整发挥了举足轻重的作用。

（二）承担着重大社会责任

百家企业以其技术优势，支撑国家重大信息化工程建设，承担数据中心和灾备中心等建设任务，参与多项国家级基础软件、重大平台等科研项目，为建设我国自主可控、安全可靠的信息化体系做出了贡献。

（三）提升和带动着传统产业的发展

百家企业在各自领域内发挥着软件作为“大脑”、“中枢神经”的作用，提升和带动着上下游传统行业的发展，带来了较大的社会效益。正如中国航信的发展，不但推动了上游的航空公司、机场在旅客服务、航班管理等各方面的变革，提升了上游企业的服务手段、运营效率和经济效益，同时带动了上万家下游的旅行社、酒店、旅游业务代理公司进入航空旅游分销领域，从而形成新型产业链条。

附表

2013年（第十二届）中国软件业务收入前百家企业名单

（单位：万元）

序号	企业名称	软件业务收入	序号	企业名称	软件业务收入
1	华为技术有限公司	10177282	31	中国民航信息网络股份有限公司	252828
2	海尔集团公司	3785032	32	四川省通信产业服务有限公司	248623
3	浪潮集团有限公司	953682	33	中科软科技股份有限公司	217130
4	北大方正集团有限公司	947393	34	上海贝尔软件有限公司	215911
5	南京南瑞集团公司	742043	35	江苏省通信服务有限公司	210005
6	南京联创科技集团股份有限公司	717800	36	软通动力信息技术（集团）有限公司	194176
7	东软集团股份有限公司	688389	37	太极计算机股份有限公司	191162
8	中国银联股份有限公司	598637	38	山东中创软件工程股份有限公司	190530
9	航天信息股份有限公司	566275	39	深圳市金证科技股份有限公司	186507
10	神州数码系统集成服务有限公司	563878	40	大连环宇阳光集团	185209
11	海信集团有限公司	553782	41	石化盈科信息技术有限责任公司	185014
12	同方股份有限公司	540000	42	联动优势科技有限公司	181651
13	熊猫电子集团有限公司	527117	43	福建星网锐捷通讯股份有限公司	178519
14	北京华胜天成科技股份有限公司	522859	44	北京小米移动软件有限公司	173473
15	杭州海康威视数字技术股份有限公司	504624	45	深圳市大族激光科技股份有限公司	172783
16	福州福大自动化科技有限公司	476594	46	中控科技集团有限公司	171751
17	株洲南车时代电气股份有限公司	465764	47	四川九洲电器集团有限责任公司	170638
18	武汉邮电科学研究院	443237	48	江苏集群信息产业股份有限公司	169715
19	用友软件股份有限公司	423521	49	博雅软件股份有限公司	161735
20	杭州恒生电子集团有限公司	380048	50	信雅达系统工程股份有限公司	160070
21	浙大网新科技股份有限公司	359375	51	深圳创维数字技术股份有限公司	156994
22	东华软件股份公司	347143	52	东方电子集团有限公司	156800
23	国电南京自动化股份有限公司	343100	53	大连华信计算机技术股份有限公司	147353
24	大唐电信科技股份有限公司	319503	54	广州广电运通金融电子股份有限公司	143786
25	上海宝信软件股份有限公司	314342	55	启明信息技术股份有限公司	143302
26	沈阳先锋计算机工程有限公司	308115	56	珠海金山软件有限公司	141116
27	中冶赛迪工程技术股份有限公司	293064	57	金蝶软件（中国）有限公司	134478
28	浙江大华技术股份有限公司	291596	58	北京神州泰岳软件股份有限公司	130685
29	北京全路通信信号研究设计院有限公司	283273	59	云南南天电子信息产业股份有限公司	129340
30	中国软件与技术服务股份有限公司	265671	60	深圳市怡化电脑有限公司	126396

2013 年（第十二届）中国软件业务收入前百家企业名单（续表）

（单位：万元）

序号	企业名称	软件业务收入	序号	企业名称	软件业务收入
61	银江股份有限公司	124135	81	上海汇付数据服务有限公司	92593
62	文思海辉技术有限公司	118875	82	成都国腾实业集团有限公司	91537
63	一丁集团股份有限公司	116675	83	长城信息产业股份有限公司	90514
64	北京握奇数据系统有限公司	112211	84	杭州士兰微电子股份有限公司	90317
65	江苏南大苏富特科技股份有限公司	107355	85	上海华讯网络系统有限公司	88957
66	福建新大陆电脑股份有限公司	105990	86	北京宇信易诚科技有限公司	86376
67	辽宁天久信息科技产业有限公司	105230	87	江苏金智科技股份有限公司	83697
68	杭州和利时自动化有限公司	104775	88	亿阳信通股份有限公司	83647
69	高德软件有限公司	102850	89	博彦科技股份有限公司	81444
70	江苏国光信息产业股份有限公司	101987	90	广州海格通信集团股份有限公司	81146
71	云南省通信产业服务有限公司	101864	91	上海电科智能系统股份有限公司	81119
72	广联达软件股份有限公司	101366	92	北京神舟航天软件技术有限公司	81006
73	沈阳易讯科技股份有限公司	99225	93	天津天地伟业数码科技有限公司	80521
74	北京四方继保自动化股份有限公司	97862	94	北京启明星辰信息技术股份有限公司	80437
75	珠海全志科技股份有限公司	96594	95	广州理想电子信息技术有限公司	80160
76	东信和平科技股份有限公司	94861	96	威海北洋电气集团股份有限公司	80012
77	北明软件有限公司	94665	97	广州杰赛科技股份有限公司	79171
78	三维通信股份有限公司	93351	98	先锋软件股份有限公司	79132
79	晨讯科技（沈阳）有限公司	93330	99	福建富士通信息软件有限公司	78638
80	深圳市紫金支点技术股份有限公司	93117	100	远光软件股份有限公司	77978

2012 年工业软件发展概况

工业软件指专用于或主要用于工业领域，为提高工业企业研发、制造、经营管理水平和工业装备性能的软件，工业软件是信息化与工业化融合的催化剂和突破口，是实现从工业大国向工业强国转变的关键，对推动我国工业转型升级、促进产业结构调整、提升软件产业整体水平和保持经济平稳较快发展具有重要意义。

工业软件可以分为研发设计软件、工业嵌入式软件、生产控制软件、经营管理软件、协同类软件 5 类软件，经过 10 多年的发展，我国工业软件在自主创新和推广应用上都取得了新的跨越，突破了一系列关键共性技术，形成了一批具有市场竞争力的软件产品，提升了制造企业的核心竞争力。下面从各个细分领域来介绍中国工业软件的发展。

一、经营管理类软件

数据调查显示，2012 年我国企业经营管理类软件市场规模稳步上升，市场容量持续增长，增长率约为 20.6%。ERP 软件保持着较为庞大的市场份额，2012 年几乎占到整个管理软件市场规模的半壁江山，约为 49.21%（见图 1）。随着新兴技术的逐渐深入发展，近几年云计算 CRM 市场发展较为迅猛，初步估计，其年复合增长率将突破 60%，传统 CRM 市场将面临严峻的考验，迎来崭新的市场洗牌。

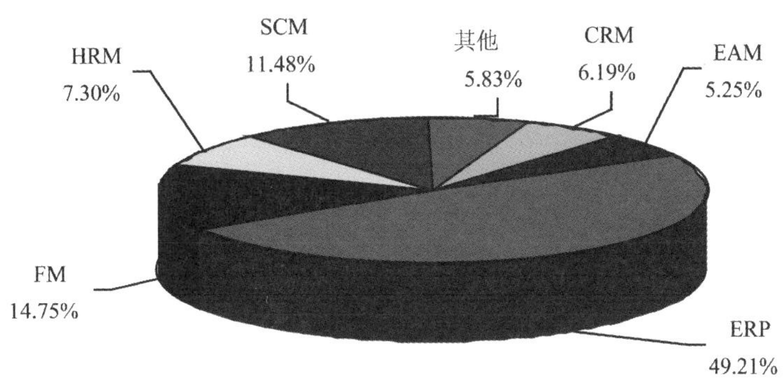

图 1　国内经营管理软件产品的市场结构分布

经营管类软件厂商的整体企业分布格局如图 2 所示，国外软件厂商占据了非常重要的市场份额。国内管理软件厂商的龙头企业——金蝶和浪潮的市场份额增长较为明显，在未来一段时间内，其产品贴近本土个性化需求、符合中国特殊国情的优势将逐渐显露，市场容量的扩张空间不容小觑。

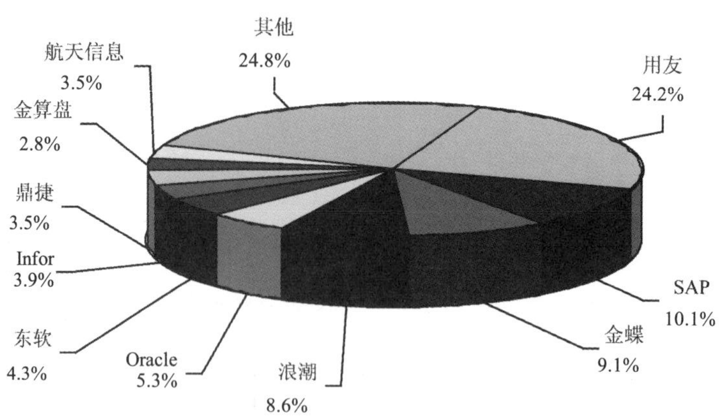

图 2　经营管理类软件厂商的市场份额分布

从产品价值衡量到企业品牌价值评估，是经营管理类软件市场逐渐成熟化、高端化运作的一个标志。SAP、用友、Oracle 共同组成经营管理类软件市场的前三强，三家品牌价值总和超过 203.7 亿元。SAP 管理软件以 97.32 亿元领先。管理软件的老品牌金蝶、浪潮的品牌价值分别达到 38.76 亿元和 31.16 亿元，与 INFOR 共同构成管理软件前十强的第二梯队（见图 3）。

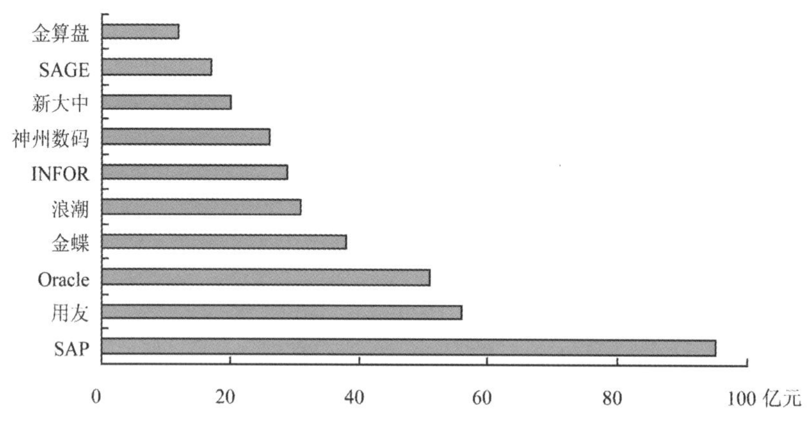

图 3　中国管理软件十强品牌价值排名

目前，高端市场仍以国外软件厂商为主（见图 4），国内管理软件企业经过多年的积淀，已经朝着高端市场进行品牌延伸，然而，由于一些客观原因，同时缺少世界级软件企业的支撑，短时间内想要异军突起则需要更加强有力的竞争核心。

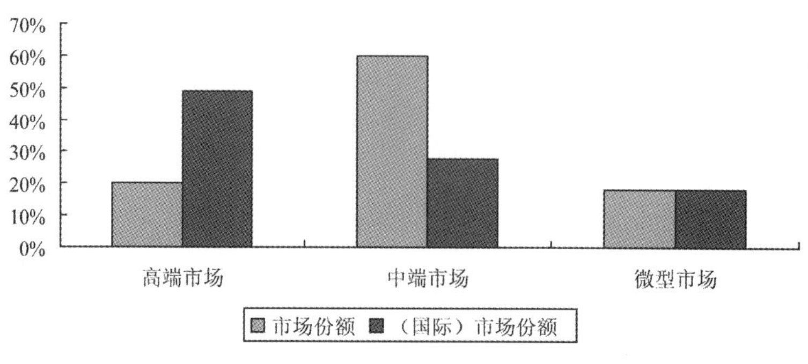

图 4　经营管理类软件的市场规格分布

经过多年的发展，经营管理类软件领域已经逐步迈入理性化，行业凝练进一步加强，品牌化趋势日益明朗化，企业规模以及企业质量均比以往有较大幅度提高。国内经营管理软件应用市场企业类型分布如图 5 所示。

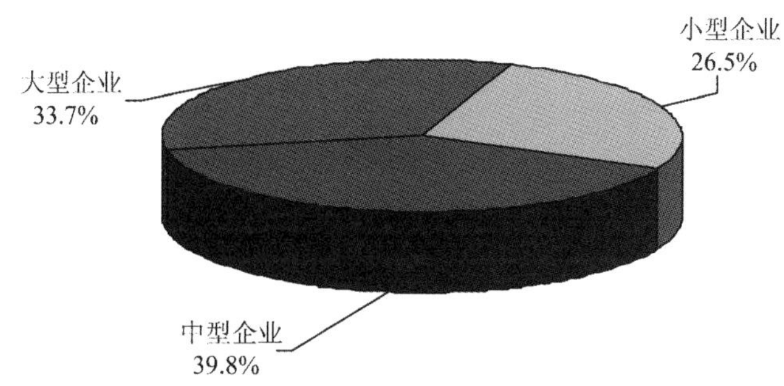

图 5　国内经营管理软件应用市场企业类型分布

经营管理类软件的主要市场分布在华东、华南、华北 3 个区域，占到总体市场容量的 71.9%，其中，华东市场分布位列第一。华中、西南、东北位于第二方阵，合计占到市场总体容量的 24.8%（见图 6）。

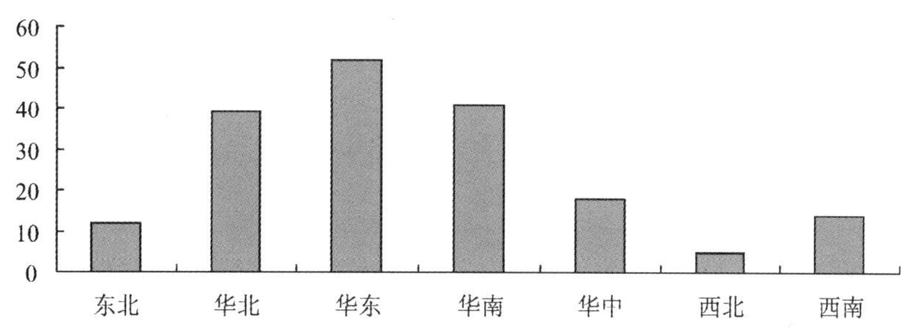

图 6　经营管理类软件地域分布

2012 年，国内 ERP 管理软件的市场规模为 85.1 亿元，增长率约为 20.7%。制造行业的 ERP 市场规模近几年仍保持稳步增长，数据显示，2008—2013 年的复合增长率约为 6.8%。ERP 软件的发展由最初的功能型需求不断向个性化需求转换，整体市场逐步迈入成熟期，不论是国外的巨头或本土的强势企业都将产品的更新换代提上日程，技术革新压力与日俱增（见表 1）。

表 1　2012 年 ERP 行业巨头典型新产品

厂商名称	产品名称	详情
SAP	Business one（基于 HANA ）	SAP Business One 主要为中型企业提供整合的 ERP 解决方案，其集成解决方案紧跟大数据步伐。在 2012 年 SAP Teched 上，正式发布了基于数据库 HANA 的 Bussiness One，SAP 希望将其 HANA 更快地投入应用
微软	Microsoft Dynamics AX 2012 R2	2012 年 12 月，微软推出了这款可定制的企业级管理软件解决方案。该方案关注的重点在制造业，力求让传统企业可以灵活应对复杂的竞争
金蝶	金蝶 EAS 金蝶 K/3 WISE V13.0 社交化版本	贯彻“ERP+运管理”战略，推出以“云管理”为核心产品理念的社交化 ERP，让企业管理更有趣、更流畅，引导企业员工从被动管理走向主动管理

续表

厂商名称	产品名称	详情
用友	U8 V11.0	2012 年 10 月，用友推出 U8 V11.0，这是一个信息化平台，主要提供五大平台：应用交互体验平台、营销服务管理平台、全能商业经营平台、经营管理决策平台、信息化产品及服务一体化的智能云服务平台
Oracle	将 Oracle Fusion Applications 作为新的发展方向	

未来 3 年内，CRM 的市场发展将进入井喷期，SaaS 的不断普及为整体市场的发展带来不可估量的潜在空间。2012 年，用友继续在 CRM 市场保持领先地位，占据市场份额的 9.5%（见图 7）。

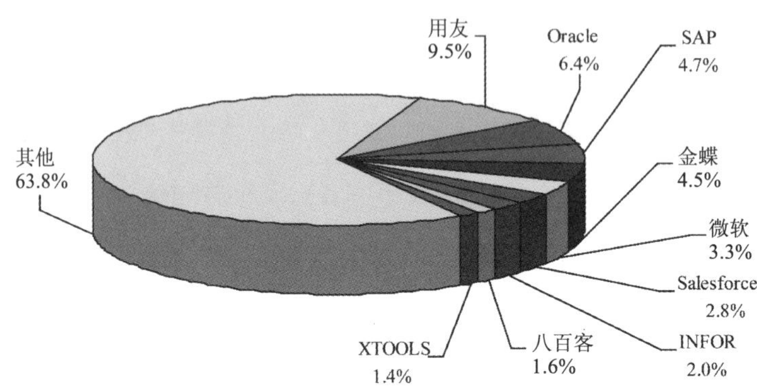

图 7　CRM 市场份额分布图

二、产品研发类软件

产品研发类软件包括计算机辅助设计（CAD）、计算机辅助分析（CAE）、计算机辅助工艺规划（CAPP）、计算机辅助制造（CAM）等工具类软件以及产品数据管理（PDM）等。国内产品研发类软件市场持续多年稳步增长，2012 年市场规模达到 51.2 亿元，同比增长 17.2%（见图 8）。从市场份额看，CAD、PDM、CAM、CAE 占据较大的市场份额。

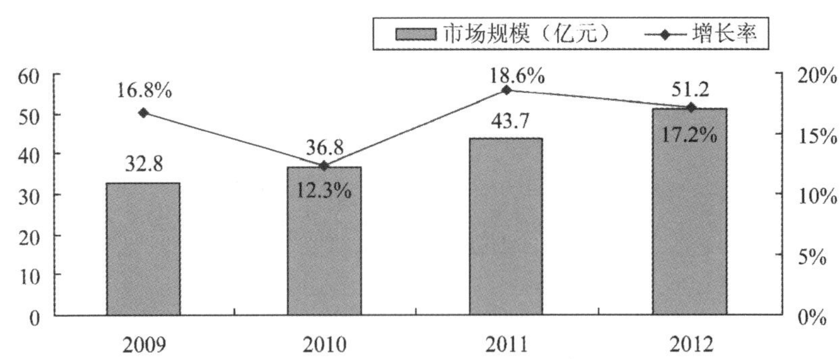

图 8　2009—2012 年产品研发类软件市场规模与增长率

2012 年产品研发类软件市场份额分布如图 9 所示。

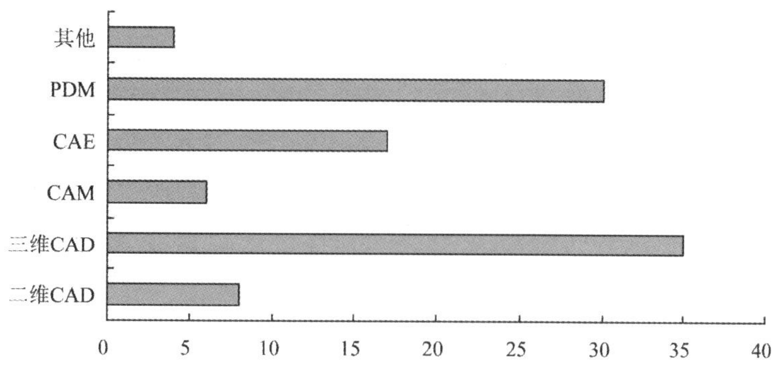

图 9　2012 年产品研发类软件市场份额分布

三、制造执行系统

制造执行系统（MES）提供为优化从订单投入到产品完成的生产活动所需的信息。MES 运用及时、准确的信息，指导、启动、响应并记录工厂活动，能够对条件的变化做出迅速的响应，减少非增值活动，提高工厂运作过程的效率。MES 不但可以改善设备投资回报率，而且有助于及时交货、加快库存周转、提高收益和现金流的绩效。MES 在企业和供应链间，以双向交互形式提供生产活动的基础信息。

2012 年 MES 软件的市场规模达到 17 亿元，增长率达到 25.9%（见图 10）。MES 软件在流程与混合行业呈现明显的寡头垄断格局，如钢铁、石化、半导体、制药行业；离散行业竞争格局较分散，如电子、机械制造等。因对 MES 界面和工艺流程本土化需求的提高，加之本土中型企业对 MES 需求开始上升，低成本的本土实施对高度成本敏感的民营企业至关重要，本土 MES 厂商开始崛起。从 MES 应用的行业来看，钢铁/冶金、化工、烟草、电子、汽车仍然是应用的重点领域（见图 11）。

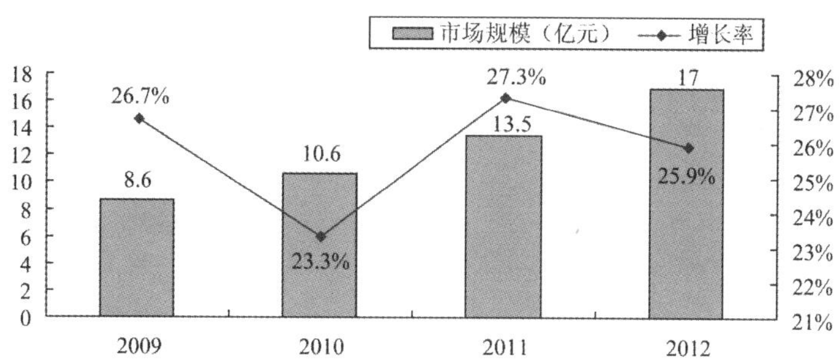

图 10　2009—2012 年 MES 软件的市场规模与增长率图

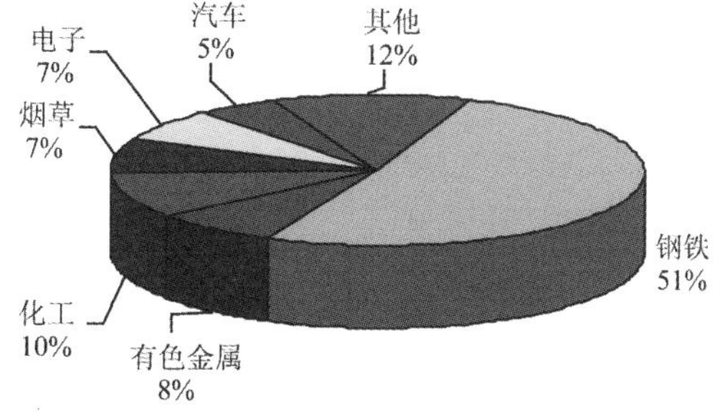

图 11　MES 软件的应用行业分布

制造业 MES 主要模块应用情况如图 12 所示。

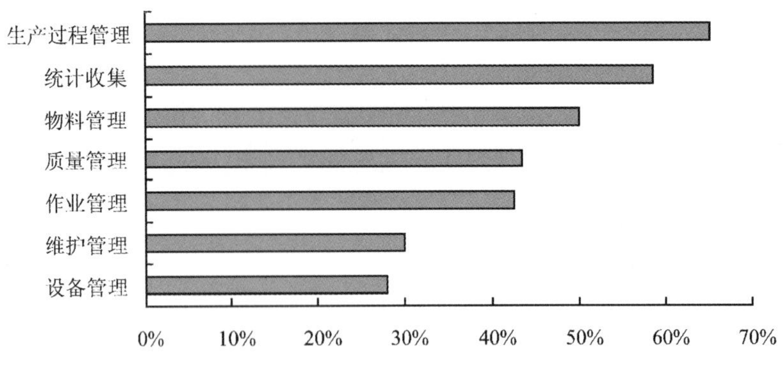

图 12　制造业 MES 主要模块应用情况

四、企业内及企业间协同集成软件

2012 年，我国协同软件市场规模达到 99.6 亿元，市场规模增长率为 32.1%，到 2013 年，预计协同软件市场的总额将达到 132.2 亿元（见图 13）。从目前的发展趋势分析，IT 应用、互联网的普及将得到进一步发展，客户对于办公、公文管理等应用领域的需求还将逐步增加。据研究预测，在 2013 年及未来几年内，协同软件市场仍将保持高增长，市场规模将继续扩大。

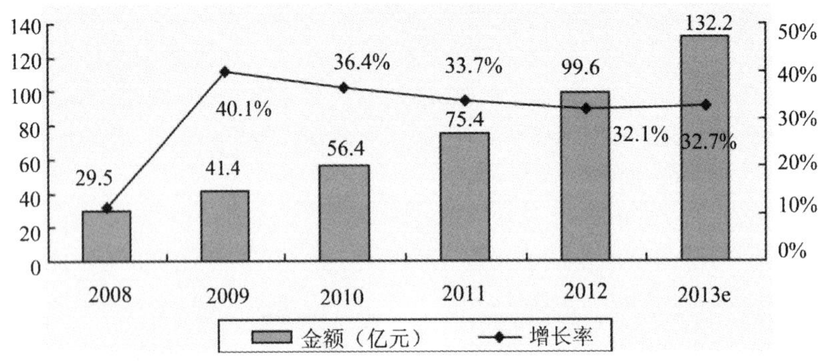

图 13　2008—2012 年中国协同软件市场规模

协同软件包括协同工具软件、协同平台软件、协同办公软件，协同工具软件主要功能是协作沟通，例如，众多的邮件和通信等管理软件；协同平台软件是指在协同工具上构建应用软件的平台软件；协同办公软件是指最终用户实现相互沟通和协作、提高管理效率、实现企业协同管理的软件。2012 年年底，我国协同办公软件的市场规模占协同软件的 73.41%，协同平台软件占 22.94%，协同工具软件占 3.65%。从图 14 可以看出，近几年协同办公软件市场占比呈上升之势，协同平台软件和协同工具软件市场占比都呈下降之势，到 2012 年年底三者所占比例都趋于稳定。

2012 年中国协同办公软件市场规模达到 73.13 亿元，同比增长 34.1%；协同办公平台软件市场规模达到 22.85 亿元，同比增长 26.8%；协同工具软件市场规模为 3.64 亿元，同比增长 28.17%（见图 15～图 17）。从趋势图可以看出，最近几年协同办公软件的市场规模一直以较大的幅度在增长，但增长趋势开始放缓。

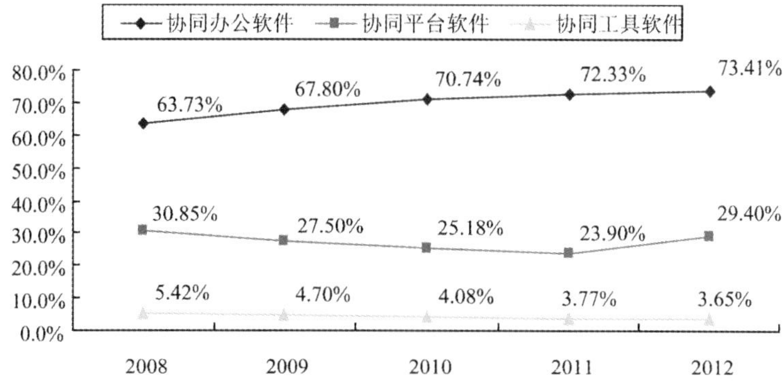

图 14 2008—2012 年三大类协同软件市场占比

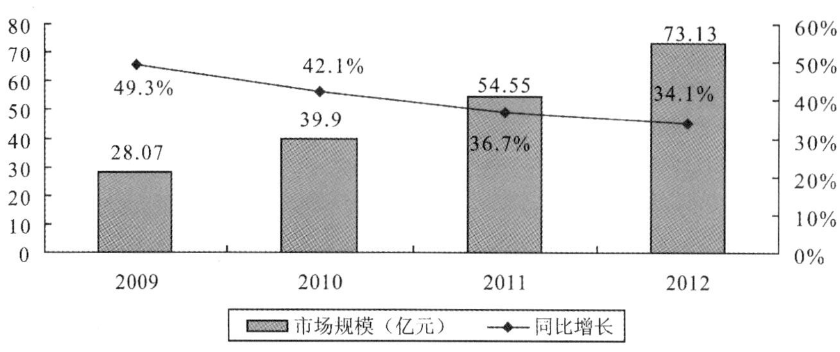

图 15 2009—2012 年中国协同办公软件市场规模

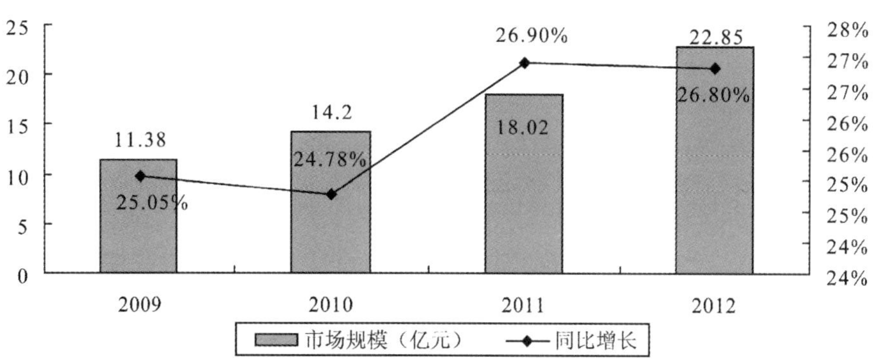

图 16 2009—2012 年中国协同平台软件市场规模

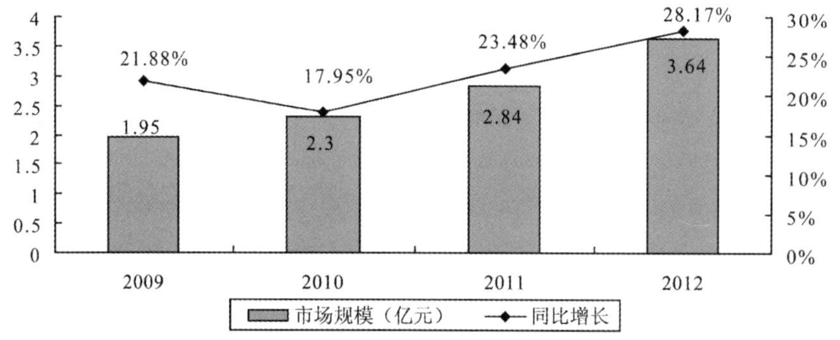

图 17 2009—2012 年中国协同工具软件市场规模

从中国协同软件市场分布情况看，主要集中在华北、华东和华南等地区，其中华北地区占总市场份额的28.6%，华东地区占25.3%，华南地区占22.6%，3个地区所占份额总共达到76.5%（见图18）。

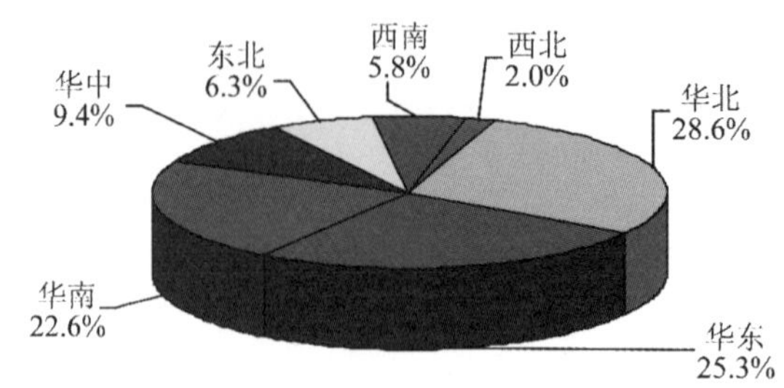

图18　2012年协同软件市场结构图

从行业分布来看，2012年中国协同软件主要分布在制造、政府、流通、金融和电信等领域，其中制造业所占比例最高，达到34.1%（见图19）。

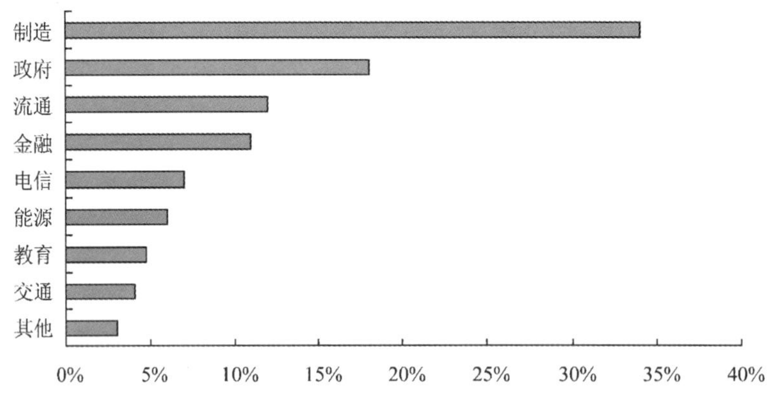

图19　2012年中国协同软件行业分布

工业和信息化部发布的2012年中国工业经济运行报告显示，2012年经济运行呈现工业经济运行缓中企稳，企业经营状况开始好转。相关专家预测，信息化作为企业发展的重要影响因素，将在2013年迎来新一轮的发展空间。一方面，受到经济因素抑制的信息化需求将得到释放；另一方面，企业市场的成熟也将带来管理软件行业市场容量的持续增长。

（稿件由中国软件行业协会提供）

2012 年软件服务外包发展概况

2012 年，中国软件服务与外包领域继续处于转型增长阶段，发展迈向成熟，增长速度虽有回落但依然保持稳定，并开始了新一轮的调整和整合。

一、软件服务外包需求旺盛

（一）国际服务外包市场

虽然依然受金融危机的影响，欧美经济增长乏力，但全球国际服务外包市场的需求还是保持高速增长，按照 IDC 的计算，2011 年全球国际外包市场规模为 1026 亿美元， 2012 年该市场规模在 1150 亿～1250 亿美元之间，年复合增长率在 12%～21%之间，高于全球 GDP 与 IT 市场整体的增速。

全球性的金融危机反而成为软件服务外包增长的推动力之一。因为受经济危机的影响，各个外包发包的经济实体都面临着缩减成本压力，虽然存在服务外包业务回流国内的现象，但整体上，欧美外包成本依然高于亚洲等地区的成本，再加上互联网、社交媒体、移动互联、电信产业的高速发展，让全球化的软件服务外包更为便捷，国际外包仍然驱动力强劲。

中国作为比较新兴的服务外包发包目的地有着以下几个显著的优势：①优良的基础设施。与印度和菲律宾相比，中国的基础设施投入规模一直很大，这方面的条件已经远远超越这两个国家。②庞大的国内市场，使得很多跨国公司进入中国开展业务，因此在中国开展国际外包顺理成章。③政府的重视。从中央到地方各级政府都很重视服务外包业务，已经形成了合理的政策体系。④人力资源供应。在价格上，中国的人力资源已经不再具有核心优势，由于教育状况的改善，中国人力资源供应质量在显著改善，这让更多国外厂商愿意将高端业务交给中国。

在行业上，2012 年的国际外包行业需求与 2011 年类似，在增长上依然依靠医疗保健业、通信传媒业和政府行业。不过在这一年，互联网和移动互联网的服务外包需求也增长很快，是值得重视的服务外包发包行业。

（二）国内服务外包市场

2012 年，国内软件服务外包市场已经成型。主要是由于国内 IT 市场正在趋于成熟，已经产生了产业分工的需求。尤其是国内的大企业和大型机构，如华为、中国移动等企业，服务外包管理和规划能力已经有了长足的发展。同时，很多跨国企业进入中国时，也将外包的模式和习惯带到了中国，它们也是推动国内外包增长的重要因素。现在，很多服务外包供应商有相当一部分业务来自中国市场。这个趋势也开始得到中央和地方政府的重视。

相对来说，目前国内服务外包的发展处于初级阶段，除了少数服务外包经验丰富的大企业，业务也普遍集中在像人力资源外包这样的初级形态上，与国际服务外包差一个层次，那些经过国际服务外包考验的国内服务外包企业还是比较容易满足国内需求。

在行业上，国内服务外包的行业分布与国际服务外包有所不同。除了电信、金融、互联网和移动互联等重叠行业外，由于起步较晚，国内的制造业、零售业、政府等传统产业也有着很大的发包潜力。

二、软件服务外包市场规模

（一）国际服务外包市场规模

国际服务外包市场依然是中国服务外包增长最重要的推动力之一，2012 年，中国国际服务外包市场规模达到了 191.6 亿美元，同比增长 34%，比 2011 年的同比增长率 56%有了显著的放缓，但增长率依然很高。我国承接国际服务外包业务量占到全球国际服务外包市场规模的 15%～16%，依然为全球第二大国际服务外包目的地国家。图 1 为 2008—2015 年中国国际服务外包业务增长和未来 3 年的预测。

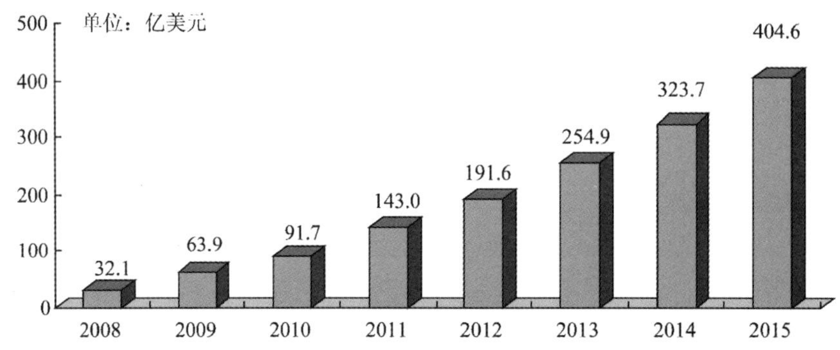

图 1　中国国际服务外包市场规模图（2008—2015 年）

注：这里的数据主要参考 IDC 的数据，加之作者的调研整理。

从图 1 中可以看出，虽然市场规模持续增加，国际服务外包市场的增长还是逐年放缓的，预计 2014 年增长率为 27%，2015 年增长率预计降为 25%，比国内 GDP 和全球 GDP 增长速度还是要高很多。

（二）国内服务外包市场规模

国内服务外包市场相对于国际服务外包市场，规模还比较小，2012 年整体市场规模为 46 亿美元，市场规模仅为国际服务外包的 24%，但国内服务外包市场在未来 3 年会成为国内服务外包市场整体的最重要的增长点之一。图 2 所示为中国国内服务外包市场 2011—2015 年的市场规模。由于 2011 年以前，国内服务外包市场规模较小，数据难以估算，因此计算从 2011 年开始。

国内服务外包市场的规模要明显高于国际服务外包市场，未来两年增长速度将高于 50%，到 2015 年，预计市场规模将达到国际服务外包市场的 40%，已经成为不可忽视的市场力量。

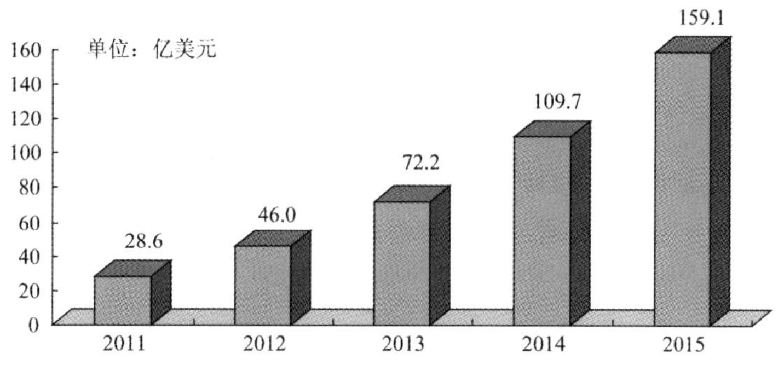

图 2　中国国内服务外包市场规模图（2011—2015 年）

（三）总体规模

表 1 所示为中国服务外包市场（2011—2015 年）的总体规模。

表 1　中国服务外包市场（2011—2015 年）的总体规模

（单位：亿美元）

年　份	2011	2012	2013	2014	2015
国际服务外包市场规模	143.0	191.6	254.9	323.7	404.6
国内服务外包市场规模	28.6	46.0	72.2	109.7	159.1
合　计	171.6	237.6	327.1	433.4	563.7

1．业务种类

中国国际服务外包市场按照业务种类可以划分为 BPO（业务流程外包）、ITO（IT 服务外包）和 KPO（知识流程服务外包），相对来说 BPO 外包利润率较低，价值较小，但业务量大相对稳定；KPO 则利润率较大，价值较高，业务量容易受到各种因素的影响而呈现出不稳定的状态；而 ITO 介于两者之间。表 2 所示为 2011—2015 年中国国际服务外包市场业务的结构数据。

表 2　2011—2015 年中国国际服务外包市场业务的结构数据

业务构成	2011	2012	2013	2014	2015
ITO	61.10%	56.10%	52.70%	49.30%	46.30%
BPO	15.10%	15.50%	16.10%	17.20%	18.50%
KPO	23.80%	28.40%	31.20%	33.50%	35.20%

数据来源：商务部。

从表 2 可以看出，ITO 业务仍然占服务外包的最大比例，2012 年超过一半以上，其在整体构成中的比例在逐年下降；BPO 保持相对稳定；但 KPO 将会保持快速增长，在业务构成中的比重越来越高，未来将会超过 1/3，这与中国服务外包产业沿价值链向上迁移的趋势是一致的。

2．地区分布

图 3 所示为 2012 年中国国际外包市场业务来源的地区分布情况。从单一国家来看，美国仍然占最大的比例，其次是欧盟和日本。但由于经济下滑的影响，预计美国、欧盟和日本未来的比例还要下降，而其他地区的比例将持续上升。

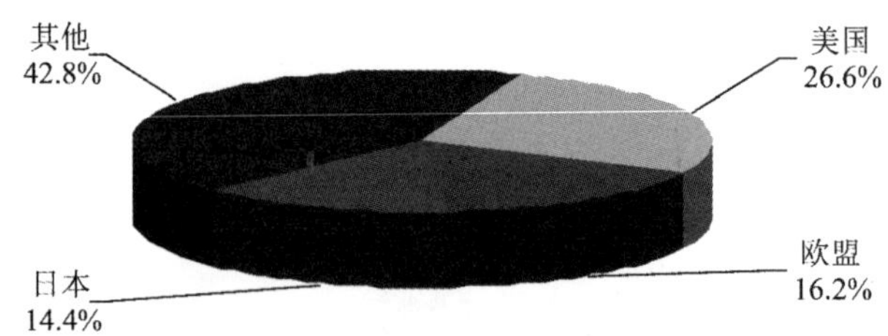

图 3　2012 年中国国际外包市场业务来源的地区分布情况

数据来源：商务部。

三、国内软件服务与服务外包企业

（一）服务外包企业数据

根据商务部的统计，截至 2012 年年底，我国共有服务外包企业 21159 家，从业人员 428.9 万人，其中大学（含大专）以上学历 291 万人，占总数的 67.8%。

随着国内服务外包产业的高速发展，服务外包企业的服务能力也有了较大的提升。开发能力成熟度模型集成（CMMI）、信息安全管理（ISO27001/BS7799）、服务提供商环境安全性（SAS70）、环球同业银行金融电讯协会认证（SWIFT）等各类国际资质认证在很大程度上体现了服务外包企业的专业服务水平，也是服务外包企业开拓国际市场的敲门砖。截至 2011 年，我国通过各类服务外包相关资质认证的服务外包企业达 4854 家，占企业总数的 28.7%，合计认证数量达到 8321 家。其中，通过国际资质认证的企业达 2594 家。

在服务外包企业的规模结构上，大、中、小型企业的规模结构在 2012 年得到进一步完善，排名前十的服务外包企业的营业额占到市场总规模的 1/3 以上。通过整合和并购，已经出现了全年收入像文思海辉一样的收入超过 5 亿美元，员工超过 2 万人的大型外包服务企业。不过，在规模结构上，我国与印度仍有差距，整合的空间还很大。此外，由于大型服务外包企业在地区布局和行业分布上比较均衡，带动了多地区、多业种的均衡发展格局。

（二）服务外包龙头企业

经过多年的整合和发展，中国服务外包产业的领军企业群已经形成，这些企业中，年净收入超过 1 亿美元，员工人数 1 万人也成为衡量标准。这些企业不仅在国内引领行业发展，在国际影响力上也初露峥嵘。

国际外包专业协会（International Association of Outsourcing Professionals，IAOP）是一个全球性的标准制定组织，其通过推出各种专业标准和行业规范，致力于推动外包产业的发展。IAOP 每年都要组织全球服务外包企业 100 强评选，中国近 4 年都有 10 家以上的服务外包企业进入榜单。这些企业有一定的代表性。表 3 列出了最近 4 年进入全球外包服务企业 100 强的中国企业。

表 3　全球服务外包企业 100 强中的中国企业（2009—2012 年）

中国服务提供商	2009 年	2010 年	2011 年	2012 年
东软 （Neusoft）	50	25	27	29
文思（VanceInfo）	54	72	33	36
浙大网新（Insigma）	50	45	40	45

续表

中国服务提供商	2009 年	2010 年	2011 年	2012 年
海辉（hiSoft Technology International）	54	65	39	50
浪潮 （Inspur）	29	37	34	52
瞬联科技 （CleNET International）	99	78	79	54
中软国际（ChinaSoft International）	61	67	70	57
博朗软件（Bleum）	85	87	84	77
福瑞博得软件（Freeborders）				83
新宇软件（Dextrys）		75	73	
华拓数码（M&Y Data Solutions）	88	89	86	
智联易才（China Talent Group）		90	90	
博彦科技（Beyondsoft）	82	88		
奥博杰天（Objectiva Software Services）		99		

在众多服务外包企业中，本书列举了部分颇具产业典型性的企业，如表 4 所示。

表 4 典型服务外包企业简介

领军企业	简介	2012 年规模	认证	企业优势
文思海辉	2012 年由文思创新和海辉合并而成，在纳斯达克上市，业务相对偏重欧美市场，已经成为中国最大的专业服务外包企业之一	2012 年全年净营业收入为 3.59 亿美元，人数在 2012 年年底为 23270 人	CMM Level 5、CMMI-SVC Level 3、六西格玛、ISO 27001、ISO 9001:2008、SAS70 和 PIPA	1.专业服务外包企业，业务基本集中在服务外包服务 2.服务外包的地区布局、行业分布较均衡
东软	为服务外包的老牌企业，为最早开展服务外包的企业之一，业务偏重日韩市场，在国内 A 股上市	预计全年收入在 9 亿美元左右，其中服务外包业务在 3 亿美元人数 2012 年约为 23000 人	ISO 9001:2000 、CMMI（V1.2）5 级、PCMM 5、ISO / IEC 27001:2005	1. 软硬件、国内业务与国外业务比较均衡 2.日韩市场，尤其是日本市场，业务领先
中软国际	从国内解决方案业务起家，服务外包经过一系列并购有了较大增长，是微软在国内最大服务外包服务商，在中国香港主板上市	预计全年收入超过 4 亿美元，其中软件服务外包收入在 2 亿美元，人数为 18000 人	ISO 9001、ISO 20000、ISO 27001、CMMI5	1.国内解决方案业务与服务外包业务发展均衡，相互促进 2.开展国内服务外包业务具有较大优势
药明康德	业务集中在制药、生物技术以及医疗器械研发服务外包服务等 KPO 服务，在纽交所上市	2012 年净收入为 4.999 亿美元，人数约在 7000 人	AAALAC “实验动物管理典范”、GLP 认证、ISO/IEC 17025:2005、ISO 9001:2000	1.所在市场有着较高的成长性 2.KPO 业务进入壁垒相对较高
瞬联科技	规模较小，是成长型企业的典范，未上市	收入不详，人数为 1800 人	CMMI3、ISO 9001、ISO 27001	是美国背景公司，在欧美开展业务有先天优势，近两年业务增长的速度很快

四、中国软件服务外包市场趋势

（一）国内市场需求释放，人力资源先行一步

随着中国崛起的进程，国内产业分工、专业化的趋势越来越明显，这为国内服务外包市

场的兴起创造了条件。一些大型电信产业方面的企业，如中国移动、华为、中兴等已经走在了前面，互联网企业和传统的制造业也正在加入服务外包的大军。很多地方政府已经注意到了这一趋势。南京、广州、深圳、无锡、厦门等示范城市已陆续出台国内扶持政策，对国内业务达到一定规模的服务外包企业给予配套资金支持。不过，相对来说，国内服务外包的起点较低，预计在 2013 年将首先迎来最初级的人力资源外包（HRO）的爆发式增长，这以后更高形态的外包形式才能够真正形成规模。

（二）企业和市场继续整合，应对经济危机和行业升级

2012 年以前，服务外包企业的规模问题虽然得到了大家的注意，但尚未有实质行动。金融危机的持续推动了服务外包企业的整合，使得 2012 年我国服务外包产业并购整合的幅度很大。文思、海辉、博彦科技、软通动力、中软国际、神州数码等多家企业接连进行并购，发生了数十起企业并购事件，其密度及规模远超过以往。其中，领军企业文思信息技术有限公司与海辉软件（国际）集团公司的合并最引人注目，两家企业将在业务领域、客户市场互为补充，成为我国首个收入突破 5 亿美元、人员规模超过 2 万人的大型服务外包供应商。此轮并购和合并的潮流，将带来服务外包市场的格局重组和资源配置整合，使产业整合趋势更加明朗。同时，国家政策也开始注意推动这一类规模化整合和并购。

（三）移动互联、云计算和物联网创造新的外包机会

移动互联、云计算和物联网作为 3 个最新的产业领域，正在不断释放出新的服务外包需求。这 3 个方向需要大量 IT 基础设施的维护和运营工作，由于它们本身的技术特性，也比较容易将工作分解并外包出去。这 3 个产业不仅在创造新需求，也在改变服务外包的方式。尤其是云计算，使得外包能够以一种更加灵活和有效的方式组织起来。甚至已经形成了新的外包种类——云服务外包，并正在对传统的服务外包方式形成冲击。

（四）医药、生物领域服务外包业务快速增长

药物和生物技术在欧美国家的研发成本非常巨大，一个新药的研发可能投入数亿美元，还可能失败。最近几年，跨国制药企业为了降低研发成本，降低研发风险，开始加速向中国这样的国家转移医药研发环节。其中规模最大的是药物研发外包（简称 CRO），包括新药产品开发、临床前试验及临床试验、数据管理、新药申请等技术服务，几乎涵盖了药物研发的整个过程。2012 年 CRO 业务获得了爆发式增长，以药明康德为例，其 2012 年收入已经接近 5 亿美元，与 ITO 和 BPO 主营的服务外包企业规模相当。目前，国内有大量以传统制药产业为基础的企业正在进入该行业，预计未来 CRO 和相关服务外包增长速度要超过传统的 ITO 和 BPO 服务的增长速度。

（稿件由中国软件行业协会提供）

2012年软件和信息技术服务业投融资发展概况

软件和信息服务行业逐渐成为投资热点行业，投资规模和案例数基本呈逐年增加势头，以移动互联网和下一代互联网、云计算、大数据、导航及位置服务为代表业务的泛软件企业正在逐步取代传统软件企业的行业地位，成为新兴投资焦点。

一、基本情况

2012年，国内宏观经济增速持续放缓，内需减少，大宗商品价格疲软。证券监管政策越发严格，伴随着证监会一系列新股发行制度陆续出台，市盈率不断下降，上市新股频频破发，二级市场一片惨淡。中国股权投资市场在经历了多年的增长后，逐渐面临着退出和回报的巨大压力，活跃度自2011年第四季度开始即呈现下滑态势，进入2012年以来，随着宏观经济及资本市场的持续低迷，股权融资市场投资规模一直保持较低水平。

从投资数据来看，2012年中国VC/PE市场“寒冬”也在软件和信息技术服务业得到充分体现。据统计，2012年中国软件和信息技术服务业共披露案例268起，投资总额57.99亿美元，相比2011年分别下降43.3%和46.5%（见图1）。2011年，以“烧钱”模式为主导的电子商务引导了中国互联网行业乃至软件和信息技术服务业新一轮的融资高峰，融资规模出现爆发式增长。进入2012年，互联网尤其是电子商务行业投资“降温”明显。究其原因，一方面经过融资高峰后，市场容量已趋于饱和，融资活跃度的下降应属正常现象；另一方面，中国企业赴美上市受阻，互联网行业投资退出机会大大减少，进而导致投资者更加谨慎。此外，诸多电子商务企业迟迟无法实现赢利，中国互联网公司自身商业模式可能存在的缺陷，也对投资者带来了负面影响。

考虑到目前宏观经济及资本市场呈现回暖迹象，加上2012年市场“寒冬”中企业估值理性回归，预计2013年中国VC/PE投资活跃度将有所增长，投资规模将出现反弹。

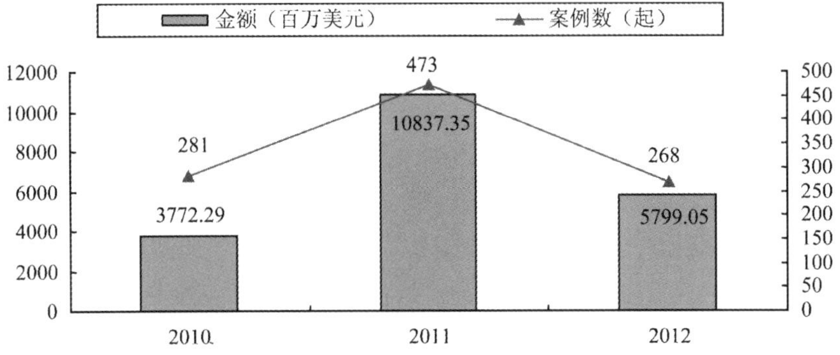

图1　2010—2012年中国软件和信息服务业投资情况图

二、投融资主要数据

股权投资指对所有 IPO 之前及之后（指 PIPE 投资）企业进行的股权或准股权直接投资，包括处于种子期、初创期、扩张期、成熟期阶段的企业。本书将股权投资分为创业投资（VC）和私募股权投资（PE）：创业投资指对初创或未成熟时期，但可能发展迅速，未来有望成为具有良好发展前景的中小企业的投资行为；私募股权投资指对具有大量和稳定现金流的成熟企业进行的股权投资，包括成长资本、PRE-IPO 资本等。

2012 年，中国软件和信息技术服务业创业投资案例 234 起，总金额 20.57 亿美元，平均投资金额 879 万美元；私募股权投资案例 34 起，总金额 37.41 亿美元，平均投资金额 1.1 亿美元（见图 2 和图 3）。私募股权投资主要案例包括阿里巴巴集团因回购雅虎持股引入 20 亿美元 PE 投资、京东商城引入 4 亿美元新一轮融资等，两个特殊案例大幅拉升了平均投资额。

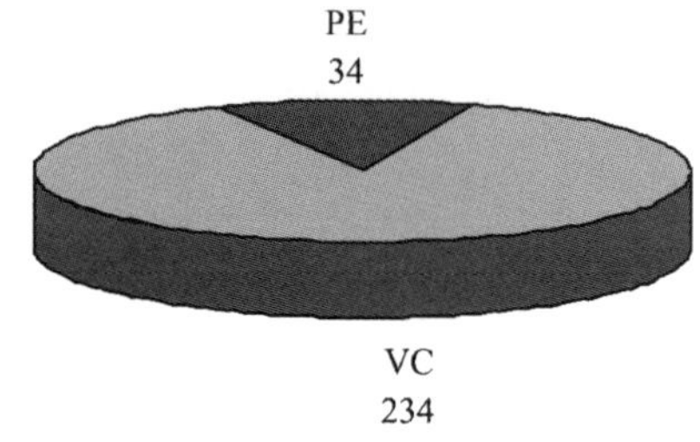

图 2　2012 年中国软件和信息技术服务业投资阶段比例图（案例数）

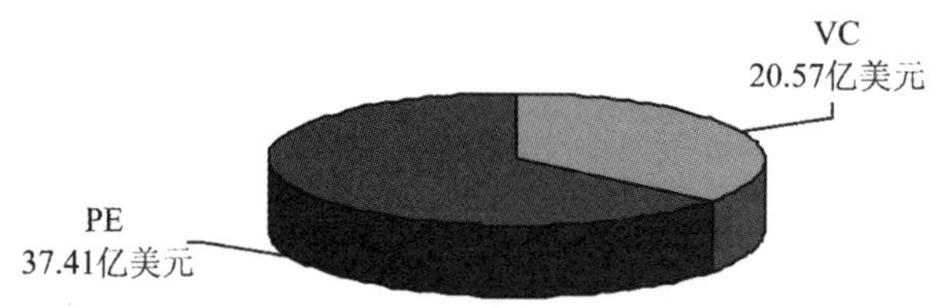

图 3　2012 年中国软件和信息服务业投资阶段比例图

三、投融资细分行业

从互联网、IT、移动互联网三大类看，2012 年，互联网类企业投资表现活跃，随着移动互联网智能终端的日趋普及以及应用商店商业模式的完善，移动互联网业逐步超过传统 IT 产业成为投资热点（见图 4）。预期未来移动互联网行业将会创造更多的机会和发展空间，其投资的数量和规模将继续保持强劲增长。

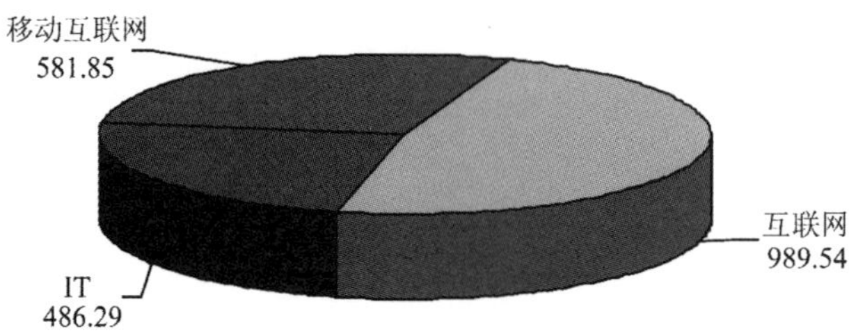

图 4　2012 年中国软件和信息技术服务业三大细分领域投资金额统计图（单位：百万美元）

（一）互联网行业

2012 年中国互联网细分行业投融资情况如表 1 所示。

表 1　2012 年中国互联网细分行业投融资情况

细分行业		投资案例数（起）	占比	投资金额（百万美元）	占比
互联网	电子商务	54	40.60%	3178.87	80.47%
	网络游戏	18	13.53%	142.56	3.61%
	行业网站	16	12.03%	98.35	2.49%
	网络社区	11	8.27%	129.58	3.28%
	网络广告	7	5.26%	76.68	1.94%
	网络视频	6	4.51%	85.15	2.16%
	电子支付	3	2.26%	5.07	0.13%
	互联网其他	18	13.53%	234.21	5.93%
总计		133	100.00%	3950.47	100.00%

从 2012 年互联网行业各细分领域的投资情况来看，电子商务无疑最为活跃，披露案例 54 起，占比为 40.6%，由于阿里巴巴集团、京东商城等融资案例，电子商务行业融资规模也远高于其他细分行业。近两年来，垂直细分领域电子商务逐渐成为投资者关注重点，如奢侈品、酒类、鞋包、家居电子商务等，均有多起案例披露。相比之下，平台电子商务行业格局已基本明晰，团购网站行业深陷亏损与恶性竞争漩涡，投资已基本处于停滞状态。

电子商务上游入口相关产业融资保持活跃，如蘑菇街、美丽说、返还网、聚淘网等导购、比价、返利网站于 2012 年相继获得新一轮融资。随着电子商务网站获得新用户的成本越来越高，入口型网站成为各大巨头争夺的重点，在上述融资案例中，行业战略投资者也扮演了重要角色。

尽管团购网站行业仍未从“泡沫”中恢复，但 O2O 依然是投资者投资电子商务领域新模式的主要着眼点，2012 年大众点评网、街库网、到喜啦、途家网等网站新一轮融资的完成，均显示出 O2O 商业模式的吸引力。作为 O2O 基础设施的“支付”环节，未来也有望在移动领域实现突破，进而加速互联网与移动互联网之间的融合。

网络游戏投资活跃度仅次于电子商务，披露 18 起案例、投资总额约 1.43 亿美元。近年来，客户端游戏市场已趋于饱和，网页游戏投资价值则逐渐凸显，后者较强的变现能力使得其成为互联网领域少数盈利状况良好的细分行业，并因此成为投资者持续关注的热点。

行业网站披露投资案例 16 起、投资总额约 0.98 亿美元，投资活跃度居于第三位。2012 年获融资的行业网站涉及诸多垂直细分领域，如文学、音乐、教育、医疗、旅游、金融、机械等，显示出传统产业“互联网化”过程中细分领域蕴涵的投资机会。与此类似的则是社交网络，2012 年该领域投资同样集中于垂直细分领域，如电子商务社区、美食分享社区、亲子社区等。考虑到电子商务领域垂直细分 B2C 网站投资的活跃，对垂直细分市场的挖掘，已成为互联网行业投资的主要趋势。

（二）移动互联网行业

2012 年中国移动互联网细分行业投融资情况如表 2 所示。

表 2　2012 年中国移动互联网细分行业投融资情况

细分行业		投资案例数（起）	占比	投资金额（百万美元）	占比
移动互联网	基础应用	6	13.04%	242.51	40.86%
	工具类应用	4	8.70%	77.03	12.98%
	移动电子商务	7	15.22%	69.99	11.79%
	社交娱乐应用	8	17.39%	65.85	11.09%
	移动营销	6	13.04%	60.89	10.26%
	手机游戏	7	15.22%	44.29	7.46%
	生活服务应用	8	17.39%	32.99	5.56%
总计		46	100.00%	593.55	100.00%

移动互联网分为基础应用、工具类应用、社交娱乐应用、生活服务应用、手机游戏、移动电子商务、移动营销 7 个细分行业。2012 年上述细分行业投资活跃度差距并不明显，一定程度上显示出移动领域投资格局并不明朗。

在上述细分行业中，2012 年投资最为活跃的为社交娱乐应用及生活服务应用，均披露 8 起投资案例。社交娱乐应用行业融资企业包括移动社交、手机视频、图片分享等，其中最值得关注的是陌陌科技获得阿里巴巴、经纬创投等联合注资。目前在中国移动社交领域尚未出现绝对领先者，陌陌主打陌生人社交，与源于腾讯平台熟人社交关系的微信产生差异化竞争。陌陌的成功，也验证了在移动领域仍存在不受互联网行业格局限制的庞大市场空间。生活服务应用行业涉及诸多细分领域，如餐饮（食神摇摇）、健康管理（杏树林）以及生活服务信息平台（易手邦）等。

移动电子商务及手机游戏行业均披露 7 起投资案例，活跃度并列第二位。电子商务在移动领域的应用更多结合了 O2O 模式，如酒店预订、服务折扣等，移动领域电子商务服务也同样受到投资者关注，如移动电子商务服务商耶客网即获得顺为基金、IDG 资本的联合注资。此外，作为移动电子商务基础设施的支付相关应用同样受到投资者青睐，如灵动快拍、乐刷等。手机游戏在整个网络游戏领域已成为新的投资热点。2012 年获融资的案例中，手机游戏平台及开发商均有涉及。

基础应用行业披露 6 起案例，因起家于 MIUI 系统，小米科技被纳入基础应用行业，并使得该行业投资总额居于首位。此外，该行业还涉及多起应用平台、浏览器、信息输入等细分领域融资案例，如应用汇、百纳信息（海豚浏览器）等。移动营销行业同样披露 6 起案例，包括力美广告、安沃传媒、指点传媒、悠悠村等。移动营销作为移动领域具有较强变现能力的细分行业，受到投资者持续关注。早在 2011 年即有多盟、有的放矢等多家移动广告公司获得 VC 注资。

总体来看，由于移动互联网产业发展仍处于起步阶段，上述细分行业均有巨大市场潜力与未知风险，投资者更多采取“撒网式”的多元化布局，而非专注于特定细分行业，因此各领域投资活跃度差距并不明显。未来，随着移动互联网基础设施及行业环境（如支付手段、技术标准、用户习惯等）的完善，盈利模式将逐渐明晰，投资者的价值判断标准也将进一步明确。

四、投融资案例

2012 年已披露投资金额案例前十名共计融资 29.11 亿美元，占已披露融资金额总量的 50.20%；从所属行业看，电子商务 5 起，网络社区、移动互联网基础应用、应用软件各 1 起，迅雷属于网络下载工具，丁丁网则是本地生活服务平台（见表 3）。

表 3　2012 年中国软件和信息服务业股权融资金额前十名

融资时间	企业简称	融资金额（百万美元）	细分行业	投资机构
2012/9/19	阿里巴巴	2000.00	电子商务	中投/中信资本/国开金融/博裕投资
2012/11/13	京东商城	400.00	电子商务	安大略教师养老金/老虎基金
2012/6/23	小米科技	216.00	基础应用	GIC
2012/8/10	大众点评网	60.00	网络社区	N/A
2012/3/1	迅雷	50.00	其他	春华
2012/2/6	优众网	40.00	电子商务	华威/集富亚洲/光速创投等
2012/4/24	丁丁网	40.00	其他	风和/华威
2012/5/1	美乐乐家具网	40.00	电子商务	祥峰集团/光速创投/险峰华兴等
2012/8/28	酒仙网	33.77	电子商务	沃衍资本
2012/2/8	容点科技	31.80	应用软件	N/A

这些案例中，从 2010 年秋开始，围绕着回购股权，阿里巴巴、雅虎、软银的博弈尤其引人注目，阿里巴巴集团拥有世界最大的 B2B 平台，中国最大的 C2C 平台——淘宝集市和中国最大的 B2C 平台——天猫，2012 年 9 月，阿里集团引入 PE 融资回购雅虎股权，对中国电子商务行业的发展进程产生了重大影响。

2005 年，雅虎用 10 亿美元及其在华业务中国雅虎换取了阿里巴巴集团 40%的股份，从 2005 年到 2010 年，阿里集团的强劲增长超出所有人的预料；与此同时，雅虎逐渐走向没落，以至于阿里集团与雅虎争执不断。2012 年 9 月 18 日，阿里巴巴宣布雅虎 76 亿美金的股份回购计划全部完成，为了换回雅虎手中 50%的股权，阿里巴巴集团付出的代价是“63 亿美元现金+价值 8 亿美元的优先股”。同时，阿里巴巴集团将一次性支付雅虎技术和知识产权许可费 5.5 亿美元现金。在未来公司上市时，阿里巴巴集团有权优先购买雅虎剩余的一半。

阿里巴巴集团时任 CEO 的马云表示，本次回购的成功使阿里巴巴集团的股权结构更加健康，随后阿里巴巴集团推出的金融、数据、平台三大业务也标志着中国电子商务行业不断挖掘着更深入的商业模式，进入新的发展阶段。

五、软件和信息服务领域

2012 年中国软件和信息服务企业上市情况如表 4 所示。

表 4　2012 年中国软件和信息服务企业上市情况

上市时间	公司名称	上市地点	股票代码
2012/1/6	博彦科技	中小板	002649
2012/2/1	飞利信	创业板	300287
2012/2/28	中科金财	中小板	002657
2012/3/15	三六五网	创业板	300295

续表

上市时间	公司名称	上市地点	股票代码
2012/3/21	同有科技	创业板	300302
2012/3/23	唯品会	纽交所	NYSE
2012/4/27	人民网	上交所	603000
2012/5/8	邦讯技术	创业板	300312
2012/5/11	掌趣科技	创业板	300315
2012/6/8	旋极信息	创业板	300324
2012/6/22	环球市场	伦敦交易所	GMC
2012/9/12	北信源	创业板	300352
2012/9/26	中国手游	纳斯达克	CMGE
2012/11/22	欢聚时代	纳斯达克	YY

2012 年，由于股票二级市场持续走低，证监会不断加大对上市企业的审查，境内 IPO 出现堰塞湖现象，而境外上市由于中概股表现不佳又被做空机构频繁攻击，成功 IPO 者寥寥无几。2012 年共有 10 家企业在内地资本市场实现 IPO 融资，共有 4 家中国软件和信息服务公司（欢聚时代、环球市场、唯品会、三六五网）在全球资本市场实现 IPO，其中 3 家企业在美股上市。最新一起案例是 2012 年 11 月欢聚时代（YY. NASDAQ）的上市，并结束了自 3 月份唯品会（VIPS. NYSE）上市后连续 8 个月的赴美上市空窗期。

中国企业赴美上市以及已上市公司的二级市场表现，均延续了自 2011 年下半年以来的低迷态势。此前多家拟上市的中国企业，其上市计划也已取消或搁置，如拉手网、神州租车、盛大文学、迅雷、易传媒等。尽管 YY 的成功上市显示出境外投资者对中概股负面情绪有所缓解，但财务造假、持续亏损、VIE 架构等潜在风险，仍是多数中国企业难以摆脱的阴影。

（稿件由中国软件行业协会提供）

2012年软件和信息技术服务业人才发展概况

“中国梦”就是实现中华民族的伟大复兴。我国已经确立新型工业化道路的战略目标，将进一步推进产业结构优化升级，向科技含量高、经济效益好、资源消耗低、环境污染少、人力资源的巨大优势得到充分体现和发挥的方向调整，实现工业化与信息化的融合，建设“美丽中国”。要实现这一宏伟目标，就必须使我国重点行业——信息技术应用得到高水平人才支撑和强有力的智力支持。因此，尽快培养一大批多层次、实用型、高水平、具有国际竞争力的信息化人才和软件人才，是今后一段时间我国经济社会发展的一项基础性、战略性的重要任务。

一、全国高等教育软件人才培养概况

我国软件产业的从业人员主要来自高等学校，大学学历从业人员已经占到软件从业人员的74%，硕士、博士层面的从业人员占到了10%，高学历从业人员正成为我国软件产业的主力军。

2012年，全国高等学校研究生招生总数589673人，其中博士研究生68370人，硕士研究生521303人。全国高等学校本、专科计划招生688万人，其中普通本科374万人，高等（专科）职业教育314万人。

2012年，全国高等学校在校研究生总数1719818人，其中在校博士研究生283810人，在校硕士研究生1436008人。全国高等学校本、专科学生在校总数23913155人，其中普通高校本科生在校14270888人，普通高校专科生在校9642267人，成人本专科在读生5831123人。全国2400多所高校，有接近80%的院校开设了软件及软件相关专业学历教育。37所国家示范性软件学院和35所示范性软件职业技术学院在面向产业培养人才方面进行了积极、有效的探索。

（一）全国高校软件及相关专业在校生数据

1. 在校研究生（博士生、硕士生）

2012年，全国软件专业在校研究生32945人，软件相关专业在校研究生75491人，软件及软件相关专业在校研究生总数108436人（见表1）。

表1　2012年全国软件专业及相关专业在校研究生数量

（单位：人）

	软件专业	相关专业	总计
博士生	6961	14571	21532
硕士生	25984	60920	86904
合计	32945	75491	108436

2. 在校大学生（本、专科学生）

2012 年，全国软件本、专科在校生为 768148 人，软件相关专业本、专科在校生为 3957149 人，软件专业及软件相关专业在校生总数为 4725297 人（见表 2）。

表 2　2012 年全国软件及软件相关专业本、专科在校生数量

（单位：人）

	软件专业	相关专业	总计
本科	577861	3215589	3793450
专科	190287	741560	931847
合计	768148	3957149	4725297

3. 软件专业在校生学历结构

2012 年全国高等学校计算机及软件专业在校生学历结构分布情况如表 3 所示。

表 3　2012 年全国高等学校计算机及软件专业在校生学历结构分布情况

（单位：人）

	博士生	硕士生	本科生	专科生	合计
2012 年	21532	86904	3793450	931847	4833733
所占比重	0.4%	1.8%	78.5%	19.3%	100%

（二）2012 年全国普通高校软件及相关专业毕业生数据

1. 研究生毕业数量

2012 年软件及相关专业研究生毕业数量如表 4 所示。

表 4　2012 年软件及相关专业研究生毕业数量

（单位：人）

	软件专业	相关专业	总计
2011 年	23266	22320	45586
2012 年	12020	25451	37471

2. 本、专科毕业生数量

2012 年软件及相关专业本、专科毕业生数量如表 5 所示。

表 5　2012 年软件及相关专业本、专科毕业生数量

（单位：人）

	软件专业	相关专业	总计
本科毕业	134059	715771	849830
专科毕业	81897	288335	370232
合计	215956	1004106	1220062

3. 软件及相关专业毕业生学历结构

2012 年软件及相关专业毕业生学历结构如表 6 所示。

表6　2012年软件及相关专业毕业生学历结构表

（单位：人）

	博士生	硕士生	本科生	专科生	合计
2012年	3956	33515	849830	370232	1257533
所占比重	0.3%	2.7%	67.6%	29.4%	100%

二、2012年软件人才市场

2012年我国软件产业实现收入24794万亿元，同比增长31.5%，增速比电子信息制造业高出14.8个百分点。软件出口368亿美元，同比增长18%。在国内各省、市、自治区的软件产业发展中，江苏、广东、北京分别以4300亿元、4200亿元和3600亿元的业务收入在软件产业中领跑。我国软件产业的发展速度已远远高于GDP发展速度，并且发生了实质性变化，表现为产值增加，规模扩大。从前软件企业员工最多不过1万人，现在几万人的软件企业不在少数。预测显示，从2011年至2015年，中国软件产业将保持20%以上的增长速度。

在中国的软件从业人员中，29%的人员在企业从事软件研发，其次是互联网和制造业，分别占9.7%和8.7%。从软件从业人员的性别比例看，在从事1年以上的开发者中，男性开发者占据90%以上，从业时间越长，女性比例越低。但从目前的中国软件行业来看，女性开发者群体也在茁壮成长，每年保持一定比例的增长水平。从学历分布看，各个从业时长的开发者基本50%以上都有着较高的学历。近年来，随着外包软件基地在国内的纷纷创建，以及软件职业技术教育的繁荣，在从业时长较短的开发者中，专科/本科学历的比例在扩大，高中/中专学历的比例也在提高。由于较低的行业门槛和IT职业教育在我国不断得到重视，低学历的开发者比例呈现出逐年上升的趋势。

三、软件人才的社会培训

数据显示，2010年全国IT职业培训市场实现销售额53.8亿元，比上一年增长17.4%，2011年增长15.7%，2012年增长率达到15.2%。IT业迅猛发展造成了上百万的网络程序开发、设计、建设、实施及维护的网络工程师需求空间，企业对高技能水平的网络工程师、网站管理工程师、网络设备工程师及网络安全系统工程师的需求量平均每年增长高达70%。

目前IT培训按需求划分，大体上可分为就业类需求和认证类需求。其中国家计算机等级考试占认证类需求的17.3%，思科系列则高达40.2%。在就业类需求中位列前三名的依然是网络及安全类（占33.4%）、开发类（占24.2%）、系统及管理类（占16.7%）。

2008年国家商务部为支持各地软件服务外包产业发展，满足日益增长的服务外包产业人才需求，实施了“千百十”工程人才培训计划，各地也纷纷制定服务外包人才培训基地认定及管理办法，一批服务外包产业园区、服务外包企业及服务外包人才培训基地在政府财政资助下，积极组织软件服务外包人才培养。

中国软件行业协会、科技部火炬中心、中国国际人才交流基金会共同启动中国软件专业人才培养工程（CSTP）继续发展和完善，依据新形势下软件产业发展对人才的要求，积极组织各界专家，研究制定依托软件园区和企业建立CSTP软件工程实践中心的具体办法，希望通过努力整合产业教育培训资源，在规范的引导和监督下，为高校学生提供服务平台，帮助他们获得实践锻炼机会、积累工程经验、提升工作能力、加速从学生向产业人才的转化，实现促进大学生就业的目标。

四、我国软件人才培养面临的挑战

经济全球化给我国经济发展提供了良好机遇，使中国成为影响未来全球软件产业分工的重要因素。我们要清楚地认识到，软件人才的成长将直接推动我国软件产业的发展与成熟，尽管各级各类软件人才培养方式百花齐放，但软件人才供不应求、结构不合理、企业高端人才匮乏等突出问题，依然是制约我国软件产业发展的瓶颈，这不得不让我们认真思考软件人才培养过程中存在的问题。

（一）软件人才供应依然紧张

软件企业处于激烈的市场竞争环境下，急缺具备相关的工作经验、技术能力以及良好职业素质的工程化人才，这里的职业素质是指职业道德、学习能力、沟通能力、团队合作能力、组织领导能力等。传统的学历教育体系很难较好地满足企业用人要求。软件企业只能投入更多成本在现有的人力资源市场展开激烈的争夺，由于缺乏给员工制定必要的职业规划，对现有人员培训投入不足，造成员工缺乏对企业的归属感、成就感和发展前景，这无疑又加剧了现有人才频繁的无序流动，供给不足，使得软件人才紧缺的感觉越发明显。

（二）软件人才结构不合理

软件人才职业发展生涯一般包括两条路径：从技术到管理（程序员→软件工程师→团队组长→项目经理→部门经理）；从技术到技术（程序员→软件工程师→高级软件工程师→系统架构分析师→研发总监）。成熟的软件产业从人力资源结构上应该形成一个“金字塔”形的人才梯队，处于“金字塔”顶层的系统架构分析师、研发总监、部门经理是企业的灵魂；处于“金字塔”中间的项目经理、软件工程师是企业的骨干，处于“金字塔”底层的从事软件编码等初级工作的大量程序员是企业的基石。目前，国内大部分软件企业从事行业专用软件研发和基于平台的应用产品开发，主要以项目解决方案为特征，这使得客户和软件企业广泛采用现场定制开发方式，这样的结果就是每个项目都是独立的开发团队，人员数量不可能太多，成了“小作坊”模式。由于项目规模小、复用性差，开发团队的主要精力集中在功能实现上，往往忽视了软件质量的管理，因此软件开发过程中普遍缺乏科学化、规范化、系统化的管理。

（三）复合型软件人才匮乏

随着软件产业的快速发展，软件外包公司从国外向上海、北京、深圳等较发达的城市转移。市场对既懂 IT 专业技术又懂外国语言文化的软件 IT 高级人才的需求量在增大。面对企业对软件人才如此大的缺口，众多计算机专业毕业生却徘徊在用人单位的门外，为什么会存在这种怪现象呢？最大的原因就是大学生所学的知识不能很好地与企业所需求的东西接轨，甚至是落后，而企业更多的需要“一专多能”的复合型人才。各大企业将越来越倾向于聘用多元化 IT 人才，这些人才不仅须具备 IT 专业技术知识，还须掌握多种业务技能，能处理各种工作任务。此外，企业所需的人才除了要具备丰富的相关行业知识，必不可少的还有实践和自主开发能力。

（四）高级软件人才争夺激烈

当前，我国建立和完善的软件人才培养机制，健全的软件人才培养体系是十分必要的。软件企业应该意识到只有勇于承担对人才培养的责任，为他们提供良好的成长空间，企业中的人才才会有不断成长的动力和源泉，这是企业吸引人才、留住人才以及高效使用人才的重要条件。高等学校及社会培训机构应该意识到办学是为社会培养人才，培养的目标首先是要满足社会发展的需要，加强建立与软件产业的交流对话，才能使教育培训资源发挥最大的效益。软件人才也应该意识到只有积极了解最新、最实用和最前沿的软件技术，在工作过程中学习和积累相关领域的知识和技能，通过不断的学习→实践→再学习→再实践，才能实现与时俱进，才能有更好的职业发展前途。

（稿件由中国软件行业协会提供）

2012 年北京市软件和信息技术服务业发展概况

2012 年，在日趋复杂的经营环境中，北京软件和信息技术服务业稳中求进，通过“创名城、稳增长、促出口、推新兴、健体系”，产业平稳、健康发展，战略性新兴领域增长强劲，骨干企业努力实现与国际同步转型，发展质量有新的提高，基本实现产业发展预期目标。

一、基本情况和特点

（一）产业持续健康发展，收入规模不断扩大

2012 年，北京市软件和信息技术服务业实现业务收入 3676 亿元，同比增长 22.2%；企业景气指数和企业家信心指数继续居首都国民经济各行业之首，处于较强景气区间运行（见图 1）。

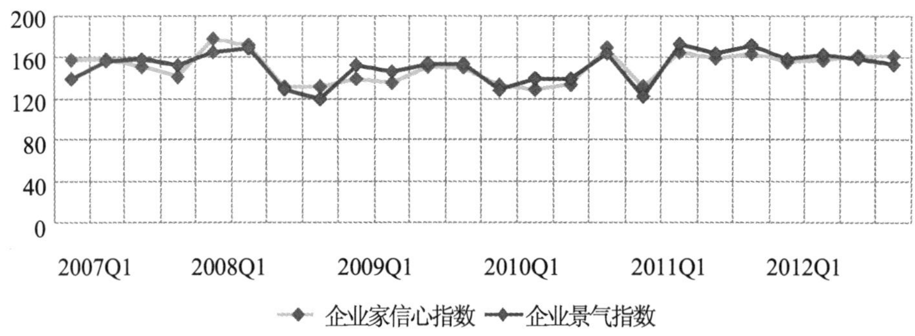

图 1　2007—2012 年各季度北京软件和信息服务业企业家信心指数、企业景气指数

注：企业家信心指数划分标准为指数高于 100，表明经济状态趋于上升或改善，处于景气状态；景气指数低于 100，表明经济状态趋于下降或恶化，处于不景气状态。企业景气指数划分标准为 180 以上为“非常景气”区间，[150，180)为“较强景气”区间，[120，150)为“较为景气”区间，[110，120)为“相对景气”区间，[100，110)为“微景气”区间。

（二）技术创新形成自主体系，研发产品大幅增加

一批关键技术突破有力支撑了产业发展。智能手机软件平台的研发和产业化项目，对于北京互联网智能手机的发展提供了技术源，促动了以小米手机为代表的北京智能手机产业生态圈的形成（产业链合作伙伴超过 500 家），初步估算价值 120 亿元。自主中间件技术日益成熟，进入银行和电信主流市场应用，取得基础软件的产业化的重大突破。神舟航天软件、神州泰岳等公司基于国产基础软件形成的电信运维、工业自动化等解决方案，大幅提高了北京系统集成行业的自主水平和产业能级。

（三）骨干企业兼并重组力度加大，做大做强步伐加快

并购已成为企业拓展业务链的重要手段，2012 年北京软件和信息技术服务业企业披露的兼并收购案例 35 起，涉及金额约 103 亿元。二六三通信公司、博彦公司等通过海外并购获得新的发展，全年海外并购交易额 1.8 亿美元。优酷公司与上海土豆公司合并为中国最大的视频公

司，文思公司与大连海辉公司合并为2.6万人的中国最大、进入世界前20位的软件外包企业。通过持续并购和自主发展并举，北京骨干企业的规模进一步扩大。17家企业入选“中国服务外包企业五十强”名单；27家企业入选2012年（第十一届）中国软件业务收入前百家企业；35家企业入选2012年互联网信息服务收入前百家企业，入选企业数量均居全国前1/3左右。系统集成资质一、二级企业分别达到88家和138家，全国占比分别达36%和24%（见图2）。

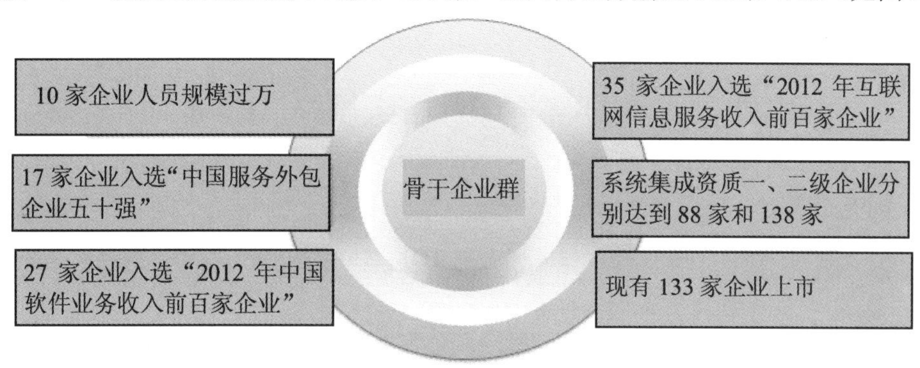

图2　北京软件和信息服务业骨干企业群

（四）产业向国际市场拓展，企业走出去步伐加快

亚信联创公司先后在泰国、尼泊尔开拓核心电信软件业务，出口7000万美元，创造了我国软件产品出口的新纪录。信威公司在美国、俄罗斯、巴西等全球近30个国家成功获得McWiLL商用。趣游公司成功将3D页游输出中国港澳台、日韩、新马、北美、欧洲、南美六大地区，建立国内首个基于Openstack全球化云计算服务平台——趣云平台，带动一批自主游戏产品进入国际市场。

（五）新兴产业发展迅猛，支撑产业转型升级

北京市“祥云工程”品牌成为中国云计算产业发展的代表，参与的中外企业达到150多家，初步形成完整的产业链，推出云计算新产品90多项，自主研发的大数据管理平台、虚拟化桌面系统、云计算平台软件、云安全软件等在国家重大系统中得到应用。通过集成创新，掌握了新一代数据中心的成套技术能力，大型数据中心的PUE值在国内首次降到全年均值1.4以下。国家云计算服务创新示范城市建设效果显著，百度的云服务开放平台已能够支持1.4万个云计算服务应用，日登录用户38万；华胜天成公司的中小型企业供应链金融云服务平台为超过2000家中小企业提供服务，成为国内领先的云应用。以基金+基地模式，加快云计算产业基地建设，2012年8月，中关村软件园云基地揭幕，面积11000平方米，初步完成了“祥云工程”确定的建设南北两大云基地的目标，即以亦庄云产业园、中关村云基地为核心形成南部云后台、北部云服务的云计算产业格局。举办了海峡两岸第五次高端交流——云计算合作论坛，首次在硅谷举行第三届北京云计算国际高层论坛，发布“云计算硅谷共识”，启动了云时代“双城”计划——硅谷和北京合作发展。

北斗导航和位置服务产业发展势头迅猛，发布了《北京市推进北斗导航与位置服务产业发展实施方案》；启动了北斗导航产业公共服务平台建设，加强共性技术和平台的研发，推进产业链上下游企业合作；明确了在城市运行保障、智能交通、现代物流、重要系统授时、环境资源管理、精准农业六大领域开展10项北斗示范应用，推广终端2万多个，启动了北斗导

航产业公共服务平台建设，60 纳米北斗 SOC 芯片、高精度北斗模块等 20 多项新产品实现产业化。推进了国家北斗产业园、国家地理信息科技产业园等产业基地建设，应用技术体系和产业链初步形成。

以云计算为代表的战略性新兴领域成为全行业面向新技术潮流转型的发动机。体现软件、服务和文化创意融合发展的互联网信息服务业，月同比保持增长 30%以上，成为增长最快的子领域，行业占比达到 28.8% ，比 2011 年同期提高 2.6 个百分点，结构优化的趋势日益显现。移动互联网入口和终端的竞争更加激烈，互联网企业积极布局，新创企业不断涌现。2012 福布斯中国发布的中国移动互联网公司 30 强，空中网、飞拓无限、中国手游等 16 家北京企业上榜。

（六）投融资市场活跃，助力产业发展

在中小企业资金面普遍偏紧的不利条件下，虽然投融资市场的活跃度比 2011 年同期有所下降，但仍然保持了比较活跃的趋势。围绕产业链投资成为重要趋势，移动互联网、北斗导航、云计算的产业集群获得青睐，投融资机制不断创新，企业内孵化、天使投资基金、创新工场的模式不断完善，以软证贷为代表的软件金融顺利起步。全年北京软件和信息服务业 10 家企业登陆资本市场，上市融资累计 44.8 亿元。截至目前，北京软件和信息服务上市企业累计达到 113 家。全行业的筹资能力和对资本市场的吸引力进一步提高，通过政银合作以软证贷（软件产品知识产权贷款）、集信通（系统集成资质贷款）为主的金融服务平台，全年为企业融资 6.2 亿元。国家开发银行以专利权质押、应收账款质押、抵押等组合模式，对智能水电表企业——双得利公司提供 1.3 亿元的贷款融资支持，助力企业核心技术攻关取得突破，培育物联网新兴龙头企业。

二、2013 年形势展望

当前北京市软件和信息服务业发展形势不容乐观，挑战和机遇并存。第一，软件产业受国家及北京市宏观经济形势影响一定程度上存在周期滞后，产业经济运行增长压力加大。面向企业信息化的市场需求不足；面向行业信息化的市场需求减缓；面向互联网信息服务的消费市场仍较为强劲，但也较 2011 年同期增速下降。第二，云计算、北斗导航与位置服务等战略性新兴产业处于培育期，规模偏小，不足以对整个产业增长起到支撑作用。第三，创业创新活跃度减缓，新业态新服务要产生效益需要发展资金。第四，北京市资源如软件与文创资源、软件与科技资源整合力度不够。

同时，北京市软件和信息服务业发展也存在有利的一面。第一，十八大提出的“工业化、信息化、城镇化、农业现代化同步发展”和创新驱动战略，是产业发展强有力的驱动力。第二，软件名城建设将有助于扩大北京市产业在国内外市场的影响力。第三，当前全球信息产业正处在新一轮变革的初期，北京企业在国内抢得了主动转型的先机，有机会实现弯道超越。以社交网络、移动互联、应用商店、云计算（及大数据）为代表的产业变革，符合北京市拟定的产业发展规划，在人才储备、产品开发和新创企业等方面都领先于国内。第四，智慧城市、数字家庭建设的兴起，为信息服务消费注入鲜活血液。不断增加的信息服务消费将成为拉动经济增长的新引擎。Gartner 预计，中国企业 IT 市场的支出将从 2013 年的 1178 亿元增长至 2016 年的 1724 亿元，年均复合增长率将达到 8%，高于全球同期 3%的增长率。

三、2013 年发展目标及重点工作

2013 年的工作思路是：全面贯彻党的十八大精神，以“做大总量，突出高端，全国领先”为工作主线，以提升软件名城为着眼点，发挥在科技创新与文化创新“双轮驱动”中的“传动轴”作用，培育世界级的名企、名人、名牌、名园，调动企业发展的积极性，提升企业国际竞争力，实现产业在结构优化升级中向高端转型。

2013 年的具体目标是：北京市软件和信息服务业收入达到 4950 亿元，年均增长 18%；产业增加值达到 1800 亿元，同比增长 10%，软件出口达 30 亿美元。为实现这一目标，重点工作如下。

（一）以更大的力度发展新兴产业

以云计算、北斗导航、下一代互联网等示范应用为突破口，形成大应用带动大创新、大创新带动大产业的良性互动，构造新型产业链和价值链，推动新兴产业快上规模、早见成效。发展云计算，通过祥云工程，推进云服务和云后台的重大项目实施，发展北斗导航与位置服务，持续推进产业链关键环节的重大项目。

（二）以更大的突破促进做大做强

围绕大集团组合优势资源，积极培育几个百亿元级软件企业，力争尽早出现千亿元级企业，推动企业并购重组，加快技术改造，支持骨干企业提升核心竞争力，承担国家级重大信息化工程和核心系统建设。推动设立北京市软件和集成电路产业股权投资基金，引导社会资金投资软件产业的重点企业和重大项目。

（三）以更大的举措支持创新创业

进一步优化产业发展环境，规划和新建一批软件产业基地和创业基地，健全基地公共服务体系，大力引进一批掌握国际领先技术、引领产业发展方向的创新创业团队。以中关村软件园 2 期（20 万平方米）、国家地理信息科技产业园（80 万平方米）为核心，鼓励百度、华胜天成、亚信联创等大企业“从楼进园”，释放部分产业发展所需的空间（年度约 20 万平方米），推进小企业“集中进楼”，打造中小企业集聚和产业公共服务基地，形成“楼宇育芽、园区育林”的载体格局。

（四）以更大的步伐开拓海外市场

组建出口企业联盟，集中资源拓展海外市场，加强同金融机构的战略合作，利用出口信贷和出口信用保险，支持一批有自主知识产权的软件出口项目。组织好软博会、云计算高层论坛、中国云计算大会等重大产业活动，使其成为国内外企业合作的大平台。

（五）以更大的智慧探索机制创新

围绕软件公共服务平台升级，提升产业服务水平，优化审批流程，继续做好软件产业税收优惠政策落实工作，计算机信息系统集成和信息系统工程监理企业资质管理、软件企业认定、软件产品登记、高新软件出口企业确认、信息技术服务标准及运维资质试点等工作。

2012年天津市软件和信息技术服务业发展概况

近年来，天津软件和信息技术服务业在天津市经济社会发展和信息化建设的强力驱动下，保持了良好的发展势头，产业规模持续增长、产业结构不断优化、企业实力逐渐增强、优势产品不断涌现、聚集效应日益明显，主要指标较“十五”末均有较大增幅，基本形成了以园区为载体、以企业为主体、以创新产品为特色的发展格局。

一、基本情况和特点

（一）产业规模和产业结构

天津市软件企业逐渐成长壮大，企业总量和规模企业数量不断扩大。2012年实现业务收入554亿元，同比增长50%左右，其中软件产品、系统集成、信息技术咨询、数据处理和存储服务、嵌入式软件和IC设计收入分别占软件业务收入的25%、11%、12%、14%、22%和16%。2012年新认定软件企业41家，累计达到508家；登记软件产品350件，累计达到1957件；受理著作权登记953件，累计达到4780件。龙头企业对产业发展的支撑作用逐渐增强，腾讯数码、软通动力、天地伟业等25家企业软件收入超过5亿元。天津通过CMM/CMMI认证的企业达到12家，凯发电气、天大求实、天地伟业、中环天仪等多家软件和信息服务企业正在积极筹措上市。

（二）系统能力

天津市共有72家系统集成企业，数量占全国的1.7%，排第19名。其中一、二级企业11家，三级企业38家，四级企业23家。全年产值40亿元左右，占天津市生产总值比重的0.3%左右。90%以上的系统集成企业业务涵盖了咨询设计、集成实施、运行维护的全过程。以一、二级系统集成企业为代表的实力较强，业务领域覆盖面大，涉及全国系统集成与信息服务业务；部分三级资质企业对所涉及的行业应用有深入研究，具备自主核心技术，在具体行业如电力、铁路、煤炭、交通等领域有一定知名度，业务范围走出天津，走向全国，个别企业业务已走出国门。绝大部分获得系统集成资质的企业通过ISO 9000质量体系认证，在设计、实施和运行过程中保证了服务质量。

（三）产业聚集

按照天津市整体规划布局和工业规划布局，天津市积极推动有关区域形成各具特色的软件集聚区。目前天津市软件园总占地面积已超过800万平方米，建筑面积达到了600万平方米。按照“突出特色、聚集资源、协调发展”的思路，立足各区域的产业基础和发展空间，已经形成了以滨海新区为龙头的软件产业核心区，以周边区县软件园为主体的软件产业辐射区和以中心城区商务楼宇为主体的软件产业特色区，天津市软件产业逐步实现了定位明确、分工协作、互补配套的集约发展模式。

（四）创新能力建设

天津市软件在数据库、安防、行业应用、超级计算等领域形成了一批优势特色产品，拥有全国首个千万亿次、计算能力世界排名第一的超级计算机“天河一号”，以及世界排名第三的“曙光星云”超级计算机，航空器综合训练设备达到国际先进水平，目录服务系统 GBase、津科电子书等在国内市场具有较强的市场竞争力，“天地伟业”商标被认定为“中国驰名商标”。天津神舟通用数据技术有限公司承担了核高基重大专项课题“神通大型通用数据库管理系统与套件研发及产业化”，研发的国产通用数据库已在政府、电信、电力、公安、民航、国防、军工等领域开展市场推广，目前已上线应用 600 余家，销售收入超过亿元，成为了增强天津软件产业核心竞争力的杀手锏之一。

（五）人才培养

天津市全力构筑政府引导和扶持，高校、社会机构和企业共同参与的多层次人才开发体系，依托各高校软件学院，建立面向企业不同层次需求的实用型软件人才培养模式，2012 年累计培训超过 4 万人次，同比增长 30%，为产业创新提供了持续动力。天津市会同天津市软件协会和系统集成协会共同组织了“天津市软件与信息服务业人才专场校园招聘会”等活动，为天津市软件人才提供了沟通和就业的平台，同时进一步加强校企沟通，多次组织高校与各区县主管部门进行对接，向企业输送人才，为天津市软件产业发展提供人才支撑。

（六）服务外包

天津市是国家级软件产业出口基地城市、中国服务外包示范城市和国家首批认定的服务外包基地城市，2012 年天津市服务外包产业实现外包执行额 12.27 亿美元。近年来，天津市各相关部门不断对企业进行帮扶，积极搭建企业与银行对接平台，促进企业出口。例如，滨海新区已推出服务外经贸企业的滨海新区贸易通平台、出口通平台、中小企业风险保障平台和外经贸企业服务平台，完善了发展政策和资金综合促进体系、外经外贸联动发展体系。在这些因素的促进下，天津市软件产业对美国、欧盟、韩国、日本四大传统市场出口保持稳定。

（七）产业链带动

天津市是国内物联网产业起步较早的地区，拥有较好的科研基础、产业基础和应用基础，初步形成了从感知、超算、芯片、标准制定、解决方案到系统集成等较完整的产业链，率先从技术研发阶段进入应用驱动阶段。天津服务器、路由器、存储器已形成 300 万台的能力；光纤、光缆等网络传输设备国内领先；移动终端生产能力超过 2 亿部；电子元器件全国市场占有率达到 20%，物联网产业规模已达到 1200 亿元。

天津市“十二五”发展规划提出，到 2015 年，要实现物联网产业实现销售收入超过 2000 亿元；培育和聚集物联网企业 1000 家以上。聚集国家级科研机构与研发中心 20 家以上，掌握一批国内领先、国际先进的物联网核心技术，形成一批在国际和国内发挥关键作用的相关标准。建设标准、检测、认证等十大技术服务平台，实施十大公共云平台和十大行业云平台工程，建成较为完善的产业服务体系。打造两大产业聚集区，形成以滨海新区和“IT 三角”

为核心、重点产业园区为支撑的产业发展格局。建设一个基地：电子信息国家级新型工业化产业示范基地。形成五个产业集群：西青微电子、开发区、高新区、津南、静海。打造六云产业链：云感知、云计算、云存储、云方案、云安全、云灾备。因此，天津市物联网产业具有势头很强的市场预期与较大的发展空间。

（八）标准制定

2011 年天津市引进了书生软件技术有限公司，该公司承担了国家核高基重大专项“版式文档标准制定与软件产品研发及产业化”课题攻关。作为国家 863 计划支持项目，该项目完成后将使我国在版式技术产品和标准领域达到国际先进水平，并填补国际版式技术领域在核心标准方面的空白。长期以来，我国版式技术领域难以形成统一的标准和技术产品，这个瓶颈也制约了电子产业链的形成和发展。该公司承担的这个课题结束后，将极大地推动电子文档产业的产业化进程，并将极大地提升中国软件产业在国际文档领域的话语权。

二、2013 年目标及重点工作

2013 年，天津市继续以壮大软件产业规模为重心，紧紧围绕软件产业“十二五”规划中的发展重点，全力推动软件产业发展，力争使天津市软件产业规模同比增长 35%以上。

一是继续做好政策衔接。认真落实《进一步鼓励软件产业和集成电路产业发展的若干政策》及其相关配套政策的宣传落实工作。继续完善激励措施，明确政策导向，优化产业发展环境，增强科技创新能力，提高产业发展质量和水平。二是继续推动项目建设。在抓好现有重点项目建设的基础上，一方面，充分发挥专项资金的引导和放大作用，推进重点项目建设，提升软件产业实力；另一方面，以著名软件企业为目标，引进一批行业龙头企业，助推天津市软件产业快速发展。三是加大人才培养。通过提升天津市软件产业的影响力，加大对高端软件人才和复合型人才的吸引力度，同时积极支持和引导社会培训机构，搭建多渠道的沟通平台，为产业创新提供持续动力。四是加强基础工作。进一步完善天津市软件产业统计体系，做好软件产业运行情况的监测分析等；继续发挥软件行业协会和计算机信息系统集成行业协会等中介机构的桥梁和纽带作用，促进软件行业发展。

2012年河北省软件和信息技术服务业发展概况

一、基本情况

2012年，河北省软件和信息技术服务业完成软件业务收入127.33亿元，利税总额48.54亿元，其中利润39亿元，出口5104.65万美元。2012年新认定软件企业39家，累计达到455家，新登记软件产品615件，累计达到3651件。78家企业具备计算机信息系统集成资质，8家企业具备信息系统工程监理资质。

二、主要特点

（一）产业发展布局基本形成，聚集能力不断增强

按照《河北省软件和信息服务业“十二五”发展规划》确定的发展目标和工作任务，52项重点建设项目中已有48个项目开工建设。其中，中兴（燕郊）北方产业基地一期、廊坊润泽国际信息港一期、信和服务外包基地、秦皇岛数据产业基地“数谷”大厦、石家庄软件园汉康软件孵化大厦和振新软件大厦6个项目先后建设完成并投入使用。中国联通华北（廊坊）基地项目进展顺利，一期330亩用地指标已经下达并完成土地出让，2012年12月正式开工建设。随着一批大项目的陆续开工建设并投入使用，河北省软件与信息服务业的发展环境和投资环境得到进一步优化，发展势头良好。

（二）强化政策扶持，培育特色产业

认真贯彻落实国务院《鼓励软件产业和集成电路产业发展的若干政策》和河北省《关于加快河北省软件产业和集成电路产业发展的若干规定》，结合河北省产业特色和优势，培育和发展了医疗电子、电力电子、安防电子、交通电子、智能仪表、节能环保监测、智能控制等一批市场竞争力强、具有一定规模和较强市场竞争力的优势企业。应用软件、嵌入式软件发展迅速，重点骨干企业竞争力不断增强，软件产品数量不断增加，应用领域不断扩展，部分技术处于国内或世界领先水平。截至2012年年底，河北省累计认定软件企业455家，登记软件产品3651件，78家企业获得计算机信息系统集成资质，8家企业获得计算机信息系统工程监理资质，9家企业通过CMMI（软件能力成熟度模型）认证，2家软件企业在创业板成功上市。河北省主营业务收入超过10亿元的软件企业有2家，超过亿元的有24家，超过5000万元的有40家，产业规模不断扩大。

（三）以用促产，推进物联网发展

积极推进特色物联网技术研发应用，依托中国电科第13所、54所建设物联网技术研发中心，在网络与宽带接入、基础材料与芯片、传感器网络、无线通信、卫星导航、信息安全等物联网关键核心技术的研发方面已取得一定成果。依托航天信息公司建设物联网应用工程中心，在射频识别、物联网信息安全等领域处于国内先进水平，有效推动了科技成果转化和

集成创新。推动河北广联公司依托二维码一码多识等多项自主核心技术，在食品安全监管、人口信息管理、智能交通、产品防伪、企业营销、媒体出版等多个领域成功应用，在基于二维码的物联网城市平台应用中居于国内领先地位。以承德新龙物联公司为龙头，建设智能化仪器仪表基地，在水、电、气、暖四大领域打造集物联网技术研发、产品制造、工程应用和综合服务于一体的完整产业链。秦皇岛数据产业基地、廊坊润泽国际信息港、信和服务外包基地已在数据加工处理、数据传输、海量存储、高性能云计算等信息服务领域形成聚集效应，秦皇岛数据产业基地与IBM中国研究院合作的包含15项国际专利技术的“三维互联网技术应用孵化平台”正式上线开通。康泰医学“智能远程医疗系统”、前景光电“电梯远程智能监控”、富通尼特“智能化社区管理服务”以及光彩集团“基于物联网的居家养老服务”等项目技术水平和服务理念已处于全国前列。依托“中国电谷”、保定软件园和华北电力大学，以服务智能电网产业体系为基础，以电力电子软件发展为重点，推动新型储能、智能输变电、节能环保等电力装备和电力传输设备的自动化、智能化发展，推进智能电网产业基地建设。加强与中国电子商会、中国物联网推广中心、航天科技集团、航天科工集团、北京大学工学院等业内有关机构和单位的联系，务实开展深度合作。推动河北天通公司与中国台湾地区有关机构和企业合作，投资20亿元建设石家庄智慧农业示范基地。通过物联网技术在农业领域的应用，开发滹沱河沿岸河滩地，发展新型智慧农业，并适度开发生态旅游、文化交流，形成多层次、多维度的产业体系，建设国家级智慧农业示范基地。

三、面临的问题

河北省软件企业规模普遍偏小，主要从事软件工程项目，以国内市场为主，竞争力偏弱。软件产品研发技术基础薄弱，创新能力不足，市场带动作用不足。支持软件产业发展的多元化风险投资机制尚不健全，软件企业资本运作的能力较低。支撑软件产业发展的公共技术开发体系、市场开拓体系不够健全。软件研发人才短缺。

四、2013年展望与目标

坚持以科学发展观为指导，按照加快转变经济发展方式、调整优化经济结构的总体要求，遵循“科学布局、产业聚集，应用为主、市场驱动，技术创新、产业融合，加强合作、对接首都”的原则，做大做强应用软件和嵌入式软件，大力发展工业软件，突出发展物联网产业。加强重点园区（基地）建设，推动软件与信息服务业实现跨越式发展。力争全年软件与信息服务业主营业务收入突破200亿元。

五、下一步工作

（一）认真组织实施《河北省软件与信息服务业“十二五”发展规划》，着力提升重点领域和骨干企业竞争力

指导和推进列入规划的 52 项软件与信息服务业重点建设项目按期建设。培育和发展医疗电子、电力电子、安防电子、交通电子、智能仪表、节能环保监测、智能控制等一批市场竞争力强、具有一定规模和较强市场竞争力的优势企业，不断增强重点骨干企业竞争力。年

内扶持2～3家软件与信息服务企业通过CMMI认证，培育和推动汇中仪表等3～5家软件与信息服务企业上市。继续把项目建设作为推动产业发展的重中之重，坚定不移地抓紧、抓实。加强对已开工项目的跟踪督导，及时了解和着力解决项目建设中的有关问题。进一步加大招商引资力度，对于有望合作和落地的项目紧盯不放，协调有关方面逐一解决项目落地的具体问题。瞄准基础电信运营商业务转型、3G、下一代互联网、数字电视网络和物联网发展带来的软件与信息服务发展的新模式、新需求，加强合作，推进产业联盟建设，培育大型软件与信息服务企业。

（二）加快推进物联网产业发展

深入贯彻省政府《关于加快物联网产业发展的意见》(〔冀政2010〕118号)，推动河北省与中国联通集团、中国电子科技集团、中国航天科工集团、中国航天科技集团等有关央企开展物联网发展战略合作，开展智慧城市建设，协调推动北斗卫星产业发展和导航产品应用。推进秦皇岛数据产业基地、廊坊综合信息服务基地、中电科河北物联网产业基地建设。组织实施传统产业改造提升、水资源监测传感网应用、区域智能交通、食品药品行业应用试点工程。组织开展物联网业务培训，适时召开河北省物联网大会。抓好获得国家物联网专项资金支持项目的跟踪服务和监督检查，确保项目按计划推进。跟踪物联网新技术、新应用和新发展，加强技术研发和成果转化，谋划和推进物联网重点项目，培育物联网龙头企业和示范项目。年内争取国家和河北省相关扶持资金2000万元以上。

（三）加强软件与信息服务产业聚集区建设

建设和完善软件产业公共服务平台和公共支撑平台，与工信部软件与集成电路促进中心合作建设国家软件公共服务平台、集成电路公共服务平台、软件与服务外包公共支撑平台、云计算公共服务平台河北分中心，为软件与信息服务业发展提供有效支撑。优化软件企业生产研发所需的内、外部环境，增强园区（基地）吸引企业、聚集企业的能力。采取“请进来、走出去”等方式，对标兄弟省市在聚集区（园区）建设方面的先进经验和成功做法，加快产业聚集。科学谋划软件与信息服务业产业布局，加快环首都软件与信息服务聚集区建设，推动石家庄、保定、廊坊、秦皇岛、唐山软件和信息服务园区聚集发展，积极组织有条件的地区申报“国家软件和信息服务产业基地”。

（四）加强队伍建设，不断提高服务能力

组织开展好“双软”认定、资质管理等日常工作，年内新认定软件企业20家以上，登记软件产品500件，培育10家以上软件企业通过计算机信息系统集成认定。结合软件企业年审、资质评审监督检查，深入企业调研，协调解决产业发展中的问题。充分发挥河北省软件评测中心、河北省软件与信息服务业协会等支撑机构的作用，指导其为产业发展提供技术支撑和咨询服务。加强软件产业统计分析和运行监测，及时了解产业发展动态，加强科学指导。认真贯彻国家和河北省关于促进软件与信息服务业发展的各项扶持政策，以良好的政策环境促进河北省软件与信息服务业加快发展。

2012年辽宁省软件和信息技术服务业发展概况

一、基本情况

2012年辽宁省软件和信息技术服务业实现软件业务收入2136亿元，同比增长46.4%，其中软件产品收入730亿元，信息系统集成服务收入555亿元，信息技术咨询服务收入341亿元，数据处理和存储服务收入280亿元，嵌入式系统软件收入204亿元，IC设计收入25亿元。纳入国家统计范畴的企业数达到3352家，其中沈阳市1613家，大连市1474家。截至2012年年底，辽宁省软件从业人员数量为43.6万人。

二、主要特点

（一）产业快速增长，规模迈上新台阶

2012年辽宁省软件和信息技术服务业继续保持平稳增长的态势，前三季度整体增速保持平稳，进入第四季度后，呈快速增长态势，全年软件业务收入突破2000亿元，产业规模持续扩大，对经济增长和社会发展的支撑能力进一步增强。

（二）软件出口呈现新趋势，外包服务出口收入稳步增长

立足对日市场，努力开拓欧美市场并积极进军非洲、中东、东南亚等市场，2012年辽宁省实现软件业务出口收入47.8亿美元，同比增长37.8%，其中大连市约占辽宁省的3/4，其对欧美市场出口比重由2010年的1.8%上升到22.4%。2012年辽宁省软件外包出口收入稳步增长，达到38.6亿美元，自2006年起，连续7年居全国第一位。东软集团、大连华信、大连文思海辉软件出口收入居全国前三位。

（三）新增企业数量过千家，龙头企业发展情况良好

2012年辽宁省纳入统计范畴的软件企业数量达到3352家，新增1289家，其中亿元以上企业239家，新增57家。东软集团、大连华信等辽宁省内10亿元以上龙头软件企业发展情况良好，其中东软集团全年预计完成主营业务收入超过70亿元，是近几年来增量最多的一年。

（四）产业结构优化调整，信息技术服务业比重提升

软件和信息技术服务业产业结构进一步优化，信息技术服务业比重增势明显，与年初相比，信息技术服务业所占比重提高了7个百分点，占辽宁省软件和信息技术服务业总收入的27%，嵌入式系统软件收入占比从年初的16.4%降至12%。国内外包市场不断扩大，比2011年提高3个百分点，国内、国外外包服务收入比例为1∶1。

三、面临问题

（一）软件外包产业利润降低

受社保政策及人员工资上涨影响，从事软件外包服务的企业利润降低。以大连市为例，2012 年对日外包利润率下降 30%左右，加上融资成本居高不下等其他因素影响，目前部分从事中低端软件外包的企业已接近零利润。

（二）工业产品中嵌入式软件收入比例不高

作为我国重要的工业基地及装备制造中心，工业软件、嵌入式系统软件对优化辽宁软件产业结构、改造提升传统制造业和服务高新技术产业发展具有积极的作用。但目前辽宁省工业产品信息技术含量和附加值较低，信息化与工业化有待更深层次融合。

四、2013 年展望与目标

2013 年，国际金融危机深层次影响将持续显现，世界经济复苏充满不确定性、不稳定性，但我国发展仍处于可以大有作为的重要战略机遇期，经济社会发展具备很多有利条件和积极因素，也面临不少风险和挑战。面对复杂多变的国内、外经济环境，辽宁省软件和信息技术服务业将深入贯彻落实国发〔2011〕4 号文件，努力推进各项重点工作开展，不断提升全行业的应用水平和创新能力，继续保持平稳发展的趋势，预计 2013 年辽宁省软件和信息技术服务业将实现 25%以上的增长，主营业务收入有望超过 2600 亿元。

五、下一步工作

（一）全面贯彻落实产业政策

贯彻落实国发〔2011〕4 号文件，出台相关配套措施和实施细则，认真落实软件产业优惠政策。积极推动软件产品认定工作，着重做好工业领域嵌入式软件产品的登记工作。

（二）推动产业集聚发展

重点推动大连软件和信息技术服务产业集群、沈阳浑南软件和电子信息产业集群发展，积极规划沈阳铁西工业软件、大连金州新区嵌入式工业软件、鞍山工业自动化控制软件的集聚和发展。充分发挥大连软件和信息技术服务、大连嵌入式软件研发、沈阳装备制造业工业设计服务、沈阳软件运营（SaaS）服务、沈阳信息技术服务（ITSS）5 个重点公共技术服务平台的作用，启动对上述重点平台的绩效评估。

（三）大力培育龙头企业，推动企业创新发展

力争培育出超过 100 亿元的企业 1 家，新增超过 50 亿元的企业 1 家、超过 10 亿元的企业 7 家，引导企业积极申报国家核高基、国家电子信息产业发展基金等国家专项，强化创新引领，鼓励企业间建立以产业链为基础的多层次合作机制，支持企业在云计算、物联网、移动互联网等重点和新兴领域开展创新研究，促进产业创新发展。

（四）推动软件服务外包产业的发展

加快大连软件服务外包产业向高端发展，将大连、沈阳低端服务外包向丹东、锦州等市转移，推进丹东天赐国际软件园、丹东海纳科技软件园、锦州365信息产业园建设。

（五）推动企业间合作交流

组织软件企业参与并通过大连软交会、沈阳手机博览会、丹东仪器仪表博览会、沈阳国际装备制造业博览会等活动展示核心技术和服务能力，利用好赴台招商和台商赴辽对接的工作机会，引入软件企业和先进技术。针对辽宁省传统优势产业的发展，组织技术研讨和项目对接，提高工业产品的数字化、智能化和网络化水平，推动工业产品向价值链高端跨越。

（六）加快人才培养和引进

利用辽宁省内人才引进政策，加快海外高层次人才的引进，鼓励海外高端人才回国就业、创业。推动企业与高校联合培养专门人才，建设软件人才实训基地，积极开辟海外培训渠道，扩大人才培养规模。

2012 年吉林省软件和信息技术服务业发展概况

2012 年，吉林省软件和信息服务业运行高速、平稳，继续保持健康、快速的发展势头。

一、基本情况

（一）软件业收入状况

2012 年，吉林省软件业完成软件业务收入合计达到 262 亿元，比 2011 年同期增长 18.6%，吉林省软件行业从业人员超过 4 万人。

（二）吉林省软件收入构成情况

从吉林省软件产业构成来看，软件业务收入主体是软件产品、软件服务和系统集成，嵌入式软件份额增加。其中，信息技术咨询服务、数据处理和存储服务收入合计为 86.1 亿元，占总业务收入的 32%；软件产品销售额、系统集成销售额分别为 61.8 亿元、70.3 亿元，占软件产业总业务收入的比重分别达 24%和 27%，嵌入式软件份额达到 43.7 亿元，占比为 17%。

（三）吉林省软件企业发展情况

从吉林省软件企业发展情况来看，2012 年吉林省从事软件及信息服务业的企业超过千家。其中，收入超过亿元的企业超过 40 家，收入超过 10 亿元的企业有 1 家，软件出口外包企业超过 50 家。吉林省软件企业认定家数和登记产品件数在总体上均呈稳中有升的趋势。截至 2012 年年底，吉林省累计认定软件企业 564 家，登记备案软件产品 1849 件。其中，2012 年新认定软件企业有 69 家，新登记软件产品 278 件。吉林省获得计算机信息系统集成资质的企业共 55 家。其中，获得一级资质认证、二级资质认证、三级资质认证的企业分别有 3 家、5 家和 36 家。

软件企业在研究开发投入、建立和完善核心技术创新体系、提高自主创新能力、扩大产业规模以及丰富产品结构等方面均有较大突破。拥有自主知识产权、具有核心技术优势和特色的软件产品市场占有率不断提高，品牌效应不断提升。

二、运行特点

（一）区位优势

吉林省 80%以上的软件企业都集中在长春市、吉林市和延边朝鲜族自治州。长春市地处东北亚区域几何中心，交通便利，基础设施建设相对完善，是物流、人流和信息流的重要枢纽地区，为大力发展软件和信息服务业奠定了坚实的物质基础。延边朝鲜族自治州一直以来与日韩等国家关系较为密切，特别是近几年来长吉图开发开放先导区的建立，大大促进了吉林省软件和信息服务业外包市场规模的发展壮大。

（二）科教人才优势

从人才培养的硬件设施投入来看，目前，吉林省设立了软件及相关专业的全日制大学就有 40 余所，其中吉林大学计算机专业是中国计算机学会常务理事单位之一。现有国家级软件学院 2 所，省级 15 所，国家级软件技术学院 2 所，有计算机技能培训机构 50 多家。从人才培养的规模和数量来看，吉林省现有计算机及相关专业在校大学生 4 万多人；各级软件学院及软件技术学院年培养计算机及相关专业本科毕业生、硕士毕业生分别达 10000 多和 2500 多人；计算机技能培训机构年培训各类人才 5000 多人。从人才结构来看，软件工程师所占的比例较高，系统分析员和项目总设计师的比例较低。目前，吉林省拥有一线软件工程师近 10000 人。据统计，每年吉林省为全国各地软件及服务外包企业输送的人才就将近 20000 人。

（三）产业优势

吉林省长春市是全国重要的工业生产基地，尤其是在汽车、轨道客车和装备制造业方面，具备了较高水平的研发、设计、加工、生产等综合能力，拥有一汽集团、一汽大众等著名整车生产企业及十几家专用车、改装车企业，拥有全国最大的轨道客车生产基地，该基地将形成年产 800 列高速动车组的生产能力。同时，随着战略性新兴产业规划的进一步确定，新能源、新材料等诸多领域对软件及信息服务业的依存度和需求量不断增加，必将为吉林省软件及信息服务业的加快发展提供广阔的应用领域和市场空间。

（四）产业基地优势

在信息产业领域，吉林省已经成立了国家产业基地和省级产业园区。长春国家光电子产业基地、新兴的现代电力电子产业基地、吉林省（长春启明）汽车电子产业园、长春软件园、吉林软件园、延边信息产业园、吉林东北亚文化创意科技园、长春软件与动漫服务外包产业园、清华国际服务外包研究院，形成了特色的产业集群。在软件领域，长春启明在汽车管理软件产品研发与服务和车载信息系统研制及服务两个领域的市场份额已经居国内同行业第一位。一批具有自主知识产权的软件产品已遍布全国，拥有“双软”认证的企业数 300 余家，各种应用软件，如税务、银行指纹识别、教育、网络安全等都有非常活跃的市场。

（五）其他优势

吉林省的软件和信息服务业发展的优势还体现在产业结构、产品种类和软件园区建设的特色方面。在产业结构上，吉林省软件产业虽然产业规模逐年扩大，但仍然是中小企业占大多数，大型企业数量偏少，而且企业性质也是以民营、中外合资、股份制等所有制的公司为主。

在产品种类上，吉林省软件产品以应用软件占有绝对优势，系统软件和支撑软件数量较少。其中，汽车、信息安全、教育、政府、农业等行业应用软件在市场占有率、技术水平及知名度等方面处于国内领先水平。

在软件园建设上，吉林省政府明确提出，将着力把信息服务业打造成重要的特色产业，着力建设长春软件园、吉林软件园和延边中韩软件园，以形成优势互补、共同发展的新格局。其中，长春软件园主要发展企业管理软件、人口信息管理软件、汽车软件、教育软件、信息安全软件；吉林软件园主要发展嵌入式软件和电力行业、石化行业大型应用软件；延边中韩软件园着重承接韩国、日本的软件外包和信息服务。据统计，目前，吉林省80%以上的软件企业、85%的软件收入都主要集中在这三家软件园区，聚集效应十分显著。

三、存在的问题及采取的措施

（一）存在的问题

吉林省软件产业发展仍存在一些问题，主要表现在：产业发展环境亟待优化，核心技术缺乏，自主创新能力薄弱，企业规模小，缺少具有国际竞争力的龙头企业。软件人才结构性矛盾突出，高层次的技术人才、复合型人才缺乏。产业公共技术开发体系、风险投资及投融资、海外市场开拓等支撑体系尚未健全。

（二）采取的措施

1. 贯彻落实软件企业的各项优惠政策

积极开展软件企业认定和软件产品登记，利用网络、会议、培训班等多种渠道宣传贯彻落实国务院4号文件和财税27号文件等相关政策，确保吉林省软件企业享受到各项有利于发展的优惠政策。

在政策上加大对软件企业的扶持力度，不断丰富优惠措施种类，有效调动社会资源参与软件和信息服务业的发展，为软件和信息服务业的发展奠定坚实的基础。

2. 加强吉林省软件行业协会的作用

吉林省软件行业协会在帮助企业获取市场信息，沟通相互联系，组织宣传和展览，组织研讨会，向政府反映企业经营中的问题等方面发挥了重要作用，起到了在政府、企业及广大用户之间的桥梁、纽带作用。

3. 大力培育具有国际竞争力的骨干型软件和信息服务企业

培育具有自主创新能力和自主品牌建设的大型骨干企业，鼓励具有创新活力的中小企业发展壮大。优化企业构成，改变传统的企业分布格局，使其向“纺锤形”的分布格局发展，形成一批中等规模服务企业和一定数量的收入超过亿元的龙头企业。支持启明公司、长春万易等骨干企业发展壮大，重点支持信息安全、企业管理、生物识别及物联网等软件产品研发和产业化。

4. 积极推动软件与传统产业融合

加强软件对传统产业发展的渗透和促进作用，在与传统产业的融合中体现软件的核心价值。在具体的应用领域中，结合吉林省的实际情况加快实现两化融合，例如在推动汽车产业的发展过程中，可以通过汽车电子控制产品装置的研发，积极开拓混合动力汽车市场；在能耗较高的石化行业、建筑行业、冶金矿业中推进重点企业的节能改造；通过企业信息化的建设实现能源消耗管理与控制一体化，进而加速吉林省节能减排的进程。在信息化对传统工业改造的过程中，实现软件和信息产业的技术突破和发展壮大。

四、2013年展望与目标

2013年吉林省软件和信息技术服务业将完成产值320亿元。

随着转变经济发展方式，推行节能减排、大力发展战略性新兴产业，两化高度融合、振兴东北及长吉图一体化等重大战略的进一步实施，将从更广范围、更深层次激发市场对各类软件和信息产品的需求，从而为软件和信息服务业的发展提供巨大的国际和国内市场空间。同时，吉林省省委、省政府各部门也高度重视软件和信息服务业的发展，吉林省服务业发展工作中特别强调要为软件和信息业的发展提供良好的政策环境。基于此，从总体上来看，2013年吉林省软件和信息服务业面临良好的发展机遇，可全面完成全年预计目标任务，保持较快速度增长，产品结构不断完善，种类不断丰富，软件产业自身发展模式实现由单一向多元化的转变，为持续、快速、健康发展奠定良好的基础。在未来的发展中，软件和信息服务业面临国内外有利形势。

首先，国际形势方面。软件和信息服务产业作为发达国家重要的战略性产业，将成为全球经济回暖的领头军，也将继续成为发达国家竞技的主要领域。IT 业投入将继续加大。

其次，国内政策方面。工业升级转型战略规划中，软件和信息服务业是我国重要的生产性服务业，新 18 号文件的出台为软件和信息产业的发展提供了强大的政策支持。为加快企业的信息化进程，国家积极推动化工、冶金、有色、石油、电力等传统产业的技术改造，促成数据库管理技术、自动化产品和电子商务领域企业间的合作。此外，国家明确了网络、信息资源和网络应用系统等领域的重点建设任务，电子政务的发展扩大了政府对于 IT 业的采购，同时也是加快信息化进程的重要举措。

五、下一步工作

（一）着力抓好行业统计及运行分析工作

全面统计、深入分析行业运行趋势的变化，密切关注热点和难点问题，及时采取应对措施；做好企业帮扶及服务，加强分类指导，将重点企业纳入“培育龙头企业工程”行动计划中，充分发挥龙头企业在吉林省软件和信息服务业中的主导力量和辐射带动作用。

（二）加大项目招商引资

着眼软件产业发展前沿，努力寻找新的增长点、新的发展领域。重点围绕国内外知名企业，依托中国国际软件博览会、中国国际软件和信息服务交易会、东北软件联盟等平台加强区域合作，促进产业发展。

（三）推进企业自主创新

充分发挥长春软件园的引领作用，依托行业龙头和科研院所的优势，组织实施培育龙头企业建设工程。围绕吉林省支柱产业和优势产业，大力发展汽车、钢铁、石化、装备制造行业工业软件、行业解决方案和嵌入式软件，支撑传统产业突破核心和关键技术，提高产业的技术水平，促进新产业的快速发展。有重点、有步骤地鼓励企业“走出去”开拓国内外资源，建设研发基地和营销网络，开拓新兴市场，扩大投资合作。

（四）加快园区建设

支持长春、吉林、延边软件园区加快建设，强化产业园区集聚辐射和带动作用，聚焦重点和新兴领域，推动科技创新，推动二次创业。推广云计算示范应用，围绕移动互联网、三网融合、下一代互联网、工业软件等新兴领域，形成专项计划和行动方案。推进政务信息资源向社会开放，促进软件服务业发展。推进软件和信息服务业企业与工业企业开展信息技术应用对接。突出抓好发展环境优化、公共平台建设、骨干企业培育、示范工程引领和软件人才培养等重点工作，发挥园区集聚作用。

（五）强化政策保障力度

加大协调力度，深入落实《进一步鼓励软件产业和集成电路产业发展若干政策》（国发 4 号文件）优惠政策。

组织企业申报国家、吉林省有关部门软件项目，对新的业务应用和新兴产业发展给予倾斜。重点支持用于新兴产业的核心技术研发，产业化发展和示范及应用推广。

推进软件知识产权保护和正版化工作，鼓励登记备案，加强软件产品的知识产权保护。

加强规范管理，做好“双软”认定、信息系统集成和工程监理单位资质管理及新颁布的评定标准的宣传贯彻工作。

2012年黑龙江省软件和信息技术服务业发展概况

一、基本情况

（一）软件业务收入同比增长，增速低于2011年同期水平

2012年，黑龙江省软件和信息技术业累计实现软件业务收入107亿元，同比增长16.6%，增速比2011年同期降低1.4个百分点。

（二）信息技术咨询服务收入快速增长，IC设计收入同比由负转正

2012年，信息技术咨询服务收入16.2亿元，同比增长19%；IC设计完成收入893万元，收入与2011年持平；信息系统集成服务、嵌入式系统软件、软件产品、数据处理和运营服务分别完成收入24.9亿、14.3亿、39.6亿和11.9亿元，同比分别增长10.9%、19%、18.8%和15.6%。

（三）实现利润总额持续增长，上缴税金总额稳步增长

2012年，实现利润总额20.5亿元，同比增长48.5%；上缴税金8.6亿元，同比增长30%。

二、主要特点

（一）落实有关政策，促进软件产业健康发展

为落实软件产品登记免税政策，黑龙江省工业和信息化委员会和省国税局每季度召开一次联席会议，对符合条件的软件产品，两个厅局联合下发文件。《黑龙江省软件产品增值税即征即退管理办法》第三条规定，软件产品登记按照《黑龙江省软件产品登记管理办法》的相关规定执行，每个季度月初由黑龙江省国家税务局和黑龙江省工业和信息化委员会联合下发软件产品登记名单，未列入名单的软件产品，不得享受增值税即征即退政策。两个厅局通过工作创新，方便了黑龙江省软件企业办理增值税免税事宜，也调动了软件企业办理"双软"认定的积极性。

（二）加大培训力度，夯石软件产业发展基础

根据黑龙江省软件产业的实际情况，2012年先后开展了系统集成新评定条件培训班，软件企业人力资源负责人劳动法常识培训讲座，软件企业财务总监与银行的银企对接会等，努力解决软件企业发展中的实际问题。

（三）加快园区建设，不断扩大产业规模

哈南工业新城完成开发建设第一阶段战略目标。日前，中国移动与"中国云谷"签约，中国移动（哈尔滨）数据中心正式落户哈尔滨市平房区"中国云谷"哈南国际数据城，该项

目预计将提供4万个机架的服务能力，带动相关企业的快速发展。目前，以中国云谷为代表的战略新兴产业已聚集了中国移动、曙光超算、宝德数据、浪潮集团等龙头项目。

（四）认真谋划项目，积极争取专项资金支持

针对软件企业申报的项目，组织有关人员严格审核，提出修改意见，确保项目质量。积极争取国家和黑龙江省有关专项资金的支持，吸引民间资金和外资的积极参与，促进软件产业持续稳定的发展。

三、面临问题

目前，软件企业融资难，银行信贷产品适用于软件企业的产品偏少，软件企业大多规模小、固定资产少，而用无形资产抵押，在黑龙江省缺少可参照的先例，银行对企业贷款的成功率很低。在国家推出鼓励创新、支持小微企业的政策方针后，黑龙江省银行业、风险投资业也制定了针对小微企业的融资产品。但是，相对于科技创新型的软件企业，这些产品仍然存在门槛较高，申请周期长的尴尬。

哈尔滨工业大学软件工程股份有限公司在2011年承接了“十二五”金字工程中的金审、金保、金税等重点工程。金字工程的结算周期长，3年以内的资金投入绝大多数是要垫付或者预付。该公司需要将自身的知识产权作为融资抵押担保物，却无法实现融资。哈尔滨瑞得利科技有限公司的行业客户稳定，盈利能力也很好，但是受困于产能，每年只能承接单笔50万美元以下的订单，眼睁睁看着大客户拿订单来、失望回。该公司也将自己的专利和著作权作为担保物，但也无法实现融资。

四、2013年展望与目标

软件产业是信息化的核心，渗透到了国民经济和社会生活的各个方面。我国坚持走中国特色新型工业化、信息化、城镇化、农业现代化道路，这给软件产业带来了新的发展空间。黑龙江省软件产业快速发展，产业规模不断扩大，创新能力显著增强。黑龙江省软件企业面临着国内市场和国际市场的双重挑战，机遇大于挑战。一是免税优惠政策支持软件产业发展；二是“核高基”和电子信息产业发展基金等专项资金鼓励引导软件产业发展；三是两化融合进入了新阶段，黑龙江省工业企业的信息化程度绝大多数处于初级阶段、基础设施建设阶段，随着大量落后工艺的淘汰，新工艺结合计算机及软件已形成一种发展趋势，用户认知度的提升也使得软件市场的客户群体得到了极大的扩充，中小企业对自身竞争力的诉求更加迫切，很多中小企业都将会把这种压力转化为采购软件的动力；四是全球经济增速放缓，尤其是中国自2012年年底的经济增速下调后，2013年的经济预期也被下调。软件所服务其他行业的增速减缓，软件产业将受到一定影响。

预计黑龙江省2013年的软件业务收入为123亿元，同比增长15%。

五、下一步工作

2013年借党的十八大东风，党中央新一届领导集体将带领全国人民踏上新的历史征程，创造新的辉煌。针对黑龙江省软件产业实际情况，2013年将重点抓好以下几项工作。

（一）做好优惠政策的落实工作

国家为鼓励软件产业发展，积极实施减免税政策。为了抓好落实工作，应加强“双软”认定管理工作，促进减免税工作顺利实施。

（二）加快推进云计算应用和产业发展

提升对云计算产业的公共服务。组织成立“黑龙江省云计算产业发展联盟”，加强云计算产业链上下游企业间的信息沟通和业务合作，并依托该联盟参与研究制定云计算相关技术标准和规范，推动并参与国际和国家的云计算标准制定；支持以高等院校与科研院所为主体，联合国内外主要云计算技术企业和评测机构，成立产学研用合作的“云计算联合实验室”。以重点领域应用示范和产业化项目为牵引，谋划发展一批面向智慧城市、智能交通、医疗卫生、教育科普、文化资源、生产制造、中小企业等领域的云计算应用。2013 年重点支持无线城市、智慧城市、数字油田、数字农垦等云计算示范应用工程。适时组织省级重点云计算示范工程、省级重点云计算企业授牌、云计算需求对接等活动。

（三）推进服务外包产业发展

以云计算、物联网和移动互联网技术为核心，探索、支持和推进新技术下的服务模式创新，充分利用国内和黑龙江省内产业结构调整和两化融合带来的内需市场释放的机遇，鼓励和支持服务外包企业依托传统优势产业开展多种类、多形式的外包服务，重点培育以下几方面的传统产业外包服务。

石油石化产业：以石油勘探开发和石化生产数据采集处理、数据分析、工程设计、自动化控制等为重点的石油石化技术服务、地质制图、地震解释、设计研发、实时数据库分析等；在政策指导、融资服务、资金支持等方面给予重点扶持。

装备制造业：重点培育两个方面的外包服务，一是信息服务，包括电子商务、数字通信、软件开发、系统集成、数据服务信息化工程策划等；二是产品经营服务，包括物流配送、连锁经营、会计审计、管理咨询、工程咨询、商业情报等。

煤炭业：矿业勘探数据处理、开发流程全过程控制、煤矿安全监测、开采勘探、开发设计等。

食品业：绿色食品开发、食品安全检测、食品安全标准认证、市场推广、产品标识制度等。

现代农业：围绕农业生产的规模化、技术现代化、信息化、生物化等方面，就云计算、物联网应用等鼓励和培植现代农业服务外包企业。

开展新一代信息技术发展趋势下传统优势产业服务外包模式和发展方向研究，拟组织成立服务外包产业发展联盟，依托中介机构建立服务外包统计体系。在条件成熟的情况下拟组织制定黑龙江省基于新一代信息技术服务传统优势产业发展服务外包实施方案。

构建服务外包人才培训体系，开展服务外包人才培训服务。联合黑龙江省教育厅、商务厅尝试建立服务外包人才评价体系和人才数据库。培育和支持培训机构开展多种形式的人才培养和培训。举办服务外包产业及新技术领域培训、宣传推介活动，吸引和培养服务外包高端人才。

（四）积极推进生产性服务业发展

加强黑龙江省发展生产性服务业的研究和指导工作。会同哈尔滨等城市开展生产性服务业调研，起草调研报告和发展指导意见等指导性文件。

推进工业设计行业发展。发挥工业设计协会在推动产业发展中的积极作用，并举办黑龙江省工业设计竞赛、成果展示等活动。

积极研究协调，扶持开发黑龙江省工业和现代农业旅游项目。协商省旅游局等相关部门，针对黑龙江省食品、乳制品、肉制品生产、装备制造（汽车、机器人等）、石油石化等传统优势产业，研究开发工业旅游线路，结合名企、名品、名牌，按区域重点推出工业及现代农业旅游线路，为传统产业营销推广创造良好氛围和条件。

（五）推进新兴文化创意产业发展

加强对新兴文化创意产业发展的调查研究，加快推进信息技术与传统文化的融合，促进文化产业的技术、产品、产业升级。重点发展数字出版、动漫游戏、数字教育、数字影音、网络信息内容服务、数字空间信息服务等产业方向。积极推进盛源数字新媒体基地、省出版集团数字出版基地、大庆文化创意产业园、牡丹江新闻传媒集团动画产业基地等重点园区项目建设。

（六）大力推动物联网产业发展，推广物联网应用

加强研究指导，集中力量和资源，围绕改善民生和黑龙江省传统优势产业，大力培育和推广基于云计算等先进技术的物联网应用，提升社会公共服务能力。

（1）推进物联网标准体系建设，掌握发展物联网的主动权。积极鼓励企业参与国家相关标准制定，组织并推进黑龙江省物联网中心、黑大光纤传感工程中心、四十九所、工大软件等科研机构和企业开展省级物联网标准体系研究开发。

（2）加强产业合作和研究成果向产品应用转化，确定在智能交通、智能物流、食品安全和生产监控、煤矿石油安全监控等重点领域推进关键技术应用，加速物联网应用推广。

（3）研究制定物联网应用示范工程实施方案，对现有市场应用效果好、技术先进且具备较长期推广意义的物联网项目，会同相关部门给予政策方面的支持。

（七）加强沟通协作，完善产业政策

加强黑龙江省通信安全工作，不断完善技术设施、加强技术保障，切实维护网络信息安全。同时，加强与各职能部门的协作与配合，按照软件及服务外包产业国际化发展的要求研究制定战略规划，明确发展目标、任务和重点，联合推进信息服务业发展；完善现有的产业发展政策，从产业导向、土地、规划、财税措施、市场准入、中介组织等方面，出台鼓励和支持软件及服务外包产业发展的各项相关政策，加强软件及服务外包产业扶持资金制度，重视企业技术认证等方面的工作，细化新出台政策实施方案，做到逐项逐级分解落实，逐步提升黑龙江省软件及服务外包产业发展水平；采取多种形式，充分利用报刊、广播、电视、网络等媒体宣传政策，使政策深入人心，最大限度地调动软件及服务外包企业的积极性，切实发挥政策导向和推动工作的巨大作用。

（八）加大财政资金支持力度，构建多元化投融资体系

在政府设立的产业引导资金中，保证有一定比例的资金用于软件及服务外包产业，为重点企业发展给予资金支持，为重大研发和产业化项目提供资金支持；省财政在财政预算内设立软件及服务外包产业发展资金，为软件及服务外包产业的人才培训、产业园区建设等提供相应的财政专项资金扶持；省级有关部门每年安排一定数量的科研资金，用于软件及服务外包产业的理论与技术开发研究；同时积极争取国家的资金支持。

充分发挥政府产业发展资金的作用，引导和促进专业投资基金投资省内重点培育的软件及服务外包企业；对技术含量高、发展潜力大的企业优先提供贷款担保或给予适当贴息；支持企业通过兼并、收购、重组等方式进行产业链上下游整合，加强对企业风险投资、融资知识的辅导和对企业上市的引导，逐步形成以政府为引导、企业为主体、社会广泛参与的投资体系。

（九）完善公共服务支撑体系，提升产业核心竞争力

在原有“十一五”公共服务平台建设的基础上，继续深化服务外包信息公共服务平台建设。配合国家服务外包信息公共服务平台，有针对性、选择性地支持省内具有前瞻性、可操作性的重点公共服务平台建设项目，积极采取各项措施对大中型企业进行有效扶持，共同推进黑龙江省信息服务业和生产性服务业的快速发展。

立足黑龙江省内现有从事软件研发的机构和服务外包研究机构，搭建战略研究公共服务平台。开展软件与服务外包产业发展规律研究、政策研究、商机研究、技术研究、发展模式研究等工作，定期提供研究报告。加强对政府、高校、企业服务外包专业知识的培训。

2012年上海市软件和信息技术服务业发展概况

2012年，上海软件业以国家、上海相关产业促进政策发布为契机，围绕“软件名城创建”工作，坚持“促进软件产业向高端发展，促进信息服务业能级提升”的发展主线，推动结构调整和产业创新发展，在全球经济增长明显放缓和国内经济面临下行压力的情况下，继续保持平稳运行态势，各经济指标运行稳健。

一、总体运行情况

上海软件业2012年实现软件业务收入2086.24亿元，其中软件产品收入652.76亿元，信息系统集成服务收入510.04亿元，信息技术咨询服务收入233.94亿元，数据处理和运营收入382.94亿元，嵌入式系统软件收入143亿元，IC设计收入163.56亿元。全年新增认定软件企业490家，登记软件产品3822件；累计认定软件企业3715家，登记软件产品20625件。222家企业获得计算机信息系统集成资质认证，其中一级12家、二级40家、三级97家、四级73家。获得计算机信息系统工程监理资质的企业累计19家。计算机信息系统集成项目经理累计2186人。经营收入超过亿元的软件企业248家，经营收入超过10亿元的软件企业24家，超过千人的软件企业35家，超过万人的软件企业1家。中国银联、宝信软件、贝尔软件等6家企业入围2012年（第十一届）中国软件业务收入百强。盛大、巨人等28家企业被评选为“2012年互联网信息服务收入前百家企业”。35家企业获评“国家规划布局内的重点软件企业”，较2010年的31家增加13%，创历史新高。目前，上海有45家信息服务业企业在海内外上市（见表1）。

表1　上市信息服务业企业情况（截至2012年年底）

企业名称	注册地	上市地点	企业名称	注册地	上市地点
百　　度	浦东新区	纳斯达克	携　　程	浦东新区	纳斯达克
第九城市	浦东新区	纳斯达克	展讯通信	浦东新区	纳斯达克
前程无忧	浦东新区	纳斯达克	盛大游戏	浦东新区	纳斯达克
锐 迪 科	浦东新区	纳斯达克	乾隆科技	浦东新区	香港创业板
宝信软件	浦东新区	上海证交所	复旦复华	浦东新区	上海证交所
大 智 慧	浦东新区	上海证交所	环旭电子	浦东新区	上海证交所
交技发展	浦东新区	深圳证交所	科大智能	浦东新区	深圳证交所
卫宁软件	浦东新区	深圳证交所	海德控制	浦东新区	深圳证交所
巨人网络	徐汇区	纽约交易所	万达信息	徐汇区	深圳证交所
淘 米 网	徐汇区	纳斯达克	交大慧谷	徐汇区	香港创业板
龙旗控股	徐汇区	新加坡主板	海隆软件	徐汇区	深圳证交所
分众传媒	长宁区	纳斯达克	晨讯科技	长宁区	香港主板
麦 考 林	长宁区	纳斯达克	华虹计通	长宁区	深圳证交所
中颖电子	长宁区	深圳创业板	安科瑞电气	嘉定区	深圳证交所

续表

企业名称	注册地	上市地点	企业名称	注册地	上市地点
掌上灵通	嘉定区	纳斯达克	网宿科技	嘉定区	深圳创业板
东方财富	嘉定区	深圳创业板	世纪佳缘网	杨浦区	纳斯达克
复旦微电子	杨浦区	香港创业板	华平股份	杨浦区	深圳创业板
橡果国际	青浦区	纽约证交所	汉得信息	青浦区	深圳证交所
天玑科技	青浦区	深圳证交所	易居中国	闸北区	纽约证交所
中 房 信	闸北区	纳斯达克	方正科技	静安区	上海证交所
华东电脑	黄浦区	上海证交所	延华智能	普陀区	深圳证交所
联游网络	虹口区	纳斯达克	上海钢联	宝山区	深圳证交所
百 视 通	闵行区	上海证交所			

二、主要特点

（一）产业结构进一步优化

当前，以云计算、物联网、移动互联、大数据和智慧城市为代表的新一代信息技术，正对软件产业发展带来一系列深刻影响。开放式创新、产业链垂直整合、产业生态体系竞争、技术与业务深度融合成为新时期软件产业发展的重要特点。服务化越来越成为软件产业转型发展的新模式，以用户为中心，通过软件不断升级和提供其他个性化服务，满足用户不断变化的需求，给用户带来的服务体验正逐渐成为竞争的决定性因素。软件产业正加速向网络化、服务化、体系化和融合化方向演进。基于互联网的应用正由原先的网络游戏一枝独秀转变为网络游戏、第三方支付、信息资讯、贸易信息服务等多种服务同步发展的局面。其中网络游戏由原先以客户端游戏为主转变为客户端游戏、网页游戏、手机游戏齐头并进的局面。

（二）软件出口向行业价值链高端发展

上海是国家认定的国家级软件产业基地、中国服务外包示范城市，同时上海也是国家首批认定的服务外包基地城市之一。多年以来，上海软件出口在全国一直走在前列。2012 年上海软件产业出口额达到 19.63 亿美元，比上年同期增长 24.6%。年出口 100 万美元以上企业已占软件出口企业总数的近六成。出口主要国别（地区）依次是美国、日本、新加坡、爱尔兰、中国香港等 51 个国家和地区。同时，上海的软件出口正由以往的以软件外包服务为主转变为以出口自行设计开发、拥有自主知识产权的产品为主，向行业价值链高端发展。宝信、华腾、万达等软件企业先后在海外设立了分支机构。

（三）产业创新能力显著增强

上海软件企业高度重视企业创新能力的提升。一是企业研发投入占主营业务收入比重不断上升。2012 年上海软件企业研发投入近 200 亿元，占主营业务收入比重近 9%。二是软件产品登记量不断增加。2012 年上海共登记软件产品 3822 件。其中应用软件 3617 件，占比为 94.6%。在应用软件中，行业管理软件 971 件；嵌入式应用软件 310 件；信息管理软件 553 件；控制软件 471 件；网络应用软件 368 件。三是新型产品和服务不断涌现。大智慧推出基于大数据技术的金融服务产品；金融期货信息技术有限公司推出基于金融期货的金融软件；汉得、东方有线、华东电脑等企业推出面向制造业、电子政务、企业服务和个人服务领域的云服务平台。

（四）产业布局优化，形成产业发展新格局

上海已形成以国家级产业基地为引领，市级产业基地为骨干，特色基地协调发展的格局。目前有 1 个国家级软件产业基地和 11 个市级软件产业基地。在产业布局方面，浦东软件园、陆家嘴软件园等 4 个信息服务业产业基地定位发展高端软件。

专业化信息服务业基地建设稳步推进。以闸北云计算产业基地和杨浦云计算创新基地为核心带动上海云计算产业发展；以徐汇易园、黄浦宏回盟智园、金桥由度创新园和宝山博济园为载体推进移动互联网产业集聚发展；推动智慧岛数据产业园建设，打造软件和信息服务业新的产业高地。上海市形成了聚散合理、分工互补的区域布局，带动了各区县的发展。

三、2013 年展望与预期

（一）主要挑战

1. 国际、国内形势严峻

2013 年国际环境充满复杂性和不确定性，全球经济仍将处于经济危机后的调整期。美欧仍将面临房地产调整和去债务化的逆向过程，日本经济放缓和钓鱼岛争端将对中日贸易和全球分工链有所冲击，印尼、土耳其等新兴市场则表现出回升动力不足。国内在持续多年的扩张导致产能过剩，市场信心和预期不稳，原有竞争优势、增长动力逐渐削弱，新优势尚未形成的情况下，经济运行将处于寻求调整过程中的平衡阶段。

2. 产业发展宏观环境亟待改善

随着软件产业发展进入新的阶段，暴露出新的矛盾和问题，产业发展宏观环境还有很大提高和改善的空间。一是政府支持产业发展的资金与产业发展态势的不匹配；二是成本、费用的上升压力使得企业增长后劲不足，行业效益受到影响；三是国内信贷环境趋紧，银行和股市融资能力持续下降，企业借贷成本和回款难度加大；四是企业引进中高端人才困难、产业链上下游联动和整合能力差以及国内知识产权不力等都成为制约企业创新和发展的瓶颈。

（二）有利因素

1. 国内政策环境进一步趋好

国家《软件和信息技术服务业“十二五”规划》出台，提出要进一步鼓励和扶持大企业发展，支持自主创新，支持地方集聚发展。上海市则相应出台了《关于上海市进一步鼓励软件产业和集成电路发展的若干政策》、《上海市软件和集成电路企业设计人员专项奖励办法》、《上海市软件和集成电路企业核心团队专项奖励办法》和《上海市推进移动互联网产业发展 2012—2015 年行动计划》，这些政策和规划的逐步落实将为软件产业的发展创造更好的环境。

2. 国内市场需求仍然强劲

目前，我国正处于增长阶段和寻求新平衡的关键时期，原有的以廉价劳动力为主的粗放式经济发展模式正面临转型压力，国家将继续实施以稳增速、调结构、提高效率为主的宏观调控政策，在改善民生、技术改造、节能环保、基础设施方面进行投资，对于面向企业、节

能、环保、交通、医疗和社保等领域应用的软件企业，市场空间将进一步扩大。随着物联网、云计算的兴起，三网融合的逐步深化和 3G 用户规模的不断扩大，国内软件服务领域向移动互联网方面拓展的步伐将日渐加快。

综上所述，随着上海经济的转型升级和四个中心建设的进一步推进，软件产业的市场空间也将得到拓展。预计 2013 年上海软件业将保持稳步增长的发展态势，全年有望实现经营收入 2500 亿元。

四、下一步工作

（一）优化产业政策环境

加快落实国发 4 号文件和市政府 26 号文件，开展软件和集成电路企业设计人员奖励、核心团队奖励以及市级规划布局内重点软件企业认定等工作；全面落实企业所得税、产品增值税的税收政策。推动相关部门和区县制定和发布配套政策。

（二）加快建设产业基地

完成上海信息服务产业基地规划布局专题研究，推动区域产业错位发展。发布《上海信息服务产业基地管理办法》，规范对产业基地的认定、扶持、服务等管理事项。新布局 3～5 个特色鲜明的产业基地，重点推进临港软件园、智慧岛数据产业园等产业基地建设。推动市级信息服务产业基地建设，完善各类公共服务平台。

（三）加大招商引资力度

不断完善招商引资机制，建立区县、园区、行业协会联动格局。编制《上海软件和信息服务投资指南》。开展以产业基地为中心的系列宣传推广活动，如参加中国软博会、组织媒体宣传报道等。主动对接重点项目和重点企业，如跨国企业、国际软件百强企业、国内软件百强企业等。

（四）提升产业服务水平

围绕“名企、名人、名牌、名园”的培育和建设，加快推进中国软件名城创建工作，完善自评报告，完成专家评估，争取第一季度获得工信部授牌。组织申报 2013 年上海市软件和集成电路产业发展专项资金、战略性新兴产业发展专项资金，重点支持企业自主创新和做大做强；协调修改和完善软件和集成电路专项资金项目申报平台。继续做好“双软”认定、系统集成资质认证、监理资质认证、项目经理认证等相关工作，完善“双软”认定网上申报系统服务功能。

（五）深入开展产业统计和经济运行分析

充分发挥区县、园区在产业统计中的积极作用，建立市区企业信息共享机制。完善区县信息服务业统计工作考核机制，开展业务培训和工作达标考核。建立覆盖上海市信息服务产业基地的管理网络，对经认定的市级信息服务产业基地，要求上报入园企业名单并配合开展产业统计。完善信息服务业统计范围，加强超亿元企业月报统计，对重点行业开展嵌入式系统软件统计研究，争取到 2013 年上海市规模以上软件企业的统计直报率达到 80%以上。

2012 年江苏省软件和信息技术服务业发展概况

一、基本情况

2012 年，江苏省软件和信息技术服务业保持较快增长，累计完成业务收入 4167 亿元，同比增长 32%，业务总量实现新的突破，跃居全国第一，占全国的 16.8%。全行业实现利税总额 601 亿元，同比增长 1.3%。统计口径内软件企业数达 4012 家，同比增长 19%。从业人员 69 万人，同比增长 15%。全行业经济效益良好，发展势头强劲。

二、主要特点

（一）产业结构进一步优化

2012 年，软件产品收入稳定增长，软件产业服务化趋势日益突出，软件和信息服务业对“两化融合”的推动作用显著增强。实现软件产品收入 1137 亿元，占 27%，同比增长 30.3%；实现服务收入 1327 亿元，占 32%，特别是数据处理和存储服务收入发展迅速，实现收入 334 亿元，同比增长 63%；实现与工业相关的业务收入 1703 亿元，占 41%，其中，嵌入式系统软件完成收入 1490 亿元，同比增长 18.1%。

（二）重点企业平稳发展

江苏省 8 家企业入选 2012 中国软件业务收入前百家企业名单，其中联创集团、南瑞集团携手进入前十强，分别排在第 6 位和第 9 位。南瑞集团还位居“2012 中国自主品牌软件产品收入前十强企业”第 2。8 家软件百强企业实现软件收入超过 240 亿元，同比增长 22.6%，其中联创、南瑞集团 2 家企业软件业务收入超过 70 亿元。南瑞集团、江苏通服、江苏集群等百强软件企业收入保持 40%的快速增长，苏宁易购等电子商务企业实现超常规发展，以诚迈、润和为代表的软件外包企业依然以高达 35%以上的增速快速发展。通信软件、电力自动化、智能交通三大优势软件产品集群保持良好发展势头，同比增幅均超过 30%。

（三）产业发展基础更加巩固

2012 年，江苏省新增认定软件企业 699 家，江苏省累计认定软件企业超过 3500 家；登记软件产品 4979 件，江苏省累计登记软件产品达 1.8 万件。江苏省计算机信息系统集成资质企业累计达 198 家，信息系统工程监理单位累计达 18 家。新认定软件企业技术中心 18 个，累计认定软件企业技术中心 52 个。2012 年江苏省内有润和软件、东华测试、光一科技 3 家软件企业成功上市。新认定 3 家省级示范性软件园和 4 家优秀软件园。江苏省新增软件产业发展载体面积 200 万平方米以上，产业发展基础更加巩固。

（四）产业发展高度集中

2012 年，苏南 5 市完成软件业务收入占江苏省软件业务收入总量的九成以上，其中，南京市完成软件业务收入 1944 亿元，同比增长 36.6%；苏州市完成业务收入 1050 亿元，同比增长 29.2%；无锡市完成软件业务收入 900 亿元，同比增长 32.3%，分别位居江苏省前三名。江苏省区域发展仍然不平衡，但苏中、苏北地区的后发优势值得关注和期待。

三、2013 年展望与目标

2013 年江苏省软件和信息服务业将坚持以科学发展观为统领，深入推进、组织实施信息化引领等行动方案，坚持以信息化和工业化深度融合为主线，以发展创新型经济为目标，推进软件和信息服务业保持健康、快速发展，推进云计算产业在江苏省实现落地生花，重点推进软件和信息服务在各行业中的应用，努力推动本土企业快速做大，继续提高江苏软件的品牌影响力。

2013 年，江苏省软件和服务业业务收入力争达到 5400 亿元，增长 30%左右。新增认定软件企业 500 家以上，新增认定计算机信息系统集成资质企业 10 家。

四、下一步工作

（一）以重大项目推进产业发展

充分发挥软件服务业发展专项资金的引导作用，加快推进一批对产业发展有重大支撑作用、带动性强的重点平台项目、应用示范工程项目和研发产业化项目；储备一批物联网、云计算、三网融合、两化融合、智慧城市建设等领域的重点项目；积极向部、省各有关方面推荐重点项目；加快推动产业发展基金运作，组织实施一批股权投资及融资类项目。

（二）组织新产品、新技术市场推广活动

发挥经信委系统合力，调动应用单位的积极性，充分挖掘市场需求，梳理应用在工业领域的软件新技术、新产品目录，争取在机械、石化、钢铁和纺织等行业，实施工业软件应用推广示范工程，为促进两化深度融合做好基础工作。

（三）加强人才支撑

继续实施软件产业“育鹰计划”，依托清华大学等知名高校开展软件企业家高级研修班。实施软件产业“归鸿计划”，组织江苏省内软件企业赴美国招聘高端软件人才。协同江苏省委组织部，做好 2013 年江苏省软件和物联网创新团队申报和评定工作。举办第二届“中国软件杯”大学生软件设计大赛，充分调动江苏省软件企业的参与程度，为江苏招揽更多的软件人才。对经认定的省级软件人才培训基地进行复核，并建立培训备案制，推动培训基地为江苏省软件产业提供紧缺人才支撑。

（四）完善创新能力

进一步强化江苏赛联信息产业研究院的创新能力建设，充分发挥江苏省信息产业专家委

员会的作用，着手设立江苏省信息产业发展基金，以研究院为核心，加强与国内外研发创新机构的广泛合作，形成为江苏省信息产业服务的研发创新体系，促成一批与企业合作的研发创新项目。实施“筑巢计划”，在美国设立江苏软件企业研发创新中心，吸引海外高水平研发人员不用回国，就可以为江苏软件企业服务。

（五）培育骨干企业

继续实施“十百千亿企业培育计划”，考核并扩充培育对象企业，为骨干企业提供一对一专业化指导服务，为企业解决实际问题提供帮助，通过多方面政策措施的支持、持续高强度的专项投入，推动骨干企业转型升级，促进兼并重组，迅速培养和壮大一批骨干软件和信息服务企业。

（六）深化公共服务能力

加快实施江苏腾云计划，建设为江苏省服务的江苏省云计算公共服务平台。加快资源共享与整合，进一步深化、提高江苏虚拟软件园面向江苏省软件园区、软件企业和其他中小企业的公共服务能力，扩大服务面。

（七）做好企业资质认证

强化政策宣传和落实，继续做好“双软”认定、计算机系统集成和信息工程监理资质认证、ITSS 认证等。支持企业申报国家、省规划布局内软件企业、省企业技术中心等，不断培育江苏省软件企业品牌。

（八）加强产业文化建设

鼓励不断创新、与时俱进的产业文化，以产业联盟、重点骨干企业为载体，开展形式多样的文体活动，促进企业间的沟通和交流，构建合作共赢的软件产业文化。

2012年浙江省软件和信息技术服务业发展概况

一、基本情况

2012年在宏观经济下行压力不断增大的背景下，通过全行业的共同努力，浙江省软件和信息技术服务业保持了快速发展的态势，产业规模迅速扩大，产业结构进一步优化，经济效益不断提升，龙头骨干企业带动性突显，综合竞争力不断提升，各项经济指标均处于全国同行业前列。据对浙江省软件产业1506家重点企业监测统计显示，2012年浙江省软件产业实现软件业务收入1355亿元，同比增长45.9%；实现利税总额452亿元，同比增长29%；软件出口11.5亿美元，从业人员达22万人。特别值得一提的是，行业盈利水平提升明显，2012年浙江省软件产业销售利润率达到25.4%，发展质量明显好于省内其他行业，高出省内其他行业近20个百分点。

此外，2012年浙江省11家企业入围中国软件业务收入前百家企业，21家企业入围国家规划布局重点软件企业，软件著作权登记数10005项，累计获系统集成资质企业234家，其中一级资质13家、二级资质30家，这些重要指标都位居全国前列。

二、主要特点

2012年浙江省软件产业经济运行主要有以下几个特点。

（一）软件规模再创新高，软件收入规模超过千亿元

2012年第四季度以来软件产业增长加快，全年软件业务收入同增长45.9%，分别比前三季度和第二季度增速提高了20和10多个百分点。增速再创2011年以来的新高，连续3个月保持30%以上的增长并高出全国平均水平（见图1）。5项业务收入中除IC设计收入外，其他4项业务收入均超过百亿元。

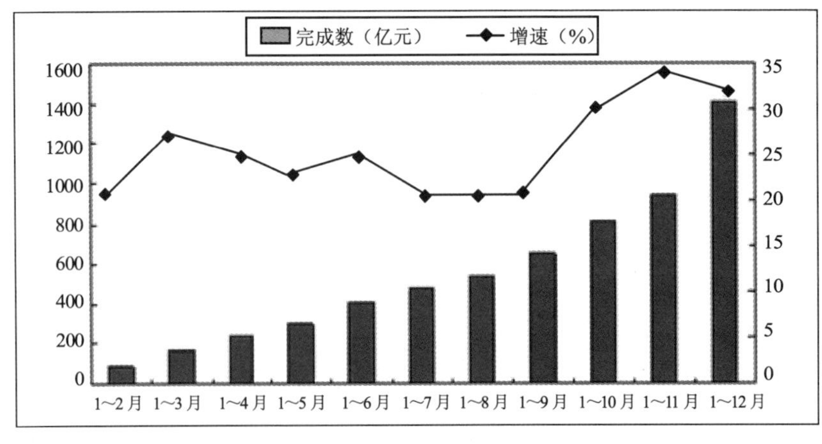

图1　2012年1～12月浙江省软件业务收入增长趋势图

（二）信息技术服务引领增长，规模接近 500 亿元

近年来，在新技术、新业务、新业态和新商业模式创新的强劲带动下，软件服务化趋势明显加快。信息技术服务收入多次超过软件产品收入，已跃居浙江省软件产业首位。2012 年浙江省软件服务类收入规模达 484 亿元，和 2011 年全年服务收入相比净增 150 多亿元。服务收入增势凸显且继续领跑软件产业，同比增长 59.2%，明显高出软件产品和全行业增速 27.6 个和 27.3 个百分点。软件服务收入占比继续提升，2012 年服务收入占软件收入的比重达到 35.7%，比上年提高 1.4 个百分点。软件服务对行业贡献突出，贡献率超过五成，软件服务收入对浙江省软件业务收入的贡献率达到 50.1%，拉动浙江省软件增长 15.9 个百分点，成为浙江省软件产业增长的重要支撑。

（三）盈利水平提升高于全国平均水平，利税接近 500 亿元

2012 年以来浙江省软件产业实现规模、效益同步增长，盈利水平明显高于全国软件行业平均水平。2012 年浙江省软件产业实现利税 452 亿元，同比增长 29%。其中利润总额 368 亿元，同比增长 41%，行业盈利水平提升明显，2012 年软件产业销售利润率达到 25.4%。其中，信息技术服务、移动通信及网络软件产品盈利水平高于其他软件行业。2012 年，利润总额超过亿元的企业达到 30 家，其中 7 家企业超过 10 亿元，7 家企业实现利润 253.8 亿元，同比增长 56.6%，占浙江省利润总额的 70.9%，对浙江省软件产业效益增长的贡献突出。

（四）软件外包出口明显加快，出口规模突破 10 亿美元

2012 年浙江省软件出口市场回暖趋好，出口规模日益扩大，增速不断加快。2012 年浙江省软件出口达到 11.9 亿美元，突破 10 亿美元。出口增速逐季攀升，1～12 月同比增长 12%，比前三季度出口增速提高 1.9 个百分点。软件外包出口明显加快，2012 年完成外包服务出口 20525 美元，同比增长 18.1%，软件出口和外包服务出口实现双增长。软件产品外包、网络与数字增值业务服务外包、电信运营服务外包、金融服务外包均已形成规模化发展态势。网新科技、道富信息、恒生、虹软、东忠等一批重点软件企业呈现良好的出口增长态势。

（五）软件行业龙头企业贡献突出，百亿元企业新增 1 家

2012 年软件十强企业实现软件收入 553.9 亿元，同比增长 47.2%；利润总额 254.3 亿元，同比增长 54.5%；税金 43.5 亿元，同比增长 38.2%；其收入和利润增幅分别高出浙江省软件行业增速 15.3 个和 13.9 个百分点。十强企业的收入、利润和税金分别占全行业的 39.3%、71.1% 和 50.2%，十强企业快速发展为推动行业增长的领头羊。2012 年浙江省软件百亿元企业再创新高，百强企业数为 2 家（新增 1 家），淘宝软件和淘宝商城公司分别实现软件业务收入 112.1 亿元和 105.2 亿元，两家企业实现软件业务收入 217.3 亿元，同比增长 87.5%，大企业培育成效明显。2012 年浙江省软件收入超过亿元的企业达到 125 家，27 家企业超过 10 亿元，12 家企业超过 30 亿元；利润总额超过亿元的企业达到 30 家，7 家企业超过 10 亿元。淘宝、网新科技、恒生电子、网易网络、信雅达、快威等一批行业龙头企业带动性突出，综合实力明显提升。

（六）软件产业集聚效应显著，杭州、宁波继续引领增长

浙江省软件产业集聚效应显著。杭州、宁波、嘉兴和金华等市在地方政府的重视下，以各自的软件园或产业园为依托，突出产业优势，大力推进产业集聚发展，引领全行业增长。

杭州、宁波软件收入超过百亿元，嘉兴、金华软件收入超过 10 亿元。2012 年杭州实现软件收入接近 1200 亿元，达到 1136 亿元，同比增长 32.6%，实现利润总额 346 亿元，同比增长 41.6%，分别占浙江省软件收入和利润的 84%和 94%。宁波实现软件收入 178.7 亿元，同比增长 31%，利润 17 亿元，同比增长 27.6%，分别占浙江省软件收入和利润的 13%和 4%。嘉兴、金华等市软件产业规模不断扩大，2012 年嘉兴、金华软件收入超过 10 亿元，分别实现软件业务收入 14.5 亿元和 12.7 亿元，在浙江省软件产业中所占的比重有所提高。

三、面临问题

综观 2012 年，浙江省软件产业继续保持较快增长态势，规模继续扩大，新兴服务领域发展加快，但浙江省软件产业仍面临不少问题和挑战。

（1）产业规模在全国的位次逐年后退，存在着“标兵越远，追兵越近”等问题。

（2）国家税收优惠政策有待进一步落实。国家 4 号文件出台后，营业税免税细则没有得到落实，2012 年 12 月 1 日起浙江省列入国家“营改增”试点省份，对浙江省软件和信息技术服务业产生了一定的负面影响，部分企业税负增加。

（3）软件产业核心技术有待突破，应用软件一枝独秀，基础软件、工具软件和平台软件的开发能力尚显薄弱。

（4）高端软件技术人才缺乏。杭州作为浙江省重要的软件产业基地，软件开发人才成本居高不下，商务成本增加，留住人才的资源和措施缺乏，相当程度上制约了浙江省软件和信息服务业快速发展。

当前，浙江省相关部门要积极贯彻落实好《国务院关于印发进一步鼓励软件产业和集成电路产业发展若干政策的通知》（国发〔2011〕4 号）和《财政部、税务总局关于软件产品增值税政策的通知》（财税〔2011〕100 号）等文件精神，切实抓紧推动软件企业退税优惠政策落实工作，积极营造优良的产业发展环境。同时，要认真按照张德江副总理在全国工业和信息化工作会议上提出的“我们要下定决心把发展信息技术、信息产业和推进信息化作为一项重要战略，高度重视，加大投入，加快发展”等要求，真抓实干，因势利导，加快浙江省云计算、物联网、移动互联网等新一代信息技术产业发展步伐，更好地服务于浙江省“两化融合”和“智慧浙江”建设，促进浙江省经济转型升级。

四、2013 年展望与目标

2013 年是实施“十二五”规划承前启后的关键之年，浙江省软件和信息服务业将坚持“围绕发展需要、突出创新融合、着力提高能力、发挥支撑作用”的工作指导思想，充分发挥其基础性、先导性、战略性产业的作用，为国民经济和社会各行各业提供服务和支撑，积极推动杭州市创建中国软件名城，形成以杭州为中心，宁波为次中心，金华、嘉兴、绍兴、台州、湖州、温州为新兴重点发展区，舟山、衢州、丽水为特色发展区的发展格局，为推动浙江省经济转型升级、促进信息化与工业化融合、支撑“智慧浙江”建设做出更大的贡献。

2013 年浙江省软件产业发展预期目标是：软件业务收入增长 20%，产业规模继续保持全国前列，占浙江省 GDP 的比重进一步提高。

五、下一步工作

为实现以上目标，2013 年要着重抓好以下几个方面的工作。

（一）研究制定浙江省贯彻国家支持软件产业发展的“国发 4 号”等文件的政策措施，做好政策落实工作

为进一步推动软件和信息服务业发展，国务院和国家有关部门相继出台了《国务院关于印发进一步鼓励软件产业和集成电路产业发展若干政策的通知》（国发 4 号）、《关于软件产品增值税政策的通知》（财税〔2011〕100 号）、《关于进一步鼓励软件产业和集成电路产业发展企业所得税政策的通知》（财税〔2012〕27 号）、《国家规划布局内重点软件企业和集成电路设计企业认定管理试行办法》（发改高技〔2012〕2413 号）、《软件企业认定管理办法》（工信部联软〔2013〕64 号）等政策措施。为此，要加强与发改委、财政、税务等部门的沟通和协调，结合浙江省实际，制定浙江省具体贯彻意见及配套措施，把国家支持软件和信息技术服务业发展的优惠政策落到实处。

（二）稳步推进软件和信息技术服务业“营改增”工作

2012 年 12 月 1 日浙江省作为“营改增”试点省份，把交通运输业及包括软件和信息技术服务业在内的六大现代服务业作为试点行业，由于软件和信息技术服务业是人才高度集聚的产业，人力资源成本占总成本的比重很高，且此项成本又无法作为增值税进项抵扣，“营改增”后将使浙江省不少从事信息技术服务的企业税负增加，为此除向浙江省“营改增”试点工作领导小组及省有关部门反映外，还要争取“营改增”试点期间财政过渡性扶持政策的支持，争取平稳过渡。另外，要配合浙江省有关部门，加强对软件和信息技术服务企业的业务指导和培训，跟踪工作进展，分析评估“营改增”的实际影响，及时提出意见和建议。

（三）适应国家管理要求的变化，及时调整和优化“双软”认定工作

软件企业认定和软件产品登记（简称“双软”认定）是企业享受国家和浙江省优惠政策的基础，随着《国务院关于印发进一步鼓励软件产业和集成电路产业发展若干政策的通知》（国发 4 号）、《软件企业认定管理办法》、工信部联软〔2013〕64 号等文件的出台，软件企业的标准、认定程序、政策适用范围和软件产品界定都有较大的变化，要及时跟进国家管理要求的变化，制定相关的操作细则，同时抓住市县机构改革逐步到位的契机，完善工作体系，优化业务流程，进一步做好“双软”认定的服务和管理工作。

（四）抓好政策和业务宣传、培训工作

近年来，国家陆续出台了不少有关软件和信息技术服务业的政策、措施和管理办法，浙江省也有相应的配套实施意见，加上浙江省软件和信息技术服务业正在进行“营改增”试点，涉及政策层面的内容比较多，管理上的变化也比较多，市县主管部门和企业的很多同志对这些内容不熟悉，因此将开展宣传解读工作，举办多期培训班，使大家充分了解、领会政策和管理要求。

（五）安排好浙江省信息服务业专项资金，做好与《规划》的衔接，支持重点领域的发展

2011 年 6 月，在浙江省服务业大会上，浙江省政府发布了《浙江省软件和信息服务业“十二五”发展规划》（浙政发〔2011〕37 号，以下简称《规划》），要根据《规划》中的重点任务，确定年度发展重点，2013 年将把基础与工具软件、工业软件、行业应用软件、网络与信息服务、集成电路设计等领域作为支持重点，要适应省级财政转移支付专项改革的要求、用好省信息服务业专项资金，优先支持符合《规划》和年度发展重点领域的项目，同时要跟踪了解重点项目的进展情况，做好项目检查验收工作。

（六）上下互动，协同推进产业载体建设

落实好《部省市协同开展中国软件名城创建工作合作备忘录》，协同工信部、杭州市共创“软件名城”，力争使杭州成为具有国内外重要影响力的软件和信息服务业基地，带动浙江省软件产业的发展。同时，支持省内有条件的地区加强软件园区、信息外包服务基地、电子商务基地、动漫游戏产业基地、数字内容服务基地、呼叫中心等产业集聚区建设，积极开展牵线搭桥工作，帮助吸引企业入驻。

（七）培育发展软件和信息服务新业务、新业态，争创产业新优势

软件和信息服务业是发展非常活跃的产业、不断孕育和产生新技术、新产品、新业务和新业态，要抓住目前互联网、移动互联网、三网融合、云计算等新技术不断发展，以及产业垂直整合和围绕平台竞争的态势，积极培育云计算服务、大数据服务、外包服务、数字内容服务、新型媒体服务等新业务、新业态，同时进一步发展电子商务服务，把浙江省电子商务服务水平提高到新层次，要从调研入手，梳理出若干细分领域加以推动，争取使浙江省在新业务、新业态的发展上继续走在全国前列。

（八）推动软件和信息服务外包工作

继续推动金融业、通信业等专业领域的信息服务外包工作，做好对接服务工作；推动政府部门通过购买服务的方式将电子政务建设和数据处理工作中的一般性业务发包给专业的软件和信息服务企业，以培育软件和信息服务市场，同时提高政府服务效率，降低服务成本；引导大中型企业将其信息技术研发应用业务机构剥离，成立专业的软件和信息服务企业，为行业和社会提供服务；配合浙江省有关部门做好服务外包面上推动工作，协同推进在岸与离岸服务外包工作。

（九）抓工业软件的开发应用，助推“两化”深度融合，促进产业软化和转型升级

确立为经济转型升级、“两化”融合、节能减排提供服务和支撑的理念，以工业软件开发应用作为切入点和突破口，把工业控制和生产过程管理软件、面向节能降耗减排的监测控制和管理软件、提升工业产品智能化水平的嵌入式软件以及企业信息化解决方案作为开发应用重点，开展典型工业软件和行业解决方案的创新应用，推动工业软件在骨干企业、重点行业和产业集群中的应用。对与工业产品结合的嵌入式软件，做好对相关企业的服务和指导工作，帮助落实软件产品优惠政策。

（十）加强产业基础数据收集和统计分析工作

根据《浙江省人民政府关于进一步加快发展服务业的若干政策意见》（浙政发〔2011〕33号）的要求，浙江省十大服务业重点行业将实行运行情况分析例会制度，每年还要向社会公布统计数据，其中软件和信息服务业的统计分析和数据发布以浙江省经济和信息化委员会为主，涉及电信、广电、新闻出版等领域，并制定了《浙江省软件和信息服务业统计实施方案》，并在浙江省十大服务业中率先发布了统计数据。2013 年将继续加强与省发改委、省统计局、省通信管理局、省广电局、省新闻出版局等部门的合作，通过这个合作机制，更全面地掌握浙江省软件和信息服务业的发展情况，为政府和有关部门制定产业发展政策提供依据。

2012年安徽省软件和信息技术服务业发展概况

2012年，安徽省软件和信息技术服务业认真贯彻落实国务院《进一步鼓励软件产业和集成电路产业发展的若干政策》（国发〔2011〕4号），围绕“打造环境、培育企业、创新产品、优化服务”的发展思路，引导和扶持重点领域、重点企业加快发展，2012年全行业继续保持快速、健康发展，较好地实现了全年的目标任务。

一、基本情况

2012年，安徽省规模以上软件企业完成软件业务收入75.2亿元，同比增长23.7%；实现利润总额15亿元，同比增长19.6%；税金总额4.8亿元，同比增长14.3%；实现软件外包服务收入5.9亿元，同比增长180.9%；完成软件业务出口5054.8万美元，同比增长34.1%。

2012年，安徽省新认定软件企业97家，登记软件产品638件，累计认定软件企业457家，累计登记软件产品2655件。

截至2012年年底，安徽省共有70家企业获得了计算机信息系统集成资质，其中一级6家，二级6家，三级46家，四级12家。5家企业获得信息系统工程监理资质，其中1家企业获得乙级监理资质。

二、主要特点

（一）产业规模快速增长，发展基础进一步稳固

在国家支持软件产业发展的政策的激励下，安徽省软件产业快速发展，增速已连续多年保持在20%以上，2012年实现主营业务收入是2000年的40多倍；从业人数2.4万人，比2000年增长了近20倍。主营收入超过亿元的企业33家，比2011年新增10家，四创电子、科大讯飞、美亚光电3家骨干企业收入超过5亿元。超过亿元企业的主营收入占全行业总收入的比重持续上升，由2010年的64%、2011年的66%上升到2012年的69%。

（二）软件业务结构趋于稳定，软件开发和系统集成构成主体

2012年，安徽省规模以上软件企业实现软件业务收入75.2亿元，同比增长23.7%。其中，软件开发收入38.2亿元，同比增长22.4%；信息系统集成服务收入27.9亿元，同比增长15.8%；信息技术咨询服务收入2.5亿元，同比下降40.5%；数据处理和运营服务收入4亿元，同比增长354.5%；嵌入式系统软件收入2.6亿元，同比增长730.9%，集成电路设计收入784万元，同比增长55.6%。软件开发和系统集成收入占软件业务收入的比重达87.8%。

从软件业务的分类看，安徽省软件产品以应用软件为主，2012年应用软件实现销售收入18.7亿元，占软件产品收入的48.9%；其次依次为基础软件8.5亿元，嵌入式应用软件8亿元，支撑软件1.7亿元，软件定制服务1.2亿元，信息安全软件1839万元。应用软件中行业应用软件占62%，管理软件占13.6%，工业生产控制类软件占9.3%；行业软件主要应用领域

为交通、通信、能源、金融、医院等。系统集成主要业务中信息系统设计服务收入 1.7 亿元，集成实施服务收入 24.5 亿元，运行维护服务收入 1.6 亿元，分别占集成总收入的 6%、88%和 6%。

（三）产业发展集中度高，合肥成为主要聚集区

安徽软件产业主要分布在合肥、铜陵、芜湖、淮南、马鞍山等市，合肥集中了 80%的软件企业。2012 年，合肥软件企业完成主营业务收入 107.2 亿元，占安徽省软件总收入的 86%。铜陵、芜湖、淮南、马鞍山分别完成主营业务收入 4.2 亿、3.7 亿、3.1 亿和 2.5 亿元，分别占总收入的 3.4%、3.0%、2.5%和 2.0%。

（四）产业运营质量进一步向好

2012 年，安徽省规模以上软件企业实现利润总额 15 亿元，同比增长 19.6%；税金总额 4.8 亿元，同比增长 14.3%；软件企业销售利润率达 13.3%。从业人员薪酬较 2011 年增长 22.1%。全行业资产总计 170.7 亿元，负债合计 69 亿元，资产负债率 40.4%，较 2011 年下降 3 个百分点。研发经费投入 8.1 亿元，同比增长 8%，研发投入占行业总收入的比重为 6.5%。

（五）骨干企业实力显著增强

科大讯飞继续巩固智能语音技术领域的全球领先地位，2012 年科大讯飞获评“国家技术创新示范企业”，是继四创电子被首批认定之后，安徽省又一家获评的软件企业。2012 年安徽省 6 家软件企业通过 CMM/CMMI 认证，安徽省累计认证企业达 14 家，其中科大国创通过 CMMI5 级认证。2012 年通过安徽省软件行业协会代理的软件著作权已经达到 913 件，企业知识产权保护意识进一步增强。科大讯飞、继远软件被认定为 2011—2012 年国家规划布局内重点软件企业。美亚光电成功上市，成为继科大讯飞、安徽皖通、安徽四创、科大智能之后安徽省第 5 家上市的软件企业。

（六）软件企业的服务能力和服务水平明显提升

安徽省软件企业始终是安徽省自主创新的生力军，特别在语音技术、工业智能控制、智能交通、电力、安全生产、服务外包等方面具有优势。语音技术在网站、手机、学习机等领域应用中进一步普及；工大高科为矿井安全生产牵头制定了一系列国家标准，煤矿安全监控技术国内领先；安徽皖通、安徽科力、三联交通、安徽蓝盾等智能交通产品已覆盖全国；安徽继远软件、安徽继远电网的电力自动化系统为国家电网的信息化建设发挥了重要作用；美亚光电、泰禾光电的智能分选系统已出口美国、加拿大等 20 多个国家；合肥凯捷、马鞍山华彤、合肥联发科技等企业软件服务外包收入已突破亿元；朗坤物联网、斯百德云计算等新型业态也健康发展，70 多家信息系统集成资质企业为安徽省信息化建设提供了多方位的解决方案和服务。

（七）项目建设和管理工作进一步加强

一是编制完成 2012 年软件项目投资导向计划，重点软件项目共计 84 项，项目总投资 22.2 亿元。其中续建项目 47 项，项目总投资 6.6 亿元；新开工项目 37 项，项目总投资 15.6 亿元。二是组织企业申报国家电子发展基金项目 6 项，国家核高基项目 1 项。落实国家电子发展基金项目 2 项，获得国家财政专项资金支持 1000 万元。安排 2012 年度安徽省信息产业发展专项资金软件项目 600 万元，支持项目 28 项。三是加大项目调度力度，2008 年以来列入国家重点产业振兴和技术改造计划的软件项目 4 项，已经全部建成投产，并完成对 2008 年以来 28 个省财政项目的验收，经济和社会效益良好。

（八）培育优势产业做大做强，进一步提升了产业综合竞争力

一是签署部省合作协议。2012 年工业和信息化部与安徽省人民政府签署了《关于共同推进安徽省语音产业发展合作备忘录》，为安徽省语音产业乃至软件产业的发展提供了难得的机遇，安徽省提出了打造语音“千亿元产业”的发展目标，《安徽省语音产业发展规划（2013—2015）》和《安徽省加快发展语音产业实施意见》正在制定之中。二是积极谋划软件和信息服务业产业联盟，探索建立政产学研用新机制，提升产业实力。2012 年拟定了《安徽省软件和信息服务产业联盟发展管理办法（暂行）》，已广泛征求相关部门意见，为下一步工作的实施打下基础。

三、存在的问题

（一）软件产业总量较小

安徽省软件企业以中小规模居多，约一半的软件企业年收入在 1000 万元以下。安徽省软件业务收入占全国软件业务收入的比重不足 1%，近几年没有一家企业入选全国软件百强，缺乏带动力强的龙头企业。

（二）软件服务化水平有待进一步提高

软件产品和系统集成是安徽省软件产业的支柱，收入占主营业务收入的 90%以上，信息技术咨询、数据处理、运营、运维、增值服务等软件业务比重较低，有待在产业政策和资金上加以扶持，引导产业链向两端引申发展，鼓励软件产业在服务于工业化、信息化、城镇化和农业现代化中发挥更大作用。

（三）产业政策有待逐步落实，发展环境亟须进一步优化

安徽省软件产业在全国同行业的位次与安徽省经济总量在全国的位次仍不相适应，亟须出台更积极的激励政策加以扶持，国务院 4 号文颁布以后，安徽省经信委认真谋划配套措施，2012 年先后完成《安徽省人民政府转发国务院关于进一步鼓励软件产业和集成电路产业发展若干政策的通知》、《关于转发国务院进一步鼓励软件企业和集成电路产业发展若干政策的实施意见的说明》以及《关于加快信息服务业发展的实施意见》的拟定，并已征求相关部门的意见，争取 2013 年通过省政府审定并印发安徽省。

四、2013 年展望与目标

随着国务院 4 号文的进一步落实，2013 年安徽省鼓励软件服务业发展的配套政策也有望出台，软件企业的发展环境将进一步改善。安徽省软件服务业争取实现一个“保持”：安徽省软件和信息服务业继续保持良好增长态势。两个“突破”：建设产业联盟，推进政产学研用新机制取得新突破；落实部省协议，推动以科大讯飞为龙头的语音产业做大做强并取得新突破。三个“上新水平”：实现贯彻产业扶持政策上新水平，软件信息服务业与传统产业融合提升上新水平，行业管理和服务工作上新水平。2013 年，安徽省信息传输、信息技术服务、计算机服务和软件业主营业务收入达到 150 亿元，同比增长 20%以上，重点培育 20 家重点软件企业和 100 家信息服务示范企业，组建 10 个软件信息服务产业联盟，建成一批软件公共服务平台和信息服务业集聚园区，安徽省信息服务能力显著增强。

五、下一步工作

（一）加强软件产业政策的宣贯和配套政策制定工作

以宣贯国发〔2011〕4 号文件为契机，出台《安徽省人民政府转发国务院关于进一步鼓励软件产业和集成电路产业发展若干政策的通知》、《关于转发国务院进一步鼓励软件企业和集成电路产业发展若干政策的实施意见的说明》和《关于加快信息服务业发展的实施意见》，根据工业和信息化部等部门新修订的软件企业认定办法，继续做好安徽省落实国家鼓励软件、集成电路产业发展政策的工作。

（二）加快落实部省语音产业发展合作协议

积极落实工业和信息化部与安徽省人民政府签署的《关于共同推进安徽省语音产业发展合作备忘录》和安徽省政府专题会议所确定的目标和事项，制定并出台《安徽省加快发展语音产业实施意见》和《安徽省语音产业发展规划》，重点支持智能语音技术研发、应用和产业化以及语音技术公共服务平台建设。

（三）组建安徽省软件和信息服务产业联盟

出台《安徽省软件和信息服务产业联盟发展管理办法》，探索建立政产学研用协同机制，整合产业发展资源，提升产业服务水平。

（四）加强软件项目调度管理

一是充分发挥财政资金的导向作用，进一步完善省级软件专项资金项目申报、评审、调度和验收程序，加强项目的规划和管理。二是积极争取国家部委资源落地，支持软件企业争取国家“核高基”重大专项及国家电子发展基金软件和信息服务业领域重大项目。

（五）加强行业运行监测和统计分析工作

加强对重点软件企业的运行监测，加强统计人员队伍建设，认真做好软件服务业企业月报、年报统计工作，及时掌握产业发展中的问题和困难，加强对安徽省软件服务业运行情况和发展趋势的分析和研究。

（六）继续抓好行业管理服务工作

做好软件和信息服务企业资质认定工作。根据工业和信息化部等部门新修订的软件企业认定办法，规范和优化安徽软件企业认定和软件产品登记的管理和服务，制定省级软件检测机构认定管理办法，继续做好计算机信息系统集成和信息工程监理资质认证工作，加强行业管理，促进产业健康发展。

（七）建设安徽省地产品供需信息对接促销服务平台

培育市县信息服务企业，建设企业产品云数据中心，按照政府监管、市场运作的方式，构建省市县三级信息服务平台。

（八）加强对重点软件企业和成长型软件企业的培育和支持

突出支持20家省重点软件企业和20家高成长中小软件企业发展，培育100家信息服务示范企业，组织评选10名“安徽省软件产业领军人物”，促进企业做大做强。

（九）积极谋划部署安徽省云计算产业发展

一是编制安徽省云计算产业发展规划，简称“皖云计划”；二是制定出台安徽省云计算产业发展路线图；三是研究提出安徽省加快云计算发展的实施意见。

（十）加强军民结合，推进软件和信息技术向军用转移

建立省经信委和省国防工办两部门联动的工作机制，推广工信部编制的《军民两用产品与技术共享目录》，举办军民两用技术推广应用对接会，推进民用技术和信息化服务向军用转移。对在皖军工单位信息化需求进行专题调研，制定引导和鼓励措施，提升军工单位两化深度融合整体水平。

2012年福建省软件和信息技术服务业发展概况

2012年，福建省软件和信息技术服务业克服国际和国内整体经济环境的严峻影响，继续保持高速发展，成为海西经济的又一个千亿元产业集群，并深入各个行业，成为经济增长的助推器和发展新产业的孵化器。

一、基本情况

全年实现业务收入1006亿元，同比增长25%，圆满实现千亿元产业目标；其中，软件产品、信息系统集成服务、信息技术咨询服务、数据处理和存储服务、嵌入式系统软件、IC设计分别实现业务收入333亿元、296亿元、126亿元、75亿元、140亿元、36亿元。四三九九、夏新科技、中移动手机动漫基地、趣游、中娱文化等超过60家企业实现成倍以上增长。福大自动化、星网锐捷、新大陆、国脉、福富5家企业入选第十一届中国软件业务收入前百家企业。邮科、福富、榕基、瑞芯、天晴、三五互联、美亚柏科、吉比特、四三九九、精图10家企业被认定为2011—2012年度国家规划布局内重点软件企业和集成电路设计企业。福富软件在中国软件出口和服务外包排行榜上获评“中国软件出口企业20强”。福建省上市软件企业达20家。新增通过认定软件企业155家，累计认定软件企业1044家；新增通过登记软件产品1433件，累计登记软件产品6662件。

二、主要特点

（一）骨干企业市场领先

福建省34家软件企业39项产品技术在相关细分市场领域居全国第一乃至全球领先水平。第一，在行业解决方案领域，福大自动化、南威软件、易联众、用友烟草、国通、亿榕分别在工业自动化控制、军队信息化、医保、烟草、邮政、电力行业应用相关领域居全国第一；在中国银联2013年POS机7个产品包集中采购中，联迪商用7包全中的记录成为此次招标中唯一全线入围的POS厂商；联迪商用还是国内唯一入围工、农、中、建、交五大行的POS厂商。厦门雅迅在GPS车载终端行业解决方案上连续多年全国第一；冠林科技在智能家居安防对讲等相关领域连续3年全国第一。第二，在应用软件产品领域，福昕的电子书软件占全球份额的80%；锐达科技的互动电子白板系统市场份额居全球第三位；三五互联的企业邮箱业务的市场份额连续4年全国第一；美亚柏科、伊时代的电子证据、互联网内容安全搜索等技术在信息安全相关领域分列全国第一；福富、新东网、邮科在电信IT系统相关领域分列全国第一；顶点软件、新意科技在证券营销、清算等领域居全国第一位；四创软件、博思软件、榕基软件、星网视易分别在防汛领域、财政票据信息化、质检行业电子申报、嵌入式数字娱乐领域居全国第一位。第三，在集成电路设计领域，瑞芯微电子的数字移动多媒体高端芯片及应用方案国际市场占有率全球第二，在国内平板电脑芯片市场占有率保持第一。第四，在数字内容领域，中娱文化是全国动漫春晚和全国动漫音乐会唯一的制作基地；四三九九的中文游戏平台、厦门趣游的网页游戏平台均为国内知名平台；网龙的“91 助手”用户数超过 1.2 亿，“安卓市场”用户数超过 4800 万，共上线应用数量超过 70 万，累计下载量超过 95 亿次，网龙是“2012 年中国网博会——移动网络品牌奖”唯一获奖企业。网龙网络游戏出口规模全国第二，是美国市场上最大的中国网游运营商，在中国游戏产业年会上获得“2012 年中国十大品牌游戏企业”和“2012 年中国十大海外拓展游戏企业”称号。

（二）创新水平显著提升

福大自动化的工业自动化通用技术平台打破了国外工业控制技术的垄断，获李克强、吴邦国、贾庆林等国家领导人高度评价。福昕软件的电子书软件开发平台技术全球领先，成为国家电子书标准工作组全权成员单位。瑞芯微电子发布新一代平板双核 SoC 系统 RK3066 处理器，获得“中国 IC 设计年度最佳处理器产品奖”，移动互联网终端设备主控芯片获 2012 中国芯最佳市场表现奖。新大陆公司与中国台湾企业合作发布第二代二维码“中国芯”，并开启了二维码在烟、酒、化妆品、书籍等消费品的应用。厦门优讯在三网融合光通信用户端收发一体芯片、联拓科技在数字对讲机专用芯片及应用方案、福建慧翰在车联网相关芯片方案、福州贝莱特在视频监控 SoC 芯片上的技术均为全国首创。厦门优迅获第六届中国半导体创新产品和技术奖。锐捷网络和冠林科技入选“全国智能建筑行业十大创新产品品牌”。由福建移动、福诺、福富共同承建的福建省电子政务外网云计算平台是全国第一个投入运营的省级电子政务云计算平台。美亚柏科承建的厦门超级计算中心正式运营。星网锐捷入选 2012 年工信部首批工业企业品牌培育试点企业。三元达、榕基入选国家第五批创新型试点企业。新大陆通信、国通、星网视易、瑞恒信息、睿能电子、鑫诺通讯、福昕软件 7 家企业入选 2012 年度国家火炬计划重点高新技术企业。星网锐捷、思迈特数码、宜美电子 3 家企业获第 14 届中国专利奖，其中星网锐捷的有效发明专利数量在福建省排名第一。在第十六届中国国际软件博览会上，福建省榕基、顶点、国通、海景、博思、四三九九、南威 7 家企业的 8 项产品获金奖，福诺、万安、国通、四三九九、榕基、亿榕、南威、网龙、美亚柏科、福富、福昕、元数位 12 家企业的 17 项产品获创新奖。在大连软交会上，福富荣获“2011—2012 中国软件和信息服务业最具潜力奖”。福富的“智慧社区云平台”在 2012 年中国软件产业发展峰会上获评“中国十大创新软件产品”。第二届海峡两岸信息服务创新大赛暨福建省第六届计算机软件设计大赛参赛规模创历史新高，大赛总报名人数超过 5000 人，组队 900 余支，其中中国台湾赛区报名超过千人，吸引了 33 所院校选队参赛。

（三）产业集聚效应明显

福州软件园和厦门软件园先后被工信部评定为“国家新型工业化产业示范基地（软件和信息服务）”。目前福州软件园已建成四期工程，开发面积约 2 平方千米，建筑面积近 100 万平方米，共有入驻企业 436 家。福州软件园海峡软件新城 A 楼已封顶，动漫游戏产业基地二期已竣工验收。时代华奥的“海峡文化创意产业基地”入选国家文化产业示范基地，并推广了全球首部关于茶文化的原创动画片《乌龙小子》。中国台湾新竹经贸科技产业大楼落户福州软件园。厦门软件园二期 2011 年实现销售收入 263.77 亿元，同比增长 30.84%；软件园三期起步区 6 栋研发楼全面封顶，78 家企业通过入园审核，已有中移动动漫基地、中电信海峡通信枢纽中心、中国数码海西运营中心、软件职业技术学院 4 个重要项目落地。泉州软件园累计完成投资 5 亿元，已有 10 家企业通过入园审核。龙岩软件园主体大楼（创业孵化大厦）

已封顶。通过产业园区建设，一批影响力大、带动性强的大型项目顺利推进，将成为产业新的增长点。例如，工业和信息化部、福建省人民政府联合印发《合作推进“数字福建”建设实施方案》，支持在厦门软件园建设“闽台云计算产业示范区”，并将政务、交通、医疗和教育 4 个云计算项目纳入全国试点。工信部软件与集成电路促进中心与南威软件在泉州共建“国家软件公共服务平台海西云计算技术创新中心”。中国国际信息技术（福建）产业园先后同 IBM 和惠普签约成为战略合作伙伴。中国移动福建数据（云计算）中心、中国联通云计算产业园基地、中国联通集团动漫支撑中心、中国普天公司新一代信息产业研发和生产基地、福顺晶圆科技 8 英寸集成电路芯片生产线、中星微电子监控产品生产项目、中国电子科技集团公司第三十研究所厦门产业化基地等先后建成。通过省集成电路设计研发中心、产业重大专项、优秀动漫游戏作品评选等建设，积极培育动漫游戏、移动互联、IC 设计等新兴领域，推动“软件服务化”进程。

（四）动漫游戏蓬勃发展

2012 年，福建省动漫游戏产业实现业务收入 102.3 亿元，同比增长 78.6%。获播出许可动画片 44 部 23464 分钟，居全国第 4 位。福建省从事动漫游戏相关业务的企业超过 250 家，从业人员超过 2 万人，涌现出网龙、四三九九、中国移动手机动漫基地、吉比特、翔通、神画时代等一批骨干企业。在手机新媒体动漫和网页游戏两大领域，福建已成为全国的聚集地和先导区。一是产业规模快速增长。2012 年，福建省动漫游戏产业逆势而上，增长速度创历史新高，全行业收入首次突破百亿元。7 家动漫企业被文化部、财政部、税务总局联合认定为国家动漫企业，分别是福州翰格文化传播有限公司、厦门大拇哥动漫、泉州功夫动漫、中娱文化、厦门利根思、厦门翔通、福建子燕动漫。上榜数量排名全国第五。目前，福建省共有 25 家国家动漫企业。中移动手机动漫基地、中电信动漫运营中心分别实现销售收入超过 3 亿元和 7000 万元，分别约为前年的 6 倍和 3 倍。中国联通集团授权福建联通在厦门筹办动漫支撑中心。中国动漫集团厦门基地（中娱文化股份有限公司）正式开业。泉州市子燕轻工、盛克鞋服、恒盛集团、格林集团等公司通过动漫衍生品打造自主品牌，提升了产品附加值，产品畅销东南亚、欧美、非洲等国际市场，2012 年创汇近 2000 万美元，动漫衍生产品产值超过亿元。二是作品质量明显提高。2012 年，福建省多部动漫作品在各类比赛中获国家级大奖。例如，厦门青鸟动画的《星星狐的体验》获中国广播影视大奖（第 22 届“星光奖”）电视动画片大奖；恒盛动漫的《爵士兔之奇幻之旅》、厦门青鸟的《魔力星星狐》、神画时代的《抗战奇兵》、天狼星动漫的《爱画画的嘟噜瓜》、大拇哥动漫的《小瑞与大魔王之快乐擂台》、福州五彩动漫的《多彩人生之和谐社区》6 部作品被国家广电总局评选为 2012 年度优秀国产动画片并予推荐；网龙的《开心 online》成为团中央 2012 年首批向全国青少年推荐的健康网络游戏产品；厦门吉比特的《问道外传》、四三九九的《卡布西游》入选第七批“中国民族网络游戏出版工程”作品名单；网龙公司荣获“中国年度最受欢迎网游公司”等四项大奖；福州天之谷的《土豆侠贺岁之龙腾福跃》和福建金豹动画的《JONJON 有爱》获“2012 年金猴奖中国动画短片”优胜奖。《JONJON 囧囧》入选“2012 年国家动漫品牌建设和保护计划”。神画时代的《红军长征的故事》被国家广电总局评为“少儿精品及国产动画发展专项资金项目优秀国产动画片三等奖”。天狼星动漫的《手机小子》获得“国家动漫精品工程——新媒体动漫扶持”。全年有多部动画作品相继登陆央视、卡通卫视及省级以上电视台和优酷、土豆、迅雷等几十家新媒体。三是品牌培育卓有成效。“中国福建动漫”整体品牌形象闪耀海内外知名展会，在第八届中国国际动漫节上，福建省200多人组团参加，再次获得“优秀组织奖”。在日本东京国际动漫节上，“中国福建动漫”首次亮相，吸引了日本动漫界及世界各地参会动漫业者的关注，新华社东京分社、日本东京电视台、富士电视台等多家电视台、杂志社都进行了报道。在厦门国际动漫节上，组织福建省内骨干动漫企业联合布展506平方米的“海西动漫”特装展区，展馆面积达1.6万平方米，人流量达30万人次，吸引了30多家境外企业和国内100多家企业参展。泉州首届创意产业节及产业对接会成功举办，达成签约及意向对接项目217项，意向金额10.84亿元，预计可带动相关工业产值177.29亿元。

（五）产业政策逐步完善

2012年以来，国家出台了《国家规划布局内重点软件企业和集成电路设计企业认定管理试行办法》、《财政部 国家税务总局关于进一步鼓励软件产业和集成电路产业发展企业所得税政策的通知》等一系列国发4号文的配套文件，福建省出台了《福建省人民政府转发国务院关于进一步鼓励软件产业和集成电路产业发展若干政策的通知》、《福建省信息化局关于支持信息产业小型微型企业快速健康发展的若干意见》，起草了《福建省信息产业政府首购管理暂行办法》，形成了较为完善的软件产业政策支撑环境，对软件产业的人才引进和培养、公共平台建设、骨干企业培育、市场拓展宣传、来闽投资落户、投融资渠道拓展、财政扶持、动漫游戏原创、小微企业成长等方面加以扶持。2012年，通过各设区市主管部门、软件园区和广大软件企业的共同努力，软件产业各项扶持政策得到了良好落实，成效明显，福建省信息化局与福州市协商签署了省市战略合作协议，福州市明确将设立软件产业发展专项。泉州市兑现动漫产业专项奖励资金113.97万元。

三、存在的问题

（一）扶持力度有待加大

部分设区市还未充分认识到软件产业在经济和社会发展中的作用，一些有条件发展软件产业的设区市还未出台贯彻落实国家和福建省已出台政策的相关配套措施。除厦门外，其他设区市均还未设立与省软件产业发展专项资金配套的财政扶持资金。

（二）人才问题仍较突出

一是人才结构不够合理，尤其是高层次的专业技术人才、领军人物、行业带头人比较缺乏，高素质的技能型人才严重不足；二是高校人才培养的质量与企业实际需求存在较大差距，应届生缺乏有效的实践锻炼，学历教育的知识技能滞后于快速发展的产业应用技术，跨学科的复合型人才少；三是区域间、企业间人才竞争激烈，人员流动性大，流向珠三角、长三角区域的优秀人才增多；四是在软件人才政策的落实方面，还存在子女入学、职称评定等个别政策落实不到位或无法具体实施的现象。

（三）市场培育尚待加强

对于自主创新的软件产品，各级政府所提供可调控的“先行先试”市场条件还不理想，信息化建设优先选用省内优秀产品和服务等尚不普遍。

（四）管理机构有待加强

各设区市软件产业主管部门大都挂在经（贸）委，在人员配置和管理手段等方面有待进一步加强。

（五）融资信贷渠道缺乏

中小软件企业普遍反映由于产业的特殊性，无法提供相应的固定资产进行抵押，在融资信贷实际操作过程中仍存在很大困难。

四、2013 年展望与目标

展望 2013 年，从全行业看，在复杂的国内外环境中，软件产业发展既受到国内外经济形势不景气的影响，又面临着信息化投资加速、信息消费需求旺盛、软件服务化转型加快、新兴领域发展势头强劲等发展机遇。

从福建信息产业来看，2013 年是实现福建省信息产业“十二五”规划提出的“万亿产值、千亿集群、百亿企业”发展目标的关键一年，重点围绕党的十八大提出的“构建以基础设施为支撑、以新一代信息技术为先导、以融合发展为特征、以广泛应用为目的、以安全可控为保障的现代信息技术产业体系”的要求，推动信息产业持续快速发展。

2013 年的主要预期目标是：福建省信息产业实现销售收入超过 7000 亿元，同比增长 20%左右。其中，信息产品制造业销售收入超过 4500 亿元，同比增长 18%左右；软件业销售收入接近 1500 亿元，同比增长 30%以上；通信运营及其他信息服务业销售收入超过 1200 亿元，同比增长 10%左右。

五、下一步工作

（一）全面提升一体化支撑能力

加大软件名城、产业园区和三维项目三大载体建设。推动福州和厦门创建“中国软件名城”和出台软件产业发展配套政策。推动福州海峡软件新城、厦门软件园三期、泉州软件园一二期和厦门海西微电子产业园的建设进度，积极培育福州高新区海西园和龙岩市、漳州市等软件园区或基地。强化“三维”项目对接，组织专门小组针对全球软件“500 强”进行福建软件产业推介，开展招商招才，争取促成一批影响力大、带动性强的产业项目在福建省落地和建设。

（二）重点发展战略性支撑领域

在动漫游戏、北斗卫星导航应用、移动互联、物联网、大数据等产业新兴领域实施战略布局和有效引导，培育 30 家在战略性新兴产业领域有核心竞争力的优势企业。制定出台《福建省动漫游戏奖励实施细则》、《福建省关于进一步加快发展集成电路设计业的意见》，重点抓好十大动漫产业园区（基地）、十大动漫骨干企业、十大重点动漫平台建设，发展福建省已有一定基础的手机、北斗、LED、天线小型化等集成电路设计产业，推动动漫游戏产业的跨越式发展和微型化微波技术在宽带移动通信网络及军民融合领域的应用等。

（三）着力优化关键性产业要素

针对产业发展过程中所出现的新问题、新特点，调整相关产业政策并做好有效落实工作，优化产业政策环境；出台信息技术服务业统计办法，加强针对产业新兴业态的统计工作。制定出台《信息产业自主创新产品政府首购管理暂行办法》，举办“软件产品推介会”，组织福建省优秀软件企业组团到中西部开拓市场并给予相关补助，扩大福建省软件品牌在省内外的市场空间。评选和奖励软件杰出人才，进一步提升海峡两岸信息服务创新大赛和厦门动漫节的办赛规格和影响力。建立软件企业贷款风险补偿金，有效缓解软件企业融资难问题。

2012年江西省软件和信息技术服务业发展概况

2012年，江西省软件和信息技术服务行业充分把握国家出台《关于进一步鼓励软件产业和集成电路产业发展的若干政策》（国发〔2011〕4号）的重大机遇，按照江西省委、省政府推进十大战略性新兴产业超常规发展的战略部署，以壮大产业规模为目标，以扩大软件企业群体为手段，以市场驱动、应用牵引、创新支撑、融合发展为主线，以产业园区和商务楼宇为载体，聚焦重点领域，实施重大项目，聚集创新人才，搭建服务平台，形成了稳固的发展基础，有力推动了江西绿色崛起发展战略的贯彻落实。

一、基本情况

（一）产业规模快速增长

2012年，江西省软件和信息服务业实现软件业务收入54.7亿元，同比增长8.5%；实现利润7.9亿元，同比增长41%。软件业务出口4249万美元，同比增长71.4%；软件外包服务收入1.86亿元，是2011年的3.79倍。

（二）骨干力量茁壮成长

截至2012年年底，江西省软件企业总量达400余家，其中，规模以上软件企业116家，经过认定的软件企业224家，年主营业务收入超过亿元的企业16家，超过1000万元的企业74家，有52家企业获得工信部计算机信息系统集成资质，有44家企业通过ISO 9000系列质量管理体系认证，有8家企业通过CMM/CMMI 2～5级认证，思创公司被认定为国家规划布局内重点软件企业，先锋软件、思创数码连续多年跻身全国软件百强。

（三）产业聚集效应突出

南昌高新区聚集了江西省80%以上的软件企业，吸引了微软、IBM、惠普、英华达、中兴通信、用友软件等一大批国内外知名企业入驻，形成了以服务外包、高端嵌入、应用软件、游戏动漫等为重点的软件产业带，成为江西软件产业发展的主体经济区。

（四）企业创新能力提升

截至2012年年底，江西省累计登记软件产品797件，部分软件产品在国内处于领先水平，分别获得国家电子发展基金、“核高基”科技专项、软件公共服务平台建设以及江西省战略性新兴产业发展引导资金支持。龙头企业创新示范效应凸显，国家软件和集成电路促进中心（CSIP）与思创数码合作建立“国家软件公共服务平台——思创智慧交通技术创新中心”，与先锋软件合作建立“CSIP-先锋软件企业创新中心”，提升了软件企业的研发水平。

（五）人才培养日臻完善

江西省已基本形成以高等院校信息工程学院、软件学院及软件职业技术学院为主，民办培训机构和社会团体、企业认证培训等为辅的软件及信息技术服务人才培训体系，江西省共有相关教育培训机构 37 家，每年培养软件相关专业大学毕业生约 5 万人。先锋软件学院在软件人才教育与培训、科研与成果转化、产业化应用推广等方面成效显著，先后被评为国家示范性软件职业技术学院、国家软件人才国际培训基地。

（六）政策扶持力度加大

为贯彻落实国务院《关于进一步鼓励软件产业和集成电路产业发展的若干政策》（国发〔2011〕4 号），2012 年江西省政府出台了《关于进一步鼓励软件产业和集成电路产业发展的实施意见》（赣府发〔2012〕31 号），在财税、投融资、研发、出口、人才、知识产权、市场开拓等方面给予软件企业政策优惠，为江西省软件产业加快发展创造了良好条件。

二、主要问题

（一）产业整体规模偏小

软件产业总量偏小，软件企业数量偏少，缺少影响力大、带动力强的大企业或领军企业，对经济结构调整升级和信息化建设的拉动力不足，规模总量居全国第 20 位，居中部地区第 5 位。

（二）企业技术基础薄弱

一些企业软件产品数量少、品种单一，产品覆盖面窄，市场占有率低，开发能力和抗风险能力弱，承接国家重大软件项目的竞争能力不足。

（三）软件人才结构不合理

一些企业缺少稳定的软件骨干开发队伍，人才流动较为频繁，尤其缺少能承担高层设计的“领军人物”和具有创新素质的高层次管理人才。

（四）政府投入相对不足

支持软件产业发展的资金、政策、人才等方面的力度与国内先进地区相比存在较大差距，政府有关部门掌握的资金虽然有向软件企业倾斜，但一般数额较小，投向也较分散，培育目标不明确。

（五）企业融资难，成本高

绝大多数软件企业是民营微小企业，缺少土地、厂房、设备等固定资产，贷款难度大，融资成本高，发展缺乏后劲。

三、2013 年展望与目标

（一）展望

近年来，江西省经济社会发展步伐加快，GDP 保持高速增长，培育发展战略性新兴产业，加快改造提升传统优势产业，积极发展现代服务业，促进产业结构转型升级，为软件产业发展创造了广阔空间。同时，城市载体功能不断完善，社会信息化需求的多样化，也为软件产业发展带来了广阔的前景。

2013 年以来，从统计情况看，江西省软件产业的发展走势是稳中有升。

1．产业规模平稳增长

2013 年 1～4 月，江西省软件和信息技术服务业总体保持平稳发展势头，实现软件主营业务收入 17.6 亿元，同比增长 23.7%；实现软件业务收入 12.5 亿元，同比增长 17%。

2．信息技术服务份额增加

随着软件服务化趋势的深化，以信息技术服务（信息系统集成服务、信息技术咨询服务、数据处理和存储服务）为主业的企业正在成为新的主体力量。2013 年 1～4 月，江西省信息技术服务收入为 7.89 亿元，占软件业务收入的 63%。

3．软件业务出口保持快速增长

2013 年 1～4 月，实现软件业务出口收入 1516 万美元，同比增长 75.9%。受国际金融形势不稳定的影响，软件外包服务呈下降趋势。

4．软件园区物理空间进一步拓展

为了满足软件产业快速发展的需求，南昌高新区规划 500 亩产业用地，建设南昌国际软件园，总建筑面积将超过 50 万平方米，2013 年开工建设。

5．软件企业数量继续增加

2013 年 1～4 月，新增认定软件企业 11 家，累计认定的软件企业 235 家；新增软件产品登记备案 57 件，累计登记软件产品 854 件。

（二）目标

2013 年，江西省软件产业主营业务收入力争突破或接近 100 亿元，跨上新的发展台阶；实现年主营业务收入超过 10 亿元的大型软件企业 1～2 家，年主营业务收入超过亿元的企业 18～20 家，超过 1000 万元的企业 80 家。

（三）重点

基于江西省软件产业发展现状和比较优势，发展重点主要包括以下几个方面。

1．应用软件

围绕农村、城市、社区、工业、物流信息化等工程建设，加强电子政务、电子商务、行业应用、物联网等领域的软件研发，重点推进软件技术在电力、电信、教育、医疗、金融、交通等领域的深度应用。依托国家“核高基”等重大科技专项，构建面向江西省电子政务综合应用的基础支撑与集成应用。

2．嵌入式软件

围绕产业转型升级，面向工业装备、汽车电子、消费电子、电力电子、医疗电子、交通运输、智能家电、环保监测等重点领域，大力发展嵌入式应用软件，加快拥有自主知识产权的嵌入式软件技术、产品的研发和产业化进程，壮大嵌入式软件基础和优势。

3．软件服务外包

积极承接全球离岸服务外包业务，拓展服务外包领域和发展空间，重点发展人力资源、公共信息、财务管理、呼叫中心等服务外包，不断拓展软件开发外包、研发设计外包等高端服务外包；加大具有自主知识产权的软件产品出口，提升软件出口和服务外包的效益和质量。

4．信息系统集成服务

大力培育高水平的专业化信息系统集成企业，做大做强信息系统集成服务，完善信息系统集成资质管理，重点发展信息系统设计、集成实施、系统运维等服务，提高信息系统的综合集成、应用集成能力。以集成拉动整机、整机拉动软/硬件协同发展，提高信息系统的安全、可靠水平。

5．数字内容加工处理

加快开发支持虚拟现实、三维重构等技术的内容制作系统和基于互联网、移动互联网的内容管理平台，重点在动漫、游戏、数字影音、数字出版、空间地理信息等领域支持自主知识产权的数字内容加工处理技术开发和产业化。

四、下一步工作

（一）政策扶持，优化产业发展环境

深入贯彻落实国发 4 号文件以及赣府发 31 号文件精神，加强政策宣贯，发挥导向作用，积极帮助符合条件的软件企业享受有关政策优惠，营造培育和扶持新兴软件企业脱颖而出的良好环境，提高产业发展的质量和水平。鼓励各设区市出台促进软件产业发展的扶持政策。

（二）项目支持，带动产业高质发展

抓住战略性新兴产业超常规发展的有利时机，争取一批软件产业重大项目获得战略性新兴产业发展专项资金的扶持。围绕产业发展“网络化、服务化、平台化、智能化”新趋势，征集、储备一批重点项目，推荐申报国家电子发展基金、软件服务平台、“核高基”及物联网专项等，争取更多国家资金的支持。

（三）打造基地，完善服务平台建设

着力推进南昌高新区国际软件园建设，进一步拓展产业发展的物理空间。利用南昌市——中国服务外包示范城市和南昌高新区——中国服务外包示范区的优势，着力打造一批资源占用少、服务平台多、企业产出高的特色楼宇，充分满足软件产业快速发展的需求。

（四）创新驱动，引领产业高端发展

大力推广江西省具有自主知识产权的软件产品，积极支持企业承担国家及江西省内重大

科技项目。鼓励企业通过各类资质认证和质量体系认证，积极参与国家和行业标准制定。积极促进产学研用结合，鼓励企业设立研发机构，加大研发投入，加强关键技术攻关和创新产品开发，提高自主创新能力。借助“赣鄱英才 555 工程”，着力吸引一批高水平的产业技术团队和高端软件人才，为产业创新提供持续动力。

（五）招商引资，助推产业加快发展

充分利用南昌高新区软件企业集聚、空间载体扩容、扶持政策优惠、支撑服务体系健全的优势，加大招商引资力度，大力引进境内外有实力的软件企业落户，同时，积极为软件企业、特别是小微企业提供技术、人才、融资、信息等服务。充分利用中国国际软博会、大连软交会等大型活动平台，积极组织企业参展，加大对外宣传招商，扩大江西省软件企业和产品的影响，促进对外交流合作和招商引资，加快软件出口和服务外包发展。

（六）服务至上，强化日常管理工作

加强对软件企业统计工作的指导和管理，认真做好江西省软件产业统计分析工作，及时掌握行业动态和发展趋势，保证软件产业统计数据全面、准确和及时。根据企业需要，切实做好软件企业认定、软件产品登记备案、计算机信息系统集成企业资质认证等工作，为软件企业提供优质服务。

2012年山东省软件和信息技术服务业发展概况

2012年，山东省软件和信息技术服务业取得快速发展，规模效益显著提升，自主创新和融合发展能力进一步增强。

一、基本情况

2012年，山东省统计内软件企业1832家，从业人员25.6万人，实现软件业务收入1734亿元，同比增长28%，完成利润总额256亿元，同比增长40%；利税合计322亿元，同比增长28.8%。其中，信息系统集成服务收入344亿元，同比增长25.8%；数据处理和存储服务收入159亿元，同比增长38.2%。软件业务出口12.7亿美元，同比增长47.7%。累计登记软件产品5934件、认定软件企业1359件，222家（含青岛51家）企业获计算机信息系统集成资质，企业数量排名全国第4位，整体呈现出良好同比增长态势，并体现出以下特点。

（一）重点城市、园区、企业的载体布局初步形成

2012年，济南、青岛、烟台三市共完成软件收入1663.2亿元，占山东省的95.9%，济南"中国软件名城"效应凸显，济南创新谷建设顺利启动。青岛"东园、西谷、北城"格局形成。齐鲁软件园、青岛软件园企业超过1000家，软件收入占山东省比重超过四成。9家企业进入2012年"中国软件业务收入前百家企业"，7家企业入围2011年度规划布局内重点软件企业。11家上市企业，建成省级软件工程技术中心53家，5000万元到1亿元收入规模的企业超过400家。

（二）自主可控、上下游协同的产业体系初步建立

自主知识产权产品和技术涵盖基础软件、通用软件、应用软件和行业综合解决方案等多个环节。中间件软件产品排名全国前列；翰高国产数据库已经实现商用；20%的上市公司使用浪潮ERP（企业资源计划）；占全国总里程15%以上的高速公路使用中创软件产品；华天三维CAD（计算机辅助设计）打破国外垄断；云计算弹性计算系统达到国内领先水平。积成电子电力控制系统、鲁能智能电力巡检机器人、康威通信电力隧道多状态集中监控系统先后中标国家重大项目。

（三）产用融合、服务经济社会发展的作用已经凸显

山东省软件业平均每人每年产出约50万元，每平方米每年产出约2万元，单位土地面积的就业人数、收入分别为一般制造业的12倍、3.5倍，附加值为传统产品附加值的15倍，而万元增加值能耗仅相当于传统服务业的20%，相当于一般制造业的5%。济南齐鲁软件园以占高新区不到5%的土地，容纳了区内近20%的企业，实现了高新区超过35%的GDP。软件与三次产业的融合进一步深化，在工业生产制造、农业开发、金融商贸等领域得到广泛应用，为山东省转方式、调结构提供了有力支撑。

二、对“两个能力”的认识以及山东省开展的相关工作

“两个能力”是对软件和信息技术服务业企业综合实力、核心竞争力、可持续发展能力的全面概述，涵盖了软件企业、系统集成企业总体策划、设计、开发、实施、服务保障等各个环节。近年来，山东省坚持走“高端、高质、高效”道路，注重企业综合实力的全面提升，通过实施“名城、名园、名企、名品”战略，在创新能力提升、区域聚集、资金投入、政府采购首购、人才引进、市场开拓等方面加大扶持和指导力度，取得了一定成效。

（一）着力提升软件研发创新和承接复杂信息系统的能力

鼓励企业产学研联合，立足自身优势开展创新研发和示范工作。支持有条件的企业积极参与“核高基”国家科技重大专项，按要求足额落实配套资金 3043 万元，保障项目顺利实施。利用山东省信息产业专项资金引导企业在关键、共性、专业技术领域开发推广具有自主知识产权的技术和产品，基础软件、工具软件、信息安全软件、应用软件等产品处于国内领先水平。依托骨干企业，培育认定了 53 家省级软件工程技术中心，可与企业技术中心、工程技术研究中心同时享受省、市、区各级财政奖励资金，极大地调动了企业吸引人才、参与创新的积极性。引导企业在创新成果的基础上，面向重点行业和领域做高层次、深入的工程化、产业化研究，“Loushang 平台”、“Loong 智慧平台”，“基于 SOA 的海量数据集成和业务协同系统”等关键技术取得突破，能够有效实现复杂信息系统的监管、集成、协同和优化。采用龙芯 CPU、华芯内存、中标麒麟操作系统、金山 Office 的浪潮审批系统已在山东省德州市宁津县 27 个委办局使用，效果良好。中创公司采用“Loong 智慧平台”完成了武汉市城市路桥不停车收费（ETC）系统，实现了机动车数据的实时感测分析，成为全国第一个综合交通枢纽研究试点。胜利软件、众阳软件、华东电子等软件公司在石化、医疗、港航领域已经成为国内领先的信息系统综合解决方案提供商。

（二）注重产业链培育，构建产业生态体系

在强调企业创新发展的同时，注重培育上下游企业协同发展。先后成立电力、交通、中间件、云计算、安全可控国产基础和应用软/硬件等产业联盟，引导企业之间通过专业化分工与社会化协作结合，共享自主创新成果，开拓国际、国内市场。通过努力，部分联盟企业在尊重市场规律的前提下，探索由松散性的组织走向更深层次的联合，最终形成了集团公司。电力产业联盟各成员单位共同成立了玖联电力软件有限公司就是在这方面的一个创新性尝试。同时，山东省在每年的专项资金中设立重点专项，鼓励产学研联合以及产业联盟单位合作申报，形成协同配套、一体化的软件技术产品和综合解决方案。“全国产化基础软、硬件电力调控一体平台”项目成效突出，涵盖了国产服务器、操作系统、数据库、中间件和应用解决方案等各个环节，并顺利落地试运行。“一体化数字医院”项目在平阴县人民医院应用，被国家卫生部确定为电子病历系统功能应用水平 5 级标准。

（三）创新发展云计算，培育战略性新兴产业

联合山东省发展改革委、科技厅共同出台《关于加快培育发展云计算产业的指导意见》，组织山东省内企事业单位成立云计算产业联盟，对山东省计算中心、浪潮集团、地纬软件等重点单位在技术创新、模式创新和试点应用方面给予支持。指导山东省云计算中心立足自身

优势，成立山东省亿云信息技术有限公司并面向山东省提供服务，推动山东省计算中心、临沂国家高新区联合成立山东省云计算中心临沂分中心。“山东省建设领域项目信息和信用信息公开共享平台”、“山东省中小企业公共服务平台”、“山东省电子政务综合服务平台”等重点工程顺利实施，有效节约了政府资金投入，提高了实施效率。在行业支撑领域，“区域医疗信息服务平台”已在蒙阴、莒县应用；“居民健康物联平台”已在济南十亩园社区应用；“煤炭安全质量标准化管理平台”已在山西、河北等省的多个大型煤炭集团实施。

（四）提升系统服务和平台服务能力

先后出台《山东省促进计算机信息系统集成产业发展的意见》、《山东省信息化促进条例》等政策法规，多次召开山东省计算机信息系统集成资质工作会议，组织评选并表彰优秀集成企业和优秀计算机信息系统集成解决方案，带动山东省集成企业集成服务能力建设。建立省级计算机信息系统集成资质认证平台，为山东省系统集成企业提供政策法规咨询和交流，引导企业规范和提升从事集成的综合能力。多次组织系统集成项目经理、高级项目经理项目管理技术知识培训，加强高层次集成人才的培养。山东省目前拥有 222 家系统集成资质企业，涌现出浪潮、中创、积成电子、东方电子、政通科技、胜利软件、康威通信、地纬软件等优秀厂商，业务范围涉及政府、烟草、电力、电信、医疗及其他各个行业和领域。其中，政府行业已扩展至 16 个省份，300 个区县；电力调度自动化覆盖全国 30 省、市、自治区的 100 多个地市，产品出口赤道几内亚、希腊、泰国、马来西亚、印度等国。在烟草行业，切入全国 27 个省级烟草商业公司及 4 个工业公司的业务系统建设和系统运维服务，连续 8 年市场占有率第一。

三、存在的问题

（一）区域发展不平衡

受资源环境、基础设施、技术条件、发展政策等因素的影响，山东省区域软件和信息技术服务业发展不平衡，影响了山东省软件和信息技术服务业总体实力的提升。

（二）产业发展的机制有待进一步完善

山东省各市地有多个部门在关注软件和信息技术服务业，但如何进一步整合资源，统筹扶持资金，形成发展合力，尚需努力。发展软件和信息技术服务业的职能部门尚不健全，行业管理体制有待进一步完善。

（三）经营成本加大，企业利润空间缩小

受国内宏观调控和物价上涨等因素影响，企业融资难（企业可担保资产少）的问题更加突出。行业大客户门槛不断提高，企业经营成本加大。

四、2013 年工作重点

下一阶段，山东省将继续实施“名城、名园、名企、名品”战略，坚持走“高端、高质、高效”发展路线，选择重点城市、区域、企业、能够形成专业化配套协作的产学研用集群和

能够形成上下游产业链且具有辐射带动作用的技术及产品集中力量给予优先支持，力争到2015年培育2家软件收入超过100亿元、10家以上软件收入超过10亿元的大型企业集团和50家创新能力强、经济效益好的知名企业，100个拥有自主知识产权、市场占有率高、品牌效应大的知名产品和解决方案。

（一）进一步做好载体建设工作，实现产业集约聚集发展

（1）继续加快建设济南中国软件名城，保障济南创新谷各项工作顺利开展，在产业规划、平台建设、支撑体系等方面加强指导和支持。

（2）进一步总结经验，指导青岛软件产业加快发展，更好地发挥带动作用。

（3）将烟台市作为重点指导和支持城市，在资金、政策等方面给予倾斜，帮助其尽快做大做强软件产业。

（4）在发展重点城市的同时，培育一批山东省级软件和信息服务业示范园区。

（二）进一步培育骨干龙头企业，形成规模优势

（1）进一步强化措施，培育系统集成特一级企业和更多的软件百强企业、国家规划布局内重点软件企业和系统集成骨干企业。

（2）进一步加强软件工程技术中心建设，做好调度、指导和管理服务工作，发挥行业领军作用，形成品牌和规模优势。

（3）开展专项调研摸底，在千万元级中型企业和“新特优”小企业中挖掘新的亮点，帮助企业用好若干政策，在移动互联网、云计算、物联网、工业控制领域培育更多骨干企业。

（三）进一步提高山东省软件产业的创新能力和产业化实力

（1）继续做好“核高基”、电子发展基金等重大项目的推进和保障工作，积极争取国家支持；充分发挥山东省信息产业发展专项资金的引导作用，支持企业提升创新能力。

（2）发展安全、自主、可控的软件，支持国产数据库应用，支持中创软件与济南、浪潮集团与德州市开展电子政务应用国产化工程，支持在电力、矿山等重点行业领域形成全国产软、硬件解决方案并试点应用。

（3）加强云计算平台建设，发挥公共服务和技术支撑作用，为山东省软件企业、园区和政府、企事业单位提供专业化、社会化服务。

（4）广泛调研，鼓励合作，筹备组建特色行业软件联盟，开展上下游协同配合的行业整体解决方案研发与推广应用工作。

（四）进一步做好系统集成、软件企业等资质管理工作

学习借鉴先进省市资质管理经验，培育在全国具有较大影响力的系统集成龙头企业，推动并指导符合条件的资质企业积极申报系统集成特一级和一、二级企业资质。鼓励系统集成资质企业在细分行业领域做精做细，以山东市场为基础向全国其他省市业务拓展。提升山东省系统集成资质认证平台功能，更好地为山东省资质企业服务。继续规范开展软件企业认定、产品登记工作，深化“一站式、一条龙”服务规程，为企业提供便利服务。

2012年河南省软件和信息技术服务业发展概况

一、基本情况

（一）2012年软件和信息技术服务业运行情况

2012年，河南省软件和信息技术服务业实现软件业务收入157亿元，同比增长20%。全年通过认证的软件企业82家、新增软件产品569件。截至2012年年底，河南省通过“双软”认定的软件企业累计达到553家、软件产品达到2313件。 共有1家软件企业通过系统集成二级资质认证，12家企业通过三级资质认证。河南省系统集成企业达到121家，监理企业达到10家。全行业从业人数达到2.3万人。

（二）产业规模继续扩大，企业实力不断增强

郑州市重点打造以金水科教新城、高新区为核心的高端软件和信息服务业的“两大园区”，做大信息服务、系统集成和应用软件，做强信息安全和手机动漫游戏产业，大力培育物联网、云计算、北斗卫星应用等新兴领域。

老企业、老行业由大变强，新企业、新发展由小变大。以中重自动化、威科姆、思维自动化、辉煌科技、许继等为代表的软件骨干企业保持着稳步发展的良好势头。信息安全领域，郑州金惠计算机系统工程有限公司在图像视频内容分析领域进行了深入研究，并在“面向复杂场景的图像视频只能分析技术”方面处于国内领先水平，与国家电网、中国铁路总公司签订了长期战略合约，并在全国多个领域的智能交通、智慧景区中得以应用；智能交通领域，郑州天迈科技有限公司完成了包括车载终端、LED调度屏程序、行车记录仪、新能源监控平台、手机公交查询等在内的一批先进产品的研发和应用平台建设，挤入全国同行业前三名。

二、存在的问题

（一）政策宣传落实不够，部分企业政策运用不到位

近年来，我国相继出台了若干个软件产业发展规范和扶持政策，一些企业在这些扶持政策的指导和帮助下得到了快速发展，呈现出良好的发展态势，但也有个别企业存在发展思路不清的情况，甚至于接到一些举报说某企业以假资质参与招投标的现象，充分暴露了这些企业对国家政策学习方面的缺失，发展思路不明，政策运用不好。

（二）新技术、新业态发展变化快，对行业管理提出挑战

近年来，全球软件产业正加快向服务化、融合化方向发展。云计算、物联网、移动互联网、大数据等新技术、新业态、新模式迅速兴起，商业模式、服务模式不断创新，企业加速转型，信息技术服务门类不断增多。同时，软件技术加速向传统产业领域渗透，软件产业各种业态之间、软件与信息技术其他产业门类之间的边界日益交叉，行业管理边界日益交叉和

模糊。服务化和融合化趋势以及行业应用模式创新给行业管理带来了重大挑战，必须适应变革，加强行业管理和统计分析，密切跟踪企业发展动态，及时发现企业面临的困难和问题，提出预警和对策措施。

三、2013 年工作思路

认真贯彻十八大精神，落实国发 4 号文件、《软件和信息技术服务业“十二五”发展规划》，强化需求导向、协同创新、融合发展，以促进产业做大做强、提高对经济社会发展的支撑服务能力为目标，为建设现代信息技术产业体系、工业转型升级和“四化同步”服务，实现软件产业持续健康发展。支持协会及分会、产业联盟等行业中介组织的发展，促进行业间的互动交流。加强产学研用对接，做好软件人才培养工作。以产业联盟为载体，拉长河南省同行业软件企业发展链条，达到由“珍珠”变“项链”的效果，加快安全、可靠、关键信息系统的应用推广，着力在基础软件、信息安全软件、行业应用软件等领域突破一批核心和关键技术。逐步建立以企业为主体、市场为导向、产学研用紧密结合的创新体系。

四、2013 年重点工作

（一）加快培育龙头企业

经过深入调查研究和分析，确立产业龙头，努力培育更多的“上亿级软件企业”。引导龙头企业积极申报国家“软件百强”和国家“核高基”（核心电子器件、高端通用芯片及基础软件产品）重大专项，集中政策、资金、资质和项目等资源，综合利用电子发展基金、信息化专项、中小企业发展专项资金等手段，扶持目标骨干企业发展，最大限度地享受国家扶持政策。支持龙头企业完善激励机制，培养和凝聚一支国际一流的核心团队。鼓励软件企业通过兼并重组做大做强。

（二）围绕应用加快打造产业链，构建生态体系

生态体系竞争是近年来 IT 产业竞争的核心手段。围绕学校、汽车电子、信息安全等重点领域应用示范，整合产业链上下游资源，建立良好的产业发展生态体系。依托协会、产业联盟等平台，谋划好终端、运营、服务等上下游核心企业的分工，谋划好技术创新、标准规范、应用推广等环节的布局，推动联盟企业间的成果共享，尽早建立起产业生态体系，抢占行业发展的制高点。

（三）加快移动智能终端产业生态体系建设

积极参与河南省打造智能终端（手机）产业基地建设，加强对郑州市现有各类智能终端（手机）产品及软件的整合，突出功能分工，引导集群集聚，营造智能终端产业良好的发展氛围。推进信息数据、软件与信息服务业、物联网产业、智能产品制造等信息技术产业集群发展，促进硬件、软件和集成融合发展、互动发展。

（四）做好政策宣传、贯彻、落实和行业运行分析工作，营造良好的政策环境

（1）加强“双软”认定制度建设。宣传、贯彻并落实软件企业认定管理办法，尽快完善

软件产品管理办法，研究制定加强软件产品登记检测管理的措施；推动落实好软件企业所得税、软件产品增值税以及营业税等优惠政策。组织做好国家规划布局内重点软件企业申报和认定工作，扶持骨干企业发展。

（2）做好系统集成企业资质管理工作。在工信部业务部门的领导下，开展特一级系统集成企业认定，支持集成企业做大做强。开展集成资质企业运行维护能力评定工作，探索资质分类细化管理方法，支持集成企业转型升级。

（3）加强引导软件人才培养等工作。加强产学对接，实施好领军人才培育工程和专业技术人才知识更新工程。总结推广经验，积极推动建立多层次软件和信息技术服务人才培养体系。

2012年湖北省软件和信息技术服务业发展概况

2012年以来，湖北省紧紧抓住信息技术持续创新，经济持续发展，“两化”融合不断深入，城镇化进一步提速等带来的发展机遇，服务国家、湖北省一系列重大战略的实施，以武汉市为依托，以企业为主体，以提供优质软件和信息服务为导向，以推进产业做大做强为目标，认真开展工作，使湖北省软件和信息技术服务业得到快速发展。

一、基本情况

（一）产业规模继续扩大

湖北省软件和信息技术服务业2012年实现软件业务收入368亿元，同比增长86.92%，占湖北省信息产业规模的16.5%。软件业务收入在1000万元以上的企业486家，比上年度增加212家，其中5000万元以上的企业156家，比上年度增加70家；1亿元以上的企业73家，比上年度增加31家。

2012年新认定软件企业172 家，注销59家，累计有效认定软件企业751家；新登计软件产品737件，注销89件，累计有效登计软件产品2899件。湖北省获得计算机信息系统集成资质单位138家，其中一级3家，二级24家，三级99家，四级12家。全行业从业人员超过11万人。

（二）企业实力不断增强

湖北省4个软件项目获得2012年度国家电子发展基金支持，共安排电子发展基金1700万元。武汉邮电科学研究院、武汉天喻信息产业股份有限公司2家企业入选本届中国软件业务收入前百家企业，分别名列第19位和第93位。武汉天喻信息产业股份有限公司、武汉中地数码科技有限公司成为国家规划布局内重点软件企业。武汉市洪山区人民政府成功申报国家软件和信息服务业示范基地。

（三）统计范围进一步扩充

湖北省为贯彻落实省市共创武汉市中国软件名城工作，2012年开始由湖北省经信委、武汉市信息产业办和市统计局对武汉市软件和信息技术服务业进行了彻底摸底和广泛调查，将一部分电子商务、动漫创意以及基于互联网的研发设计外包等类别的企业，按照报表制度补充纳入软件和信息技术服务业统计范围。经过多方努力，统计范围得到有效扩充，统计的企业数量从2011年的732家，增加到2012年的1303家；软件业务收入从2011年的197亿元增加到2012年的368亿元；其中数据处理和存储服务收入从17亿元增加到52亿元，增长了2.1倍。

（四）运行分析工作得到加强

按照工业和信息化部的要求，湖北省认真部署落实国家《软件和信息技术服务业统计报表制度》，做好年报和月报工作，加强运行形势分析，引导产业健康发展。由于每月按时向工业和信息化部报送统计报表，且数据质量较高，湖北省经信委软件处受到工业和信息化部运行局表彰，被评为“2012 年统计报送先进单位”，并收到工业和信息化部软件司的感谢信。

（五）标准验证推广工作进展良好

湖北省深入开展信息技术服务标准验证与应用推广试点工作。在前期工作的基础上，加强信息技术服务标准应用的宣贯培训，继续完善信息技术服务质量评价平台和信息技术运维交付平台建设，组织开展信息技术服务重要标准的符合性评估试点。标准验证与应用试点工作有力推进了湖北省软件和信息技术服务业的进一步发展，为完善信息技术服务标准体系、提升信息技术服务质量和行业竞争力创造了良好的基础条件。

（六）软件和信息服务业公共服务平台建设加快

湖北省加快推动省相关专业公共服务平台的功能整合，建设统一的湖北省软件和信息服务业公共服务平台。湖北省软件和信息服务业公共服务平台项目连续两年获得国家软件和信息服务业公共服务平台专项资金支持，每年支持 200 万元。目前 2 期项目均已圆满完成，顺利通过工业和信息化部现场验收。

二、主要特点

（一）企业发展整体速度趋快

湖北省多数软件企业增长速度加快，576 家企业软件业务收入在原有基础上“存量”增长 95.5 亿元，平均增幅 62.19%。新纳入统计 614 家企业，软件业务收入 97.1 亿元。另有 113 家企业软件业务收入出现负增长，比上年度减少 15.7 亿元。2012 年湖北省统计的软件业务收入比 2011 年净增加 176.9 亿元。

规模领先的主要软件企业，如烽火通信、虹信通信、天喻信息等，软件业务收入保持了较稳定增长；也出现了一些发展形势较好、收入成倍增长的软件企业，如领航动力、众友科技等。收入出现负增长的企业，多数原有规模较小。

从 2012 年每月的软件月报来看，软件业务收入同比增速呈现一定幅度波动，多数月份显示增幅在 20%以上，上半年增速有所趋缓，但下半年增速明显上升。年终由于加入了新纳入统计的企业数据，增速曲线出现了“突变”现象（见图 1）。

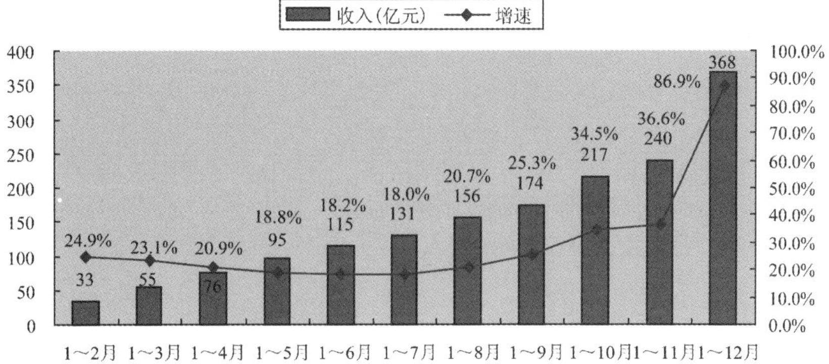

图 1　湖北省 2012 年 1～12 月软件业务收入增长情况

（二）软件产品和系统集成仍是湖北省软件业务收入的主流

湖北省 2012 年软件产品收入 172.74 亿元，信息系统集成服务收入 98.79 亿元，两项合计占软件业务总收入的 73.77%，这两项业务收入依然是湖北省软件业务收入的主要构成部分（见图 2）。数据处理和存储服务收入连续两年呈现较快增长，目前已达 52.49 亿元，近三年来在软件业务收入中所占比重依次为 4.22%、8.59%和 14.26%。

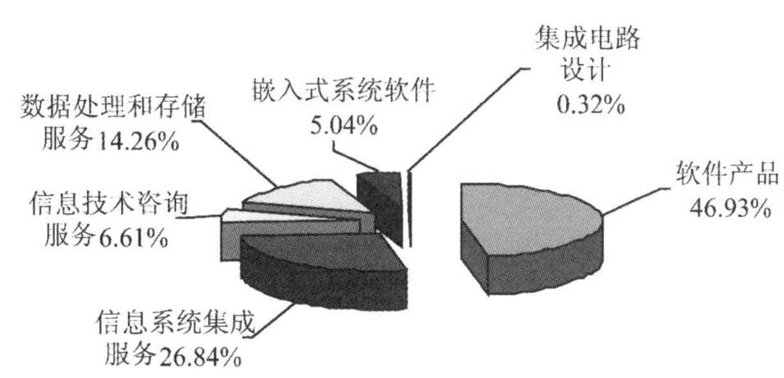

图 2　湖北省 2012 年软件业务收入构成情况

（三）软件业聚集程度高，武汉一头独大

湖北省 93%以上的软件企业聚集在武汉市，这一状况多年未有改观。2012 年由于武汉市又有大量企业新纳入软件业统计范围，这一比例提高到 95%。2012 年武汉市完成软件业务收入 362 亿元，在湖北省软件业务收入中所占比重为 98.35%，较上年度又提高 1.1 个百分点。

三、面临问题

湖北省软件和信息技术服务业与国内其他先进地区相比，还存在较大差距，主要表现在：产业整体规模偏小，2012 年的软件业务收入仅占全国的 1.08%，与江苏、广东、北京等软件业领先省市相比，只相当于 9%左右的零头；龙头企业数量少，支撑带动作用不强。

影响湖北省软件产业发展的因素，一是湖北省拥有的科教文化优势未能有效转化为产业优势，人才结构不合理，高端领军人才缺乏，且人才和科研成果呈外流趋势；二是产业支撑环境仍需进一步完善，产业载体和公共服务体系建设尚待加强，企业投融资瓶颈依然突出；三是企业升级步伐较慢，市场能力不足，创新模式亟待转变。

四、2013 年展望与目标

2013 年，湖北省将重点推进国发 4 号文件的贯彻实施，促政策环境优化；推进优势特色产业发展，促产业上水平；推进招商引资和兼并重组，促产业上规模；推进产业园区和公共平台建设，促产业快集聚；进一步推动湖北省软件和信息技术服务业又好又快发展。

2013 年发展目标确定为：湖北省软件企业主营业务收入达到 980 亿元，软件业务收入达到 650 亿元，同比增长超过 75%。软件和信息技术服务业在实现自身又好又快发展的同时，与汽车、钢铁、石化、纺织、电子信息、食品等支柱产业的融合发展格局初步形成，对湖北省经济结构调整和发展方式转变的支撑能力和推动作用明显增强。

五、下一步工作

（一）进一步优化政策环境

围绕“千亿元产业提升计划”，在调研的基础上，出台加快软件和信息服务业发展的若干意见。贯彻落实国务院《进一步鼓励软件产业和集成电路产业发展的若干政策》，紧密结合湖北省实际，解读、宣贯软件和信息服务业发展规划，落实国家和省关政策措施与实施意见，进一步优化产业发展政策环境。引导各种资源向软件和信息服务业汇聚，使湖北省特别是武汉市成为中部乃至全国发展软件和信息服务业最具优势和特色的地区之一。

（二）强化载体建设

以推进武汉市创建中国软件名城为抓手，适应国家软件和信息技术服务业发展和区域经济发展的需要，建立部、省、市协同，省、市、区联动的工作机制，与“智慧城市”建设、两型社会综合配套改革试验区建设和国家自主创新示范区建设等工作统筹推进，通过资金、政策手段，培育和打造一批名品、名企、名园和名人，推动湖北省软件和信息技术服务业向特色化、集群化、高端化、国际化方向发展。推进武汉光谷软件园、光谷创意产业基地、光谷金融港、洪山区创意一条街、武昌区中部信息安全产业基地、江汉区信息产业园、东西湖服务外包基地、襄阳软件园、荆州软件园建设；鼓励宜昌等有条件的地方建设软件产业园区；推动建设九峰光谷软件城。整合行业内现有服务资源，进一步完善湖北省软件和信息服务业公共服务平台，做好与国家平台间的互联互通。

（三）培育骨干企业

大力加强招商引资工作，引进一批国内外知名软件和信息服务企业在湖北省设立独立法人公司或研发中心，鼓励已入驻企业增加投资、扩大规模。积极引导湖北省内优势行业骨干企业加快兼并重组、联合做大做强；鼓励湖北省内大中型企业将其信息技术服务机构剥离出来，成立独立的软件和信息技术服务企业，面向全行业和全社会服务。

（四）拓展应用市场

鼓励政府部门、事业单位和大中型企业将信息技术服务外包给专业企业；以电子政务带动全社会信息化，建设一批“两化”融合、“三网” 融合、智慧城市、物联网应用、云计算应用等试点示范和应用推广工程，积极培育信息技术服务市场，引导和支持湖北省有实力的软件和信息服务企业参与建设和运维。开展“双优”评选和发布活动，大力宣传湖北省优秀企业和产品，促进湖北省软件和信息服务业与社会各领域特别是政府部门、工业企业的交流和合作；同时，贯彻实施《湖北省信息化条例》、《湖北省软件开发服务项目招标投标实施办法》（试行），规范软件和信息服务市场，促进其健康、有序地发展。

（五）培养引进人才

采取“政府购买”或“以奖代补”的形式，支持高等院校、职业院校、培训机构与软件和信息服务企业联合建设软件人才培养基地，开展适用人才培训工作。设立省软件人才一站式服务中心，制定软件高级人才个人所得税奖励、建设软件人才公寓、支持软件人才创业等特殊政策，吸引海外留学人才来湖北省创业，引进高层次、复合型人才来湖北省发展，促进各类软件人才向湖北省聚集，打造全国软件人才洼地。

（六）加大金融支持

充分运用财政资金的杠杆作用，引导社会资金投入，成立面向软件和信息服务业的投资基金、担保资金。鼓励银行为软件和信息服务企业创新金融产品和服务，鼓励担保机构为软件和信息服务企业提供融资担保服务，鼓励风险投资机构对软件和信息服务业进行投资，支持软件和信息服务企业上市融资。

2012 年湖南省软件和信息技术服务业发展概况

一、基本情况

2012 年，湖南省软件和信息技术服务业在统企业 564 家，实现软件业务收入 236 亿元，同比增长 10.7%。其中，软件产品收入 104.87 亿元，系统集成和支持服务收入 66.58 亿元，信息技术咨询和管理服务收入 7.42 亿元，数据处理和存储服务收入 8.05 亿元，嵌入式系统软件收入 49.38 亿元。

二、运行特点

（一）企业素质逐步提升，综合实力有所增强

截至 2012 年年底，湖南省已累计认定软件企业 827 家。这些企业中共有 8 家上市企业，收入上亿元的企业 35 家，其中 10 亿元以上企业 5 家，比上年度增加 1 家。有 22 家企业通过 CMM/CMMI3 级以上认证；125 家企业获得工业和信息化部计算机信息系统资质；2 家软件企业入围 2012 中国软件业务收入百强，其中南车时代电气位列百强排名第 11 位，已连续 5 年进入百强名单，公司软件业务收入较上年同比增长 29%。拓维信息入围全国互联网服务企业百强、中国移动互联网公司 30 强名单，充分展示了该公司在移动互联网领域的强大实力。

（二）软件产品登记逐年增加，层次逐步提高

湖南省登记备案的软件产品数量从 2001 年的 240 项增长到 2012 年的 2512 项，增长了 9.47 倍。涌现了一批拥有自主知识产权的特色软件产品。各类嵌入式软件、交通、邮政、电力、医疗卫生等行业应用软件产品形成比较优势，正逐步形成一批有竞争优势的企业群和产业链。在基础软件领域，湖南麒麟信息工程技术有限公司已形成包括操作系统、数据库、中间件、办公软件在内的国产软件整体解决方案。在信息安全领域，湖南蚁防软件推出的“网络安全态势分析系统”、“舆情监测系统”在国内具有一定的影响。在轨道交通领域，以南车时代电气为龙头，打造了我国轨道交通的“中国脑”、“中国芯”。在工业软件和行业解决方案领域，三一智能、中联重科智能自主研发的远程监控系统实现了对遍布全球的机械设备的全面技术支持。在医疗卫生领域，长城信息能提供医疗行业软、硬一体化解决方案，推出“银医一卡通自助服务模式”，首创了银医合作模式，实现自助终端与医院信息系统、银行业务系统的对接，日助病人 20 万人次。在文化创意领域，“蓝猫”、“虹猫”、“山猫”和“金鹰卡通频道”使湖南省的动漫产业声誉鹊起。围绕数字内容处理，湖南青苹果数据中心有限公司数字化制作技术达到国际行业的先进水平，青苹果数字出版物已成为中国主流数字化产品。

（三）发展环境不断优化，产业集中化发展态势明显

产业发展环境逐步得到改善，区域集中度进一步提高，有效促进了产业积聚发展和创新提升。湖南省创业云服务平台中电软件园服务站成立，实现中小企业信息化公共服务平台“服

务落地”功能。“湖南软件网”截至2012年年底，已注册近1000家企业，完成近600家软件企业的年报和月报工作，数据报送、产业统计、“双软”认定等核心功能运转正常。

三、主要问题

目前，湖南省软件和信息服务业还存在一些不足，主要表现在：一是产业规模发展不够。产业缺乏带动力强的龙头企业和重大项目工程的推动，产业规模难以形成较大突破。二是产业链的协调发展不够。还未形成良好的生态链，而且缺乏龙头骨干企业的带动，影响了软件和信息服务业的集群化发展和市场化推广。三是信息化建设与产业衔接不够。目前，湖南省信息化重大项目多由北京、上海、广州等地的公司承揽，而本地企业往往出现过度竞争，急需建立以市场为导向、政产学研用结合的支撑体系和激励机制。四是人才结构性矛盾突出。湖南省拥有的科教文化优势未能有效转化为产业优势，人才结构不合理，高层次、复合型、领军型人才依然缺乏，人才培养模式与企业市场实际需求之间还存在偏差。五是重视程度远远不够。各级政府对产业发展投入少，引导和带动作用未充分发挥。多数中小型、成长型企业的软件企业抵押值低，很难得到贷款，资本与技术的结合十分薄弱。

四、下一步工作

当前和今后一段时期要以“数字湖南”为支点，着力抓好五个方面的工作。

（一）用足、用好政策，以优质服务优化产业政策环境

面向基层、面向企业、不折不扣地抓好和落实好现有政策，充分发挥各项政策的集成效应和叠加效应，提升产业抗风险能力。

（二）加强产业对接，以应用提升两化融合深度

积极拓展软件应用市场，通过开展深入、有效的产业对接，积极推进软件技术与传统工业结合，加速两化融合。积极开拓软件服务内需市场，鼓励开发适应社会发展需求的各类信息服务业务，拓展新型消费，培育新的增长点。

（三）强化人才支撑，以技术创新提升核心竞争能力

加快引进国内外领军人才和高端人才资源。引导科研院所和高校软件专业技术人才向企业有序流动，促进软件专业技术人才合理分布。

（四）提升载体水平，以特色园区提升产业载体层次

充分用好长沙软件园国家软件产业基地、长沙国家移动电子商务示范基地、长沙国家动漫产业基地、长沙国家服务外包试点城市等载体资源，突出优势领域，打造特色园区，不断提升产业层次和水平。

（五）加快龙头培育，以骨干企业提升产业集中度

充分发挥企业的主体作用，通过加快引进、鼓励兼并重组、优势联合，尽快在具有潜力的重点领域培育和扶持一批创新能力强、品牌影响力大的行业龙头企业。

2012 年广东省软件和信息技术服务业发展概况

2012 年，广东省软件和信息技术服务业总体态势良好，软件业务收入规模持续扩大，利润总额提升较快，税金总额保持平稳同比增长。软件业务出口增速稳中趋升。珠三角地区软件和信息技术服务业收入增速稳定，产业集聚发展特点突出。

一、基本情况

据统计，2012 年广东省软件业累计完成业务收入 4153 亿元，同比增长 23.8%。其中，软件产品累计完成收入 1172 亿元，同比增长 25.1%，占业务总量的 28.2%；信息系统集成服务累计完成收入 677 亿元，同比增长 21.5%，占业务总量的 16.3%；信息技术咨询服务累计完成收入 384 亿元，同比增长 24.1%，占业务总量的 9.2%；数据处理和存储服务累计完成收入 738 亿元，同比增长 28.1%，占业务总量的 17.8%；嵌入式系统软件累计完成收入 1106 亿元，同比增长 18.7%，占业务总量的 26.6%；IC 设计累计完成收入 76 亿元，同比增长 33.7%，占业务总量的 1.8%。

截至 2012 年 12 月，广东省新认定软件企业 685 家，累计认定软件企业 6407 家，新登记软件产品 5679 件，累计登记软件产品 31030 件；广东省获计算机信息系统集成企业资质的单位 691 家，其中一级 36 家，二级 102 家、三级 396 家、四级 157 家，分别占全国的 15.2%、18.1%、18.1%和 16.7%；软件业从业人员 69 万人，同比增长 13.1%；从业人员工资总额为 620.5 亿元，同比增长 10.1%。

二、主要特点

（一）软件业务规模持续扩大，人均产出水平持续提高

2012 年，广东省软件累计完成业务收入 4153 亿元，同比增长 23.8%，业务规模持续扩大。实现利润 604.7 亿元，同比增长 3.4%，利润总额提升较快。软件业从业人员人均软件收入 56.9 万元，比上年提高 7%，人均产出水平持续提高。

（二）软件出口增速稳中趋升，发展态势良好

广东省实现软件业务出口 163 亿美元，同比增长 8.7%。其中，软件外包服务出口 6.2 亿美元，同比增长 5.1%；嵌入式系统软件出口 94.9 亿美元，同比增长 43.8%。从月度看，1～9 月广东省软件业务出口稳定同比增长，9～12 月软件业务出口增速逐月攀升。

（三）广州和深圳成功创建中国软件名城，珠三角产业集聚发展

珠三角的广州、深圳、珠海三地软件和信息技术服务业集聚明显，增长态势良好。经过部、省、市协同推进，广州、深圳两市于 2012 年 11 月被工业和信息化部正式授予“中国软件名城”称号。广州、深圳两市软件产业规模占广东省的 94%以上。广东省以广州、深圳为

中心辐射区，以国家级和省级软件及信息服务业园区为载体，有力地带动了广东省软件产业的发展。

2012 年，珠三角地区软件业务收入同比增长 23.8%。其中，广州 1355.9 亿元，同比增长 30%；深圳 2498.2 亿元，同比增长 20.5%；珠海 156.3 亿元，同比增长 19.6%；佛山 16.3 亿元，同比增长 8.6%；东莞 31.9 亿元，同比增长 31.3%；惠州 34.1 亿元，同比增长 20.2%；中山 7.8 亿元，同比增长 0.3%；江门 1.8 亿元，同比下降 15.8%；肇庆 0.1 亿元，同比减少 1.1%。

（四）高端产业基地逐步完善，规模实力逐渐壮大

广州和深圳中国软件名城的创建，有力地带动了广东省产业基地和园区的建设。2012 年年初，广州天河软件园、深圳软件出口基地被工业和信息化部认定为“国家新型工业化产业示范基地”。

广州天河软件园：2012 年，天河软件园完成软件业务收入 719.47 亿元。中国移动南方基地、中国电信亚太信息引擎、广州软件（动漫）人才培养培训基地、智慧产业孵化中心等重点项目建成落户。此外，广州还积极部署建设广东南沙（粤港澳）数据服务试验区，发展新兴数据产业和信息服务外包，打造软件和信息服务业创新发展高地。

深圳国家软件出口基地：基本形成以高新区深圳软件园、软件大厦为核心，深圳软件产业基地、深圳软件园前海深港分园及各区软件园区为重要组成部分的产业布局和规划。目前，深圳正规划建设 100 万平方米的“前海国际软件和信息服务产业园”和高新区、前海区 62 万平方米的软件产业基地；着力打造面积约 4 万平方米的新一代互联网产业园，并与中国地质大学等联合建设空间地理信息产业园，积极培育发展各类细分的软件园区，发挥基地和园区的产业集聚效应。

珠海高新技术开发区：区内有南方软件园、广东高科技成果产业化示范基地、清华科技园、哈工大新经济资源开发港、珠海高新技术创业服务中心五大孵化器，孵化基地总建筑面积 36 万平方米，是珠海软件及集成电路战略性新兴产业基地核心区。区内在孵企业 300 多家，软件从业人员 4 万人。依托南方软件园的资源优势，珠海加快推进投资 10 亿元、建筑面积 5 万平方米的互联网产业园建设，重点发展移动互联网、电子商务、网络游戏产业，产业聚集效应初步显现。

（五）产业优势领域进一步发展，特色更加鲜明

在名城创建的带动下，广东省软件产业优势领域进一步发展。一是在嵌入式软件领域形成产业集群。深圳已逐步形成以通信设备、医疗设备、工业控制、消费电子、数字电视等为代表的嵌入式系统软件集群。二是在行业应用软件领域突破了一批关键技术。广州中望龙腾成为全国最大的二维和三维设计软件供应商，全球用户超过 18 万；金蝶软件成为中小企业企业资源计划（ERP）系统市场的领军品牌，中小企业应用软件市场占有率连续 7 年占据榜首。三是在移动互联网领域培育了一批龙头企业，包括腾讯、迅雷、UC 手机浏览器、久邦数码等著名品牌，在全国率先形成了包括手机浏览器、手机网站和移动互联网在内的完整产业链，带动了数百亿元的消费市场。四是在云计算领域提升了一批服务企业。华为云解决方案已被国家云计算示范工程普遍采用，中兴、金蝶、品高以及金山和蓝盾等企业在云计算解决方案、操作系统、平台以及云安全等领域取得重大突破。此外，广东省数字内容和创意产业快速集聚发展，一批网游动漫产品及品牌脱颖而出；卫星导航产业领跑全国，企业数量约占全国的

1/5；集成电路设计企业集聚壮大，产值占全国的1/3以上；机床数控系统、信息增值服务系统等方面国内领先。

三、面临问题

2012年，广东省软件和信息技术服务业发展虽然取得了一定进展，但随着国际、国内形势的变化，仍面临着一些新问题。

（一）软件企业规模普遍较小，市场竞争力不强，抗风险能力较弱

广东省以广州、深圳为中心的骨干软件企业群体不断发展壮大，但普遍企业规模不大，与北京、江苏等省市相比仍有差距。即便是以华为、中兴等为代表的收入超过百亿元的软件企业，在规模、核心技术的掌握、产业链的控制等方面，与IBM、微软、甲骨文等世界级软件企业相比，差距依然十分巨大。

（二）广东省信息技术服务业发展亟须加强

2012年，全国软件产业服务化和网络化发展加速，其中数据处理和运营服务类收入同比增长突出、比重明显上升。2012年，广东省数据处理和运营收入同比增速低于全国7.8个百分点，在广东省收入中的占比比2011年略有下降。信息技术咨询服务增速与全国持平，信息系统集成服务增速略低于全国增速，广东省信息技术服务业发展亟须加强。

（三）广东省产业政策有待完善和加强

近两年来，不仅北京、江苏、上海等发达地区出台了强有力的政策推动产业集聚，集中资源扶持大企业、新型企业和快速成长的企业，四川、重庆等地区也纷纷制定相应的鼓励政策，吸引各地软件和信息技术服务业龙头企业总部进驻或分公司落户当地。相对而言，广东省政策环境仍有改善空间，需进一步加强引导，以吸引国际和国内更多优秀企业向广州、深圳两市集聚，从而提升软件名城的核心竞争力。

四、2013年展望与目标

展望2013年，国内外经济形势仍存在诸多不确定性因素，面临一定下行压力。我国软件产业在内外需市场开拓方面可能出现困难，产业发展走势存在走弱的风险。与此同时，软件产业发展面临着信息化投资加速、信息消费需求旺盛、软件服务化转型加快等重要发展机遇，而物联网、云计算、移动互联网等战略性新兴产业的逐步落地将有力带动数据处理、平台运营、存储服务等业务快速增长，产业有望实现逆势增长。2011—2012年为我国“十二五”规划实施的前期阶段，到2013年相关政策带动效应会逐步显现，产业结构会更为均衡、合理，财政资金投入及税收方面将具备有利条件，新兴应用需求将提供广阔的市场空间。广东省发展战略性新兴产业的专项资金管理、技术攻关、政银企合作、创业投资引导、创业风险投资等系列政策的出台和实施，将继续带动和支撑产业发展。广州、深圳“中国软件名城”的创建以及国家软件和信息技术服务业基地的建设，将进一步增强广东省高端产业的集聚和发展。

预计 2013 年广东省软件和信息技术服务业将继续保持平稳增长，广东省软件和信息技术服务业增速将继续保持在 20%以上，力争全行业收入达到 5000 亿元以上。

五、下一步工作

把握新一代信息技术发展机遇，坚持以集聚促增长、以应用驱发展、以创新增实力、以融合带升级、以规范优服务，着力培育出一批“名园、名企、名牌、名人”，实现云计算、大数据发展和应用新突破，企业竞争力进一步提升，力争保持广东省软件和信息技术服务业在全国的排头兵地位。

（一）加强广州、深圳“中国软件名城”建设，营造全国一流的产业发展环境

出台广州、深圳“中国软件名城”扶持政策，营造领先全国的政策优势。优化软件和信息技术产业布局，重点打造广州、深圳、珠海三个国家级软件产业（软件出口）基地。强化产业税收优惠政策的落实。着力实施广州、深圳“中国软件名城”人才计划，加快软件人才的培育和引进。

（二）实施百强企业培育计划，扶持企业做强做大

积极推动广东省具有自主知识产权的国产软件研发和产业化，支持技术含量高、市场占有率高的软件品牌和软件企业发展，制定个性化扶持方案。组织软件和信息服务百强企业和各地市经信部门联手开展“两化融合”牵手工程，扩大软件和信息技术服务业市场。争取工业和信息化部支持，在广东省率先开展信息技术服务标准应用试点工作。

（三）加快云计算和大数据发展，培育新的产业增长点

优化云计算数据中心布局。举办广东省优秀云产品和解决方案遴选活动，总结推广云计算的成功经验。开通广东云计算信息资源门户网站，加强粤港云计算产业合作，依托粤港云计算服务和标准专家委员会开展云计算安全和应用标准研究。鼓励和扶持大数据企业开展技术研发和产业化应用，组织制定大数据产品目录，推介大数据优秀工具与产品。

（四）加强行业统计分析与运行保障

健全覆盖 21 个地市的软件和信息技术服务业统计队伍，指导各地开展软件企业全面摸查，扩大统计覆盖面，做好软件和信息技术服务业统计工作。进一步完善软件和信息技术服务业 PMI 指数，健全 PMI 调查统计信息平台建设，争取于 7 月正式发布软件和信息技术服务业 PMI 指数。

2012年广西壮族自治区软件和信息技术服务业发展概况

一、基本情况

2012年，广西壮族自治区（以下简称“广西”） 软件和信息技术服务业继续保持平稳、较快发展态势，经济运行情况良好，信息内容服务、信息技术咨询服务等行业发展较快，软件企业主要集中在南宁、桂林、柳州、北海4个城市，其主营业务收入占广西全行业的95%以上。

2012年列入统计范围的软件企业223家，其中以有限责任公司和私营企业居多。年末从业人员17355人（其中从事软件产品研发的技术人员3315人）。

2012年，广西完成软件业务收入59亿元，其中，软件开发收入30.6亿元，信息系统集成服务收入16.6亿元，信息技术咨询服务收入4.5亿元，数据处理和运营服务收入5.9亿元；软件业务出口205.7万美元。

2012年新认定软件企业33家，新登记软件产品148件。截至2012年年底，广西已累计认定软件企业244家，登记软件产品739件；计算机信息系统集成资质认证有效期内的企业为126家（其中，国家资质31家，地方临时资质95家）。

几年来，广西认真贯彻落实国家对软件产业的各项优惠政策，培育了一批国内有一定知名度的软件企业，如广西博联信息通信技术有限责任公司、北海石基信息技术有限公司、广西金源信息产业股份有限公司、广西申能达智能技术有限公司、广西盛源行电子信息有限公司、广西航天信息技术有限公司、桂林力港网络科技有限公司、广西新豪智电子有限公司、广西德意数码股份有限公司、广西三原高新科技有限公司、南宁平方软件新技术有限责任公司、南宁超创信息工程有限公司、柳州腾龙煤电科技股份有限公司、广西瀚特信息产业股份有限公司、广西领华数码科技有限公司、广西壮族自治区数字证书认证中心有限公司等，软件产品涉及金融、保险、交通、电力、旅游、教育、医疗、公安等多个行业应用领域，为软件产业跨越式发展打下了基础。

2012年，北海石基信息技术有限公司被国家发改委、工业和信息化部、财政部、商务部、国家税务总局联合审核认定为2011—2012年度国家规划布局内重点软件企业，成为广西首家国家规划布局内重点软件企业。该公司通过自主研发，为国内高档酒店提供信息管理系统集成、安装、调试、服务等软件开发和销售业务，目前在五星级酒店市场占有率超过80%以上。

桂林力港网络科技有限公司是广西首家获得“网络文化经营许可证”、具备网络游戏研发及运营资质的高新技术型软件企业，“地方特色”是该公司产品的一大亮点，注重游戏与各地旅游文化、地方民俗风情相结合，为宣传地方文化开辟了新的渠道，目前共有用户1600多万，产品覆盖我国及东南亚、欧美等部分国际市场。

广西瀚特信息产业股份有限公司从事物联网技术研究及产品开发、软件开发（软件外包、自有产品、定制开发）、企事业单位信息化建设服务，多项自主研发成果在国内处于领先水平。

广西壮族自治区数字证书认证中心有限公司是广西唯一一家电子认证服务企业，广西电子认证服务系统和广西密钥管理系统已通过国家密码管理局安全性审查，“广西证书认证密钥管理系统”获国家密码管理局授名为“广西密钥管理系统”，力争2013年获得工信部颁发的电子认证服务许可证。

二、主要特点

（一）贯彻落实产业发展政策

2012年，广西贯彻落实国家实施西部大开发战略和《关于贯彻国家西部大开发战略，进一步推进西部地区信息产业发展的意见》、《关于印发进一步鼓励软件产业和集成电路产业发展若干政策的通知》以及《中共广西壮族自治区委员会　广西壮族自治区人民政府关于加快服务业发展的决定》、《广西壮族自治区人民政府关于加快信息服务业发展的实施意见》等产业政策，进一步加大广西软件和信息技术服务业发展的统筹规划、结构调整和政策扶持力度，落实自治区党委政府做出的发展千亿元产业的重大战略部署，促进广西软件和信息技术服务业的发展。2012年8月，广西工业和信息化委员会与广西财政厅联合发布《广西壮族自治区信息服务业发展专项资金管理办法》（桂财企〔2012〕123号），提出了专项资金的管理、支付范围和方式、申报程序及申请条件、审批与拨付、检查和监督等具体规定。

（二）产业发展区域集中

广西软件和信息技术服务业发展区域集中，目前主要集中在南宁、桂林、柳州、北海4个城市，在广西14个市中，4个市的主营业务收入占广西全行业的95%以上。

（三）大力推进重点行业发展

2012年，广西结合本地区行业发展特点，下大力气推进工业软件与行业解决方案、云计算、移动互联网、信息内容服务、信息技术咨询服务、信息服务平台等领域的发展。

1. 工业软件与行业解决方案

重点发展企业在重点千亿元产业、交通、物流等行业的信息服务，发展工业软件、数字内容加工处理技术软件、嵌入式软件等产品。主要支持广西三原高新科技有限公司汽车诊断工业软件产业化、广西宏智科技有限公司能耗计量管理工业软件、广西盛源行电子信息有限公司商品车车辆物流管控系统软件等项目建设。

2. 云计算、移动互联网

重点发展网络编程模型、分布式数据存储技术、虚拟化技术、海量数据处理技术和大规模集群管理技术等云计算关键技术和重点产品的研发和产业化，移动互联网技术和产业化。支持广西易谷网络科技有限公司基于云计算及移动互联技术的数字出版软件研发与产业化、广西金中软件有限公司基于3G手机的多国语音智能导游服务软件等项目。

3. 信息内容服务

发展数字出版、网络出版、手机出版、信息内容产品原创开发项目。重点支持桂林力港网络科技有限公司互联网网络游戏平台开发及应用项目、广西日报传媒集团有限公司广西移动互联网全媒体数字出版软件及服务、南宁奇网计算机有限公司《勇者同盟》iPad 3D多人在线网络游戏等项目。

4. 信息技术咨询服务

积极发展业务咨询、信息安全服务、企业架构规划、信息技术管理、信息系统工程监理、测试评估、信息技术培训等。重点支持广西壮族自治区数字证书认证中心有限公司广西组织机构代码网上业务安全软件及服务、广西软件管理中心企业网站远程安全防护软件及服务、广西联合产权交易所有限责任公司广西联合产权交易所产权交易电子商务软件研发及服务等项目。

5. 信息服务平台经济

根据自身的优势和产业发展趋势，整合现有资源，结合广西装备制造、食糖、有色金属等重点产业的需求，建设具有广西特色的软件平台、信息消费平台、行业专用平台和公共服务平台，着力培养企业的技术水平和商业运作能力，鼓励企业间建立多层次合作机制，支持技术、标准和应用等各类联盟的建设，实现联合创新和应用推广，重点发展平台经济。

充分发挥广西和东盟在语言、文化、经济、地域方面的联通优势，加快建设中国—东盟信息交流中心，发展中国和东盟的数据内容、数据处理市场，扩展软件和信息技术服务业的市场空间。

（四）申报国家规划布局内重点软件企业

根据国家发改委、工信部、商务部、税务总局《关于组织开展2011—2012年度国家规划布局内重点软件企业和集成电路设计企业认定工作的通知》（发改办高技〔2012〕2687号）的要求，组织广西企业申报国家规划布局内重点软件企业。广西推荐了2家企业申报，经审核，北海石基信息技术有限公司荣获“2011—2012年度国家规划布局内重点软件企业”。这是广西软件企业首次被认定为“国家规划布局内重点软件企业”。

（五）安排专项资金扶持产业发展

为贯彻落实广西人民政府《关于加快信息服务业发展的实施意见》（桂政发〔2010〕75号），广西财政从2011年起，每年安排专项资金扶持软件和信息技术服务业的发展。2012年广西财政扶持软件和信息技术服务业项目40项，扶持资金1500万元，重点扶持工业软件与行业解决方案、云计算、移动互联网、信息内容服务、信息技术咨询服务等项目。这批项目建成投产后，预计将年新增销售收入6亿元，利润2亿元，税金1亿元。

（六）重视软件产品、信息系统评测工作

重视全区软件产品、信息系统评测等信息服务工作。2012年完成软件产品登记检测148套；完成14家资质企业系统集成资质认证申报和换证、33家资质企业的年度监督检查、4家资质企业的监督检查抽查工作；完成4家监理资质企业信息工程监理资质换证、7家监理资质企业的年度监督检查、2家监理资质企业的监督检查工作。

三、面临的问题

（一）产业规模偏小，产业集聚效应不明显

从企业规模来看，广西软件和信息技术服务业企业偏少、规模偏小。无论是经济总量还

是企业数量与全国发达省市相比仍有很大差距。广西软件和信息技术服务业发展方向较为分散，产业关联度较小；产业缺乏龙头企业带动；产业链较短，上下游的产业链脱节；产业配套较弱，产业发展尚未形成明显的集聚效应。

（二）各市信息服务业发展领导组织机构尚不健全

目前，广西已成立由分管副主席为组长的信息服务业发展领导小组，按照《广西壮族自治区人民政府关于成立自治区信息服务业发展领导小组的通知》（桂政办发〔2011〕66 号）要求，广西各市应建立信息服务业发展领导小组，落实人员，明确责任，与广西信息服务业发展领导小组建立起工作联系，但许多市至今尚未成立信息服务业发展领导组织机构。

（三）人才供需矛盾和流失问题突出

一是人才供需存在结构性矛盾。虽然广西多所高等院校和科研院所为广西软件和信息技术服务业发展培养了大批技术人才，但高层次、高技能人才相对短缺，尤其是缺少技术领军的高层次人才。此外，人才资源主要集中在传统产业，新兴产业领域人才不足，制约了软件和信息技术服务业的发展。例如，由于缺乏精通外语的软件人才，广西软件外包行业的发展受到一定的影响。

二是人才流失比较严重。与东部沿海地区特别是珠三角地区相比，广西经济发展水平和企业工资水平都明显偏低，导致不仅难以吸引外地人才，而且本地培养的人才尤其是高端人才大量流失，给软件和信息技术服务业发展带来了严峻的人才挑战。

（四）财政支持力度不够

软件和信息技术服务业资源消耗低、增长潜力大、综合效益好、带动作用强、发展前景广，十分有利于推动经济结构调整和发展方式转变。目前，广西软件和信息技术服务企业普遍规模小，自有资金严重不足，加上直接融资和间接融资困难，更需要财政资金的大力支持。但目前广西财政对软件和信息技术服务业的支持力度不够，财政资金投入不多，2011、2012 两年广西财政对软件和信息技术服务业安排的专项资金共计 0.3 亿元，不利于推动软件和信息技术服务业的快速发展。

四、2013 年展望与目标

（一）产业继续保持平稳发展态势

2013 年，广西软件和信息技术服务业将继续保持平稳、快速发展的态势。按照产业发展规划，在发展壮大南宁、桂林、柳州、北海 4 个市的软件和信息技术服务业的同时，加快推动“广西软件城”建设步伐，进一步促进广西软件和信息技术服务业快速发展。

（二）新一代信息技术成为产业发展重点

2013 年，工业软件、行业解决方案及信息安全产品、云计算产业、北斗导航服务、数字内容加工处理、大数据产业等新一代信息技术成为产业发展重点。

1．工业软件、行业解决方案及信息安全产品

开发具有自主知识产权的工业软件产品，加快信息技术在研发、生产、管理、营销等环节的应用；发展东盟语种应用软件、数字内容加工处理技术软件、嵌入式软件等产品；重点为政府、交通、金融、通信等领域的信息化提供集成应用解决方案；推动信息安全产业发展，加快广西数字证书认证中心建设，完善信息系统安全测评、信息系统安全风险评估、信息安全等级测评及技术支持、涉密信息系统安全保密测评服务等。

2．云计算产业

支持网络编程模型、分布式数据存储技术、虚拟化技术、海量数据处理技术和大规模集群管理技术等云计算关键技术和重点产品的研发和产业化，培育新兴服务业。

3．北斗导航服务

加强导航定位卫星应用的技术研究、产品开发，提高应用水平，促进位置服务市场发展，扩大产业规模，重点发展北斗卫星及多模式兼容的移动导航信息系统的研发和应用，推动“北斗”卫星导航系统在经济社会各领域的应用及产业化。

4．数字内容加工处理

促进数字内容与新型终端和互联网服务的结合，扩展数字内容产业链。发展网络动漫、网络出版、网络游戏、数字影视等基于 ICT 的文化创意产业关键支撑技术开发及产业化，基于智能手机的信息内容产品开发及服务、数字互动娱乐、移动支付、位置服务、社交网络服务等基于网络的信息服务。

5．大数据产业

推进实时集成、海量信息处理和管理、云存储等技术研发及产业化。

（三）主营业务收入目标

预计 2013 年广西软件和信息技术服务业将完成主营业务收入 96 亿元，同比增长 20%。

五、下一步工作

（一）发展新一代信息技术，培育新的增长点

重点发展工业软件、行业解决方案及信息安全产品、云计算产业、北斗导航服务、数字内容加工处理、大数据产业、信息服务平台等新一代信息技术产业，培育新的增长点。

（二）布局建设软件和信息技术服务业重点集聚区

重点协调推进“广西软件城”建设，指导软件城的设计、投资、施工和运营管理，加快重点项目实施，加强软、硬件设施建设，在项目立项、技术改造等方面予以优先扶持，加强督促检查，促进各项政策措施的研究落实。鼓励各重点基地（园区）根据产业发展的需求，加强信息基础设施建设，加大配套建设力度，提供信息服务保障平台；主动吸引和承接国际、国内产业转移，积极引进国内外知名大企业、大集团，扶持重点企业发展；鼓励新建企业和引进企业进一步向基地（园区）集中，实现产业集聚发展。

（三）提升服务企业的能力和水平

积极推进政府职能转变，改进服务方式，提高行政效率，树立诚信形象，为外来投资者提供最优的服务环境；在用足、用好现有政策的同时，努力推动政策创新，增强对企业的服务能力。进一步争取广西财政对软件和信息技术服务业的资金扶持力度，争取广西技改资金、国家重大专项等资金向软件和信息技术服务业项目的倾斜支持；加强对“双软”认定工作的管理；开展计算机信息系统集成资质认证、信息系统工程监理资质评审、电子工程建设标准定额、信息工程、软件产品检测等工作；加强对软件和信息技术服务业产品的知识产权保护，推进软件正版化工作，增强软件著作权的保护力度；同时加强反垄断工作，依法打击各种滥用知识产权，限制竞争的行为。

（四）支持搭建产业公共服务平台

指导和支持重点工业园区的研发设计、质量认证、试验检测、信息服务、资源综合利用等公共服务平台的升级改造。积极引进国家级实验室、研发中心和服务平台落户广西。引导行业内大企业联合建立服务全行业的共性信息技术应用平台，构建公共技术服务能力体系。

（五）安排好广西信息技术服务业发展专项资金

组织 2013 年度广西信息技术服务业发展专项资金项目申报工作，重点支持信息技术服务业基地、公共服务平台、服务支撑体系建设、服务产品研发、产业化推广、软件外包和服务外包及信息人才培训等重大项目，加大对中小企业及机构，特别是公益信息服务机构的扶持力度，鼓励和引导社会资源参与信息技术服务业的建设和发展。积极争取广西财政加大对软件和信息技术服务业发展的资金扶持力度；出台《广西信息技术服务业发展专项资金项目验收办法》等文件，加强对广西信息技术服务业发展专项资金项目的管理，提高资金使用效益。

（六）开展软件和信息技术服务业品牌培育工作

继续开展软件和信息技术服务业品牌培育工作，在鼓励和指导企业积极开展品牌建设基础性工作的同时，重点选择一批有发展潜力的自主品牌，集中力量进行重点培育，以示范榜样作用带动品牌创建工作。充分发挥行业主管部门的职能作用，在加大培育力度的同时，积极帮助企业争创名牌。

（七）开展信息系统集成资质认证等工作

开展计算机信息系统集成资质认证、信息系统工程监理资质评审、电子工程建设标准定额、信息工程等工作。依据国家有关规定，对广西区内申报计算机信息系统集成资质认证的企业进行资质评审、发证和管理等工作；对广西区内信息系统工程监理申报企业进行评审，并出具评审报告和发放资质证书；开展电子工程建设项目概预算的审定工作；开展信息化建设工程的竣工验收检测工作。

（八）加强组织协调，深入开展调研活动

进一步贯彻落实国家和广西加快软件和信息技术服务业发展的相关优惠政策，积极与国家、广西各相关部门加强沟通协商，密切配合，协调解决有关问题；深入广西各市工信委、

各重点企业，加强调查研究，加强政策宣传和贯彻，落实目标责任，及时发现、协调、解决工作中遇到的重大问题，切实落实国家和广西发展软件和信息技术服务业的各项政策措施。

（九）开展产业发展课题研究工作

开展《广西软件产业发展研究》、《广西创建国家北斗卫星导航系统应用及产业化工作前期研究》课题（规划类）前期研究工作，加强对产业技术发展、市场趋势、政策导向的调查研究，提出切实可行的政策建议，进一步明晰发展目标、发展重点和保障措施；开展《广西软件和信息技术服务业统计评价指标体系及模式研究》课题（非规划类）前期研究工作，提出有效的统计评价指标体系和统计方法，为全面反映广西软件和信息技术服务业的发展现状提供保障。

（十）理顺广西软件和信息技术服务业统计工作机制

由于统计口径问题，广西软件和信息技术服务业统计数据零散、不全面。国家统计局 2012 年 10 月批准工信部执行《软件和信息技术服务业统计制度》。2013 年，广西将进一步理顺软件和信息技术服务业统计模式，科学制定软件和信息技术服务业统计与评价指标体系，争取使软件和信息技术服务业数据在权威统计部门得到确认，全面反映广西软件和信息技术服务业发展的现状。

2012 年重庆市软件和信息技术服务业发展概况

一、基本情况

2012 年，重庆市软件和信息技术服务业实现软件业务收入 422.4 亿元，同比增长 31.6%，软件业务收入占营业收入的比重为 74.4%，比 2011 年同期提高 16.2 个百分点，产业增速连续 12 年保持在 30%以上。

二、行业运行主要特点

（一）增速和效益同步增长，保持高位稳定运行态势

近 10 年来，重庆市软件和信息技术服务业保持 30%以上的高速增长，企业数量稳步增加，产业规模持续扩大。2012 年，重庆市软件业务收入同比增长达 31.6%，增速排全国前列，西部第一；实现利润 52.6 亿元，同比增长 43.2%，上缴税金 21.6 亿元，同比增长 42.8%，实现了增速和效益同步增长。

（二）产业结构优化，信息系统集成服务、数据处理和存储服务领域成重要增长点

2012 年，随着软件产业服务化和网络化发展加速，重庆市信息系统集成服务及数据处理和存储服务领域增长突出，其中信息系统集成服务收入 128.3 亿元，同比增长 27.8%，占软件业务收入的 30.4%；数据处理和存储服务收入 115.5 亿元，同比增长 36.4%，占软件业务收入的 27.3%。随着制造业形势企稳向好及重庆市新型工业化的全面推进，软件开发和嵌入式系统软件的收入也相对稳定，分别实现收入 75.2 亿元、68.1 亿元，分别占软件业务收入的 17.8%和 16.1%，同比增长均在 30%以上，产业结构更加均衡、合理（见图 1）。

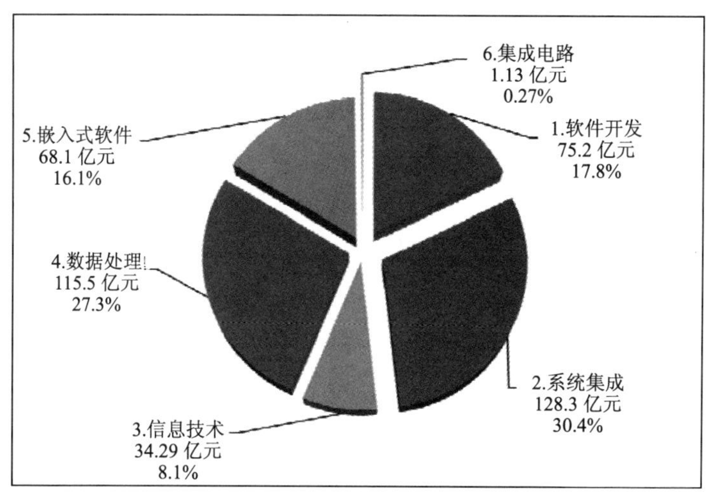

图 1　2012 年软件业务收入构成情况

（三）企业实力显著增强，重点企业高速成长

重庆市落实“双软”认定政策和促进民营经济发展政策，促进企业发展。截至 2012 年年末，重庆市累计认定软件企业 477 家，比上年同期增加 47 家，同比增长 11%，累计登记软件产品 1654 家，比上年同期增加 363 家，同比增长 28.1%。2012 年，重庆市软件行业规模以上企业达 176 家，比上年同期增加 38 家，其中上亿元的企业 34 家，比上年同期增加 6 家。规模以上企业实现营业收入 405 亿元，占全行业营业收入的 70%，平均增速超过 40%，重点企业保持稳定增长对全行业逆势增长发挥了重要支撑作用。

（四）政府扶持政策效应凸显，促进企业发展提速

2012 年，国家出台支持农村水利建设等扩大内需政策，传统行业信息化建设提速，新世纪、博通水利、瑞斯凯特、新媒农信、大唐测控、天极信息等企业订单量均高于 2011 年，实现了 40%以上的增长。同时，2011 年重庆市共有 27 家软件企业获得民营经济专项资金支持，平均增速超过 50%。

（五）园区建设提速，产业集聚放大效应显著

2012 年，重庆市加强产业园区和聚集区建设，突出载体与产业布局融合、突出功能配套和完善，加快软件和信息服务外包、电子商务等产业链的完善和集聚。其中北部新区软件产业园聚集能力进一步增强，园区企业营业收入达到 452 亿元，占重庆市营业收入比例达 50%以上。2012 年 5 月，西部首个“网商产业园”正式开建，目前已入驻网络企业及配套企业超过 160 家，总收入达到 35.5 亿元。

（六）电子商务发展壮大，新增长点正在形成

2012 年 6 月，国家外汇管理总局批复认可了重庆市国际电子商务交易认证项目的认证结汇监管方案，8 月，国家发改委、海关总署等部门正式下文将重庆市列为国家首批跨境贸易电子商务试点城市，重庆市跨境电子商务基本扫清政策障碍。截至 2012 年年底，重庆市累计完成国际电子商务交易认证结汇 6000 万美元。重庆市电子商务交易总额超过 1500 亿元，各类网商达 7 万家，有影响力的网商 7000 余家。

三、面临问题

（一）受国际经济形势疲软影响，部分企业业绩下滑

2012 年，重庆市规模以上企业营业收入同比下降企业 34 家，占全部规模以上企业的 21.52%。软件企业受成本上升、利润下降“两头挤压”的情况十分严重，部分企业没有在产品研发、技术、人才等方面及时做出调整以适应市场变化，导致业绩有不同程度下滑。

（二）企业研发力量薄弱，创新能力较差

重庆市软件企业存在着在产品核心技术研发、大型信息系统集成与运维、市场推广与应用等环节投入力度和实施创新方面不足的问题，研发能力强，创新速度快的龙头企业相对较

少，整体实力偏弱。

（三）产业发展不均衡，区县软件产业发展较为缓慢

重庆市从事软件和信息技术服务业的企业布局集中，主要分布在主城区，以两江新区、北部新区、九龙坡区、沙坪坝区为主，区县产业发展规模小，增速较慢。

（四）行业统计还没有实现应统尽统

重庆市集成电路研发及设计、生产企业尚未纳入统计范畴，如中航工业集团、惠普、宏碁、富士康等企业的系统集成研发、设计、销售部分应考虑进行科学、合理的统计。

四、2013年展望与目标

（一）工作思路

按照“十八大”精神、“314”总体部署、国务院3号文件和走新型工业化道路的总体要求，全面实践科学发展观，进一步解放思想，扩大开放，深入贯彻落实《关于推进新型工业化实施意见》精神，以“国际离岸云计算试验区”和“国际电子商务结算中心”两大龙头项目建设为载体，以招商引资为抓手，以融合创新为动力，促进云计算、电子商务及互联网、软件信息服务外包、行业应用软件、数字内容五个领域同步发展，快速做大做强软件和信息技术服务产业。

（二）发展目标

到2013年年末，重庆市软件和信息技术服务业营业收入力争达到1200亿元，其中软件业务收入800亿元，从业人员达到15万人，在全国排名进入前十位；培育35家年销售收入超过亿元的重点骨干软件企业；产业规模进一步扩大。将“国际离岸云计算试验区”建成为重庆与国内18个主要城市的直达传输通道；40万台服务器投入运营。“国际电子商务结算中心”力争实现全年认证结算量突破5亿美元，电子商务收入达200亿元。

五、2013年重点工作

（一）继续实施“百团千日”招商引资工程

继续贯彻落实渝办发〔2010〕63号文件精神，统筹重庆市的软件信息、云计算、电子商务产业招商引资工作。组织专业招商团队、精心策划、主动出击，努力吸引国内外相关知名企业总部或重要分部（或核心技术）入驻重庆，实现重庆市区县园区产业优势互补、协同发展。

（二）继续实施“国际直连传输光缆工程”和“国内数据直达传输工程”

根据云计算产业总体布局和“国际信息港”建设规划，继续实施“国际直连传输光缆”和“国内数据直达传输”两个工程，加快有关园区市政、电力、燃气、信息安全防护等配套基础设施建设，为企业入驻园区提供良好的基础条件，推动“国际离岸云计算试验区”落户项目建设。

（三）全面启动重庆市跨境外贸电子商务服务试点项目建设

完成软、硬件平台搭建并与相关监管部门平台系统对接，协调重庆海关、电子口岸办、国税局等相关部门，突破政策瓶颈；扎实做好客户需求及监管规范调研工作，编制业务推广及技术实施总体规划方案，快速推动试点项目成为国内领先的明星工程。

（四）实施电子商务应用“三进”工程

大力开展电子商务应用进企业、进农村、进学校“三进”工程。积极开展针对汽摩、装备制造、医药等支柱产业的电子商务应用示范，培育与重庆市传统产业紧密相连的电子商务应用体系；鼓励信息通信服务商积极扩大农村信息网络覆盖面，开展电子商务应用进农村培训；鼓励学校加强学科专业研究，结合市场需求，培养方向对口、实践能力较强的“一专多能”的电子商务专业应用型人才，搭建校企合作的校园生产性实训基地和电子商务创业孵化基地，孵化培养电子商务创新人才和创新企业。

（五）实施“软件蓝、白、金人才培养工程”和“创新创业实训基地”项目

继续开展“软件白领千人培养工程”、“软件蓝领万人培养工程”、“软件金领百人深造工程”等各级人才培养工程，扩大校企合作定制培养模式范围，扩大创新创业实训基地培养孵化范围规模，提升重庆市软件和信息技术服务业人才储备。加强国内外高端人才引进工作。做好人才信息平台搭建，人才数据库建设维护相关工作，促进重庆市软件和信息技术服务业人才蓄积。

2012年四川省软件和信息技术服务业发展概况

2012年，四川省软件和信息技术服务业高速发展，产业布局逐步优化，产业环境大幅度改善，创新能力进一步提高，呈现出以下特点。

一、运行特点

（一）产业继续高速发展，规模不断扩大

2012年，四川省软件和信息技术服务业实现软件业务收入1316.5亿元，同比增长27.1%，软件业务收入列中西部第一位，占整个西部的52.8%。目前，四川省软件和信息技术服务业从业人员近16万人。

通过认证的软件企业1203家，已登记的软件产品4831件，系统集成资质企业197家（一级6家，二级28家，三级110家，四级53家）。四川九洲电器集团有限责任公司、四川东方电气自动控制工程有限公司、成都金山数字娱乐科技有限公司、四川托日信息工程有限公司4家企业入选2012全国软件百强行列；川大智胜等5家企业列入国家规划布局内重点软件企业。

（二）集聚效应凸显

凸显出以成都为中心，成、德、绵共同发展的格局，以园区建设为重点形成集聚效应：以国家软件产业基地（成都）、国家集成电路设计成都产业化基地、国家信息安全成果产业化基地（ 四川）、国家数字娱乐产业示范基地和武侯科技工业园、青城山软件产业基地、绵阳科创软件园主要聚集区的产业带初步显现。成都被授予“中国软件名城”称号，进一步促进了产业向成都这个省内首位城市的集聚发展，“中国软件名城”创建工作已成为四川省推动软件和信息技术服务业发展、提升两个能力建设的重要抓手。

（三）产业结构优化

伴随着下一代互联网、移动互联、物联网、云计算、大数据等技术的发展，四川省进一步调整、优化软件和信息技术服务业的产业结构，信息技术服务类比重逐渐增大，2012年，信息系统集成服务、信息技术咨询服务、数据处理和运营服务等信息技术服务收入占四川省软件业务收入的52%。随着信息化建设速度的加快，信息化应用更加广泛，企业服务范围和系统能力均得到了提升：一批分销和系统集成企业向咨询、研发和运维服务两端延伸；基于云计算、移动互联的服务内容与模式不断丰富；数字内容、动漫游戏、网上认证支付、信息平台服务等企业蓬勃兴起。

（四）提升创新能力

创新能力是软件和信息技术服务业发展以及两个能力提升的关键，近年来四川省着力引

导提升产业创新能力。四川省一是积极引导促进开发新的软件，提升软件产品登记数量，并加强知识产权保护，推进软件正版化。二是提升骨干企业的创新能力和承担重大信息化项目的能力，九洲集团、国腾集团、攀钢信息、东汽自控4家企业进入中国软件百强企业行列；四川川大智胜软件股份有限公司、成都索贝数码科技股份有限公司、成都任我行软件股份有限公司、迈普通信技术股份有限公司、成都金山数字娱乐科技有限公司列入国家规划布局内重点软件企业；银海、勤智数码、创意等企业进行了 ITSS 标准符合性评估。华为数字、久远银海、创立、三零盛安、格瑞特、三泰电子、卫士通、川大金键、中科信息、华日、汉康、林海等企业均成为行业信息化的重要力量。三是注重发挥四川省的科研教育和人才优势，促进其与产业创新发展相结合。目前四川省开设信息技术相关专业的大专院校114所，电子类在校学生7.55万人，国家重点实验室11个，省部级重点实验室51个，国家工程技术中心13个，国家企业技术中心27个。2012年四川省软件企业研发投入同比增长28.3%。

（五）促进与传统IT制造业的融合

传统IT制造企业逐渐“软化”，依托其原有的雄厚实力带动软件和信息技术服务业发展，提升软件能力和系统能力。同时软件和信息技术服务业也成为提升传统制造业的重要手段，以及工业化与信息化两化融合的催化剂。在长虹的智能手机、三网融合产品，九洲的卫星系统、数字产品，金网通数字电视网络与终端产品中，软件开发逐渐成为企业核心竞争力之一。而东电自控则成为传统制造业与软件紧密结合的代表。

（六）加快公共服务平台建设

为加快软件和信息技术服务业的发展，提升两个能力，在各级政府的支持与参与下，四川省先后建立了国家软件基地（成都）公共技术支撑平台、移动互联网公共服务平台、公共服务信息系统、软件测试中心、信息安全测评中心、软件外包平台、数字娱乐软件开发平台、软件人才培训联盟公共服务平台、软件投融资平台等公共平台，为企业尤其是中小企业发展提供助力。

（七）项目资金支持力度加大

近年来，四川省在战略性新兴产业、技术创新、两化融合、技术改造、中小企业发展资金等财政资金中，对软件和信息技术服务业给予大力扶持。四川创立公司“基于云计算的移动互联网快速开发系统及服务平台”、卫士通公司“安全云产业化”、公用信息“基于云计算和物联网技术的智慧城市（社区）产业化应用项目”、川通服公司“基于云计算的专网资源管理系统”、川大智胜“基于物联网的城市综合智能交通系统”等107个项目获6.5亿元支持。成都国腾软件资源有限公司“产业园区数字化经营管理平台”、成都航利航空科技有限责任公司“民用航空产品数字化制造线一期工程技术改造项目”等项目列入四川省2012年工业转型升级导向计划重点项目。成都华日通讯技术有限公司、迈普通信技术股份有限公司被推荐为四川省工业企业品牌培育试点企业。“安全产品”、“行业应用软件”、“工业软件”、“数字娱乐”、“信息技术服务”等列入四川省重点产品。

二、存在问题

（一）产业集中度不高，企业小而散

据抽样统计，在已认证软件企业中，人员规模在 50 人以下的企业占 65.8%，1000 人以上的企业仅占 0.3%。销售收入超过 1000 万元的企业占 19%，上亿元的企业仅占 3%。

（二）缺乏龙头企业，业务联结与配套性差

企业各自为战，缺乏合理的分工与协作。尤其缺乏在产业链上起带头作用和集聚效应的龙头企业。

（三）人才结构不合理

不仅技术人才存在数量和层次问题，同时经营、管理、营销、金融、法律等复合型人才缺乏。

（四）资金渠道缺乏

融资平台少，上市公司少，中小企业融资困难。

（五）成本上涨较快

2012 年四川省软件业主营业务成本 951.2 亿元，同比增长 18.6%。劳动力价格上升加快，行业工资总额增长 43%，四川作为西部省市人力资源成本优势正在削弱。

（六）承担两化融合黏合剂的能力有待提高

四川省软件和信息技术服务业企业在改造传统产业、促进两化融合方面做出了极大贡献，随着传统产业升级步伐的加快，软件企业需积极提高软件能力与系统能力，满足利用信息技术改造传统产业的需要。

三、2013 年工作重点

（一）工作思路

深入学习落实十八大精神，坚持走中国特色新型工业化、信息化、城镇化、农业现代化道路，瞄准软件和信息技术服务业技术更新快、产品附加值高、应用领域强广、渗透能力强、资源能耗低、人力资源利用充分等突出特点，充分发挥产业基础性、战略性、先导性优势，以“中国软件名城”建设为抓手，尽快做大做强，为推动信息化和工业化深度融合，加快经济方式转变和产业结构调整，提高国家信息安全保障能力和国际竞争力提供有力支撑。

（二）主要目标

2013 年，完成主营业务收入 2200 亿元，同比增长 25%，软件业务收入 1640 亿元，同比增长 25%，实现增加值 770 亿元，同比增长 25%，均位于全国前列，占西部软件业务收入的

50%以上。累计认证软件企业超过 1230 家，软件产品登记超过 5000 件。系统集成资质企业超过 180 家。

（三）保障措施

狠抓软件名城建设、政策落实、园区建设与龙头企业、示范工程与特色领域、行业创新、开拓市场、运行监测等工作，确保完成全年目标，推动产业再上新的台阶。

1．“中国软件名城”建设

加快“中国软件名城”建设力度，力争四川省软件业务收入占全国比例有所增长；积极争取早日设立“中国软件名城”建设专项资金；积极争取四川省战略性新兴产业、技术改造等资金对软件项目的支持；积极做好项目储备，做好国家电子发展基金等项目的申报工作，尽可能争取国家专项的支持。

2．政策落实

积极落实国务院《进一步鼓励软件产业和集成电路产业发展的若干政策》，积极推动出台四川省相关政策措施；做好“双软”认证、软件测试等基本工作，保证国家优惠政策落到实处。

3．园区建设与龙头企业

以天府软件园、武侯区西部智谷、都江堰软件产业园、绵阳软件园为主体园区，中国移动无线音乐基地及成都东区音乐公园、成都金牛高科技产业、成都（双流）物联网产业园、内江惠普园区为专业园区，加快园区支撑平台建设。

大力培养大企业，发挥龙头企业集聚效应，完善大数据、移动互联、物联网、云计算等产业链，促进产业发展。

4．示范工程和特色领域

结合战略性新兴产业与“7+3”产业发展，2013 年争取在装备制造、新能源、食品饮料制造与流通等行业建立 2～5 个软件技术应用示范工程和示范生产线，推动软件企业参与传统产业改造升级；推动智能电网、智能交通、金融后台、移动互联等特色领域的突破和发展，鼓励软件企业在行业应用软件、系统集成、信息技术服务、IC 设计等领域做大做强，做精做深。

5．行业创新

鼓励本土企业积极创新，注重品牌建设。积极推动软件产品测试与登记，鼓励企业参加“中国软件百强”评选，扩大知名度；鼓励企业积极研究、探索软件和信息技术服务业新的产业形态、经营模式。

6．开拓市场

配合相关部门做好一年一度的成都“软洽会”相关工作，搭建交流与展示平台，继续扩大四川软件在国内外的影响，巩固软件高地地位；组织企业利用 “软博会”、“软交会”等平台积极开拓市场，同时鼓励企业走出国门。

7．运行监测

加大统计工作与统计队伍建设力度，认真做好行业运行统计监测工作，客观、及时地反映行业运行态势；发现异常，及时应对，并为决策提供依据。

2012年云南省软件和信息技术服务业发展概况

一、基本情况

2012年，云南省在统软件和信息技术服务业企业103家，实现软件业务收入54.69亿元，同比增加16.78%；实现利润2.89亿元，同比增长32.57%；上缴税金2.62亿元，同比增长19.63%；固定资产投资额1.49亿元，同比增长52.04%；从业人员10823人，同比增长25.09%；劳动者从业报酬9.62亿元。软件业务年收入上10亿元的企业有南天信息和云南通服，软件业务收入上亿元的企业有8家，分别是南天信息、云南通服、昆船物流、云电同方、邮电工程、能讯科技、南天网络、电信公众，其中前三家是连续多年的全国软件百强企业，软件业务收入上千万元的企业有52家。

（一）软件产品收入略升

软件产品收入在整个软件业务收入中占比为12.85%，2012年完成软件产品收入7.03亿元，同比增长2.63%。

（二）信息系统集成服务收入稳步增长

信息系统集成收入占整个软件业务收入的75.61%，2012年全行业完成信息系统集成收入41.35亿元，同比增长18.41%。

（三）信息技术咨询服务收入稳步增长

信息技术咨询服务收入占整个软件业务收入中的1.83%，2012年实现信息技术咨询服务收入1亿元，同比增长23.45%。

（四）数据处理和存储服务收入稳步增长

数据处理和存储服务收入占整个软件业务收入的9.12%，2012年完成数据处理和运行服务收入4.99亿元，同比增长29.27%。

二、基本特点

2012年云南省扎实推进桥头堡信息化建设，加强信息化规划及政策体系建设，编制实施《“十二五”电子政务发展规划（2011—2015年）》、《中国面向东南亚、南亚桥头堡通信枢纽建设规划》等一系列政策文件。推进“双软”认定，认定软件企业30户，软件产品222件，推进云南与美国微软公司合作，云南省政府与微软公司签署了合作备忘录。云南省被列为全国区域“两化”融合试点省之一，以大通关、大质量、大交通为主题的电子政务和桥头堡基础支撑课题研究取得先期成果。推动电子政务转型服务，推进各领域信息化建设，完善电子服务信息化平台建设，推进政府信息公开及96128政务服务专项检查行动。

南天信息、云南通服、昆船物流三家企业连续多年被评为“中国软件百强企业”。表 1 所示是近 3 年 3 家云南省百强企业的排名情况。

表 1　近 3 年 3 家云南省百强企业的排名情况

序号	单　位　名　称	2010 年	2011 年	2012 年
1	云南南天电子信息产业股份有限公司	56	64	52
2	云南省通信产业服务有限公司	78	52	78
3	昆明昆船物流信息产业有限公司	84	87	99

2012 年 3 家百强企业软件业务收入 30.42 亿元，占云南省软件企业收入的 55.62%，51 家软件业务收入上千万元的企业收入 52.34 亿元，占云南省软件企业收入的 95.7%。云南省统计内软件企业 103 家，有 102 家在省会城市——昆明。

（1）南天信息与中国银行、建设银行、农业银行、交通银行等客户保持并开拓了软件外包和数据中心外包服务业务，为国内主要银行开发大中型应用软件并推广应用，启动了基于云计算的开放式银行业务系统，为加强我国金融系统安全提供了更多的选择；引进 IBM 作为咨询顾问，开展了战略目标与业务梳理、组织架构设计等工作，针对业务升级和转型进行了认真规划；在软件方面，加大对新一代银行前端开发平台 ABS、面向中小银行主机核心系统等项目的投入；南天信息还承接了邮政金融国际业务整合项目，受国家邮政局委托承担邮政系统统一版本的运行维护工作，该系统是支撑邮政储蓄全国中心和 31 个省（市、自治区）中心的核心业务系统。2012 年实现软件业务收入 12.93 亿元。

（2）云南通服全面开展系统集成、网络维护、软件开发、语音增值、声讯服务和 IT 产品销售等业务，该公司先后承揽了云南省农村中小学现代远程教育、云南省电子政务一至四期、云南省无线电监测网等具有重大影响的大型网络项目实施工作，以及云南省电子政务 Internet 门户网数据存储备份项目，云南省电子政务网、云南省无线电管理委员会无线监测网等网络系统的维护工作，同时承担了云南电信 IT 系统支撑维护和昆明电信通信网络的维护工作，还实施了昆明、大理等地平安城市，招商银行云南省分行视频会议系统、云南省红云集团视频会议系统项目。2012 年实现销售收入 10.19 亿元。

（3）电信公众具有云南信息港、电信短信平台、企业呼叫中心、企业集团彩铃、IPTV（互联网电视）等优良的“三屏融合”信息交互通道，运用“三网融合”与“三屏融合”的业务运营支撑能力，以及相关资源的整合能力，依托电信的网络和业务平台进行“新业务和运营服务”业务的开发与合作，“阳光采购网”是一个提供给“阳关采购网”会员企业的商务合作与商务活动的“一站式”信息交互服务平台。

（4）东讯科技开发建设了在国内具有创新性和领先性的“云南省基层网络党建平台”，开发的“中国中小企业云南网”为云南省内外的中小企业提供了从电子商务、政府服务到企业信息化的全方位服务。东讯科技的“云南省中小企业网上融资服务平台”依托云南省工商局全省企业数据库，有效地解决了云南省内中小企业融资难的问题，“GMS 企业电子商务平台”是一个立足云南、连接内地、辐射 GMS 及东盟区域的国际企业服务及电子商务贸易平台，开通了英、中、泰、缅、越、老、柬 7 个语言版本，是 GMS 区域规模最大、信息最全、企业最多的大型国际电子商务平台。

三、存在的问题

一直以来困扰云南省软件企业的问题为：企业规模小、在云南省经济总体中所占的份额过低，缺乏高端和核心技术，2012 年云南省软件企业仍然存在高端软件研发人员紧缺和企业融资困难的问题。

四、下一步工作

在新形势下，云南省电子信息产业应把握好“桥头堡战略”和“新一轮西部大开发”契机，坚持走新型工业化道路，以增强自主创新能力为动力，巩固存量和扩大增量并重，改造提升传统优势产业，培育战略性新兴产业，促进信息化与工业化融合，推进节能减排，不断增强电子信息行业的核心竞争力和可持续发展能力。2013 年按照云南省省委、省政府的要求，软件和信息技术服务业软件业务收入将按照 15%的增长率增长，达到 62.89 亿元，实现利润 3 亿元。

（一）构建特色鲜明的现代电子信息产业体系

遵循产业发展自身规律，统筹考虑区域资源环境承载能力、产业基础和发展优势，大力培育电子信息、新能源、新材料、节能环保等战略性新兴产业。积极支持以红外及微光夜视和物联网、云计算、物流信息、软件和信息技术服务等为重点的新一代信息技术产业，加快发展光伏、半导体照明、红外及微光夜视产业链，促进电子信息产业转型升级；发展以太阳能为重点的新能源产业，加快培育以锗、铟、硅、钛、镁、镓等稀贵金属为代表的光电子材料，着力打造稀贵金属新材料产业链，建设一批国家级的重要新型材料产业基地；以环保装备制造、资源综合利用和环保服务为重点，发展节能环保产业。

（二）提高自主创新能力和名品、名牌创建能力

突出企业自主创新主体作用，推动企业成为技术创新投入的主体。围绕培育战略性新兴产业，整合企业、科研院所和大专院校研究资源，合力推动重大关键技术的突破和成果转化。建成一批重大科技创新基地和公共服务平台，培育一批创新基地，全面提升科技创新能力。实施品牌战略和标准化战略，大力培育品牌企业和品牌产品，推动云南省更多产品向省级、国家级品牌跃升。加强产品质量标准体系建设，鼓励企业采用国内外先进管理方法和技术，引导企业导入卓越绩效管理模式，争创云南省政府质量奖，切实提高企业的质量安全管理能力。

（三）推动工业化与信息化深度融合

以推动主题式建设项目为抓手，通过大项目带动业务协同和资源共享。推进云南省电子政务建设转型，推进公共业务信息平台建设，提高公共技术中心建设，推动与微软的合作项目，抓好“小语种”软件研发及产业化项目、“云+端”实验室等项目的落地工作，制定云南省三网融合工作的具体方案，稳步推进昆明市三网融合试点工作。加强网络与信息安全保障工作，夯实云南省网络与信息安全基础设施，健全电子认证服务体系。

（四）支撑桥头堡建设

发挥云南省与周边国家信息化总体水平的比较优势，把握网络通信技术发展趋势，建设内联大西南、面向东南亚和南亚的通信枢纽和区域信息汇集中心。完成沿边、沿线、口岸地区光纤、有线与无线宽带网络、3G 网络、广播电视网络全覆盖。完善电子商务基础设施及配套的现代物流体系，建成覆盖云南省的多尺度、多种类基础地理空间数据库、相关专题数据库及公共服务体系，提供多功能、多层次的公共地理空间信息服务。推进现代物流服务和信息平台建设，把昆明建设成为面向东南亚、南亚的国际信息中心，建设成为全国性物流节点城市和区域性国际物流中心。

2012年陕西省软件和信息技术服务业发展概况

软件和信息技术服务业是国家战略性新兴产业的重要组成部分。陕西作为全国电子信息技术强省，是国内最早从事软件产品研发、生产和服务的省份之一，近年来产业规模迅速扩大，聚集效应不断显现。

一、基本情况

2012年，全国经济形势出现下行趋势，陕西省软件和信息技术服务业增速在第三季度出现小幅放缓，但在第四季度增速回升，仍然保持了35.1%的同比增长。

2012年，陕西省软件和信息技术服务业实现软件业务收入490.8亿元，同比增长30.2%；软件出口3.81亿美元，同比增长30.9%。

（一）软件业务收入

2012年，陕西省实现软件业务收入490.8亿元，同比增长30.2%，其中软件产品收入137.8亿元，同比增长33.7%，占总业务收入的28%；信息系统集成服务收入154亿元，同比增长30%，占总业务收入的31.4%；信息技术咨询服务收入116亿元，同比增长28.2%，占总业务收入的23.7%；数据处理和存储服务收入16亿元，同比增长28%，占总业务收入的3.3%；嵌入式系统软件收入45亿元，同比增长27.1%，占总业务收入的9.2%；IC设计收入21.7亿元，同比增长30.5%，占总业务收入的4.4%。

（二）软件出口

2012年，陕西省软件出口累计完成3.81亿美元，同比增长30.9%，其中软件外包服务出口3.3亿美元，嵌入式系统软件出口0.53亿美元。

二、运行特点

（一）收入平稳增长，利润略有下降

2012年，软件产业实现利税总额61.9亿元，同比增长31.9%，其中利润增速较2011年同期略有下降，其原因与人力资源成本上涨有关。

（二）IC设计收入增势明显

IC设计全年收入突破20亿元，同比增速有较大提升，达到30.5%，陕西省现有集成电路企业70多家，其中设计企业40多家，制造封装企业8家，设备制造企业8家，测试与分析中心3个，相关科研机构约18个，形成了以西安高新区为核心的集成电路产业聚集区。其中，英特尔、闻泰、芯意半导体、华芯等一批研发设计能力较强的企业增长较快，加之三星项目落户西安及其所带动的上下游企业入驻，预计将在未来两年进一步拉升该项收入比重。

（三）新一代信息技术产业发展迅速

经陕西省政府同意，于 2012 年 5 月 28 日发布了陕西省云计算产业发展规划，明确了云计算产业的发展重点。西安高新区成立了“西安云计算企业联盟”，凝聚了 40 余家云计算相关企业团体，云计算产业初步实现规模化、集群式发展，全年相关收入已超过 10 亿元。在陕西省西咸新区启动了大数据处理与服务产业园项目建设，吸引了中国联通、中国移动、中国电信等电信运营商投资建设数据中心与运营服务基础设施，并促成了全国人口信息处理和备份（西安）中心项目落户西咸新区。

三、产业综合情况

（一）企业创新能力进一步增强

目前陕西省本地软件企业总数 1136 家，年营业收入超过千万元的企业达到 132 家；年营业收入超过亿元的企业达到 16 家。从业人员 10.6 万人，2012 年吸纳高校毕业生 5200 人，引进海（省）外高端人才 560 人。全年新增专利数 725 件，新增“双软”认定企业 43 家，累计 775 家；新增高新技术企业认定 22 家，累计 239 家，企业创新实力不断强化。

（二）大项目带动战略卓有成效

以世界 500 强、软件百强为重点，定向引进一批科技含量高、带动作用大、市场前景与经济效益好的高端产业和产业关键技术项目，成果显著。其中，2012 年西安高新区共引进国内外知名企业 16 家，均为业内领军企业，其中包括微软、NTT 数据、美国高通、法国施耐德、艾默生 5 家世界 500 强企业；A 股上市企业浙大网新；国家规划布局内重点软件企业江苏润和；中国领先的数字音频制造商及全球性规模经营的消费类电子企业 TCL 设立西北区域总部及研发中心和西安 TCL 软件开发有限公司；中国著名购物网站北京百度网讯科技有限公司成立西安分公司；西安思科特（SKT Lab ）软件有限公司与韩国电讯（SKT）西安研究室投资 500 万美元成立合资公司。尤其值得一提的是 2013 年 4 月 8 日在西安高新区落户签约的华为中软 1 亿元合资项目，该公司 3 年内营业收入将达到 36 亿元，员工达到 2.6 万人。

（三）金融服务向专业化靠拢

促成陕西省首家“小微企业金融合作社”成立，“小微企业金融合作社”借助中国民生银行的优质资源，为小微软件企业提供贷款授信、利率优惠、快速审批，以及互助贷款等服务，搭建起银企交流、共享和协作的平台，助力小微软件企业发展。

四、“十二五”发展目标

（1）产业规模目标：产业规模持续稳定增长。“十二五”期间年均增速保持 30%的水平，到 2015 年，陕西省软件服务业总收入达到 1500 亿元，实现出口 8 亿美元，税金总额 50 亿元，千人以上企业达到 20 家，从业人员 15 万人，成为国内重要的软件和信息技术服务业基地。

（2）产业结构目标：产业结构趋于优化。形成以产品研发设计为基础，物联网关键环节为先导，云计算应用为核心，服务外包为重点的四大产业协同发展的软件与服务外包产业集群。在芯片研发设计、嵌入式软件、移动互联网应用、传感器和信息安全产品等领域确立竞争优势，服务外包产业在国内居领先地位。

（3）企业发展目标：培养一批龙头骨干企业，打造一批产品服务品牌。到 2015 年，陕西省将汇聚 2000 家国内外软件和信息技术服务企业，其中，年收入上亿元的企业超过 50 家，10 亿元以上的企业超过 10 家，培养出 2 家规模超过 100 亿元的企业。培育 20 家国内知名企业、50 个国内知名软件和服务精品。

（4）人才培育目标：人才梯队逐步合理。在吸引高端人才方面，争取到 2015 年引进 50 名国际一流的高技术领军人才和 500 名高层次留学人员，通过培养和引进等多种途径，逐步缓解高层次、复合型人才紧缺的结构性矛盾，形成高、中、低端层次合理、结构优化的软件与服务外包人才队伍，到 2015 年从业人员要达到 15 万人。

2012年宁夏回族自治区软件和信息技术服务业发展概况

宁夏回族自治区（以下简称“宁夏”）软件产业在国家和自治区政府的大力支持下，在《关于印发进一步鼓励软件产业和集成电路产业发展若干政策》（国发〔2011〕4 号）和《关于支持宁夏区软件产业发展若干意见》（宁政发〔2010〕98 号）等一系列政策的鼓励下，以建设宁夏内陆经济开放试验区、经济结构调整、新一轮西部大开发、发展战略新兴产业等为契机，实现快速发展。软件企业认定、软件产品登记量再创最好成绩，为宁夏软件产业奠定了良好的基础。

一、基本情况

2012 年宁夏软件产业累计完成软件业务收入 64244.6 万元，同比增长 21.2 %，继续保持平稳、快速发展。其中，软件产品收入 22659.8 万元，同比增长 1.4%，占软件业务收入的 35.3%；信息系统集成服务收入 31278.1 万元，同比增长 60.5%；信息技术咨询服务收入 2811.9 万元，同比降低 7.5%；数据处理和运营服务收入 2643.5 万元，同比降低 5%；嵌入式系统软件收入 4851.3 万元，同比降低 6.5%。截至 2012 年年底，宁夏认定软件企业达到 78 家；登记软件产品 423 件；认证计算机信息系统集成企业 19 家，其中二级 1 家、三级 9 家、四级 9 家；认证信息系统工程监理资质单位 2 家，全为丙级。宁夏新软件园占地 100 亩，总建筑面积约 14.9 万平方米，共建 13 栋楼，其中，1 栋 16 层主楼，12 栋副楼。截至目前已经完成主体大楼和主要副楼建设，已完成投资 3.8 亿元，完成工程量的 70%。

2012 年认定软件企业 31 家，同比增长 121.4%，累计达到 83 家；登记软件产品 117 件，再创历史最好水平，同比增长 52%，累计达到 423 件；完成 52 家软件企业的年审；26 家计算机信息系统集成企业和信息系统工程监理单位的年检、申报和换证；40 名高级项目经理和监理工程师的变更、申报和换证。

二、主要问题

（一）人才缺乏成为制约软件产业发展的关键因素

宁夏软件产业发展的关键因素是技术人才，特别是高层次人才。宁夏高等院校相关专业毕业学生较少，加上待遇低等原因，各企业的技术人才流失较严重，大学生经过两三年的工作学习，掌握一定技术后就会跳槽到发达地区发展，且人才回流不足，使企业引进人才难度加大。缺乏高端人才、技术核心人才，企业发展没有后劲，高端产品无法研究。

（二）融资困难制约软件产业发展

宁夏软件企业大多是民营企业，而且都是中小型企业，资金实力有限，有好项目需要贷款时，由于企业没有固定资产等做抵押，贷款非常困难。另外，软件产业竞争日趋激烈，有些企业回款难度大，进一步加剧了资金紧张程度。由于资金紧张，企业研发投入减少，对高端人才吸引力差，技术积累少，企业开发的高端软件产品较少，阻碍了宁夏软件产业的快速发展壮大。

（三）信息化项目招标对资质要求过高

宁夏信息化建设市场对本地企业的技术、水平不了解，招标中对企业资质等级设置过高的前置性条件，排斥本地企业，招标的资质等级与建设项目金数额之间没有制度性安排，有时甚至故意打压本地企业，致使宁夏许多信息化项目，尤其是一些投资额度较大的信息化项目与品质、价格、服务更具优势的本地企业无缘。其结果是外地企业中标，又反包给本地企业，造成市场竞争不公，地方税收留失。

（四）行政职能需要进一步转变

各相关行政主管部门应进一步提升服务意识，切实转变观念，弱化管理，主动服务，畅通与企业交流的渠道，搭建好企业发展平台，解决影响企业发展的瓶颈问题。例如，制定行业发展规则，避免恶性竞争，破坏行业健康发展；制定人才发展培育规划，为企业发展提供后续动力；引导企业发展具有自己特色的软件和信息服务产业；协调高校根据产业发展需要，增设软件类相关专业，建设适用的软件类特色专业和精品专业；帮助企业争取国家资金支持；支持企业与创投机构、金融机构和担保机构对接等。

三、2013 年展望和目标

（一）依托银川综合保税区建设软件动漫外包基地

通过基地建设，积极吸引国内外知名软件企业和动漫企业，培养宁夏软件企业和动漫企业，勇敢面向国际、国内两个市场，打造具备“保税仓储、出口加工、转口贸易”三大功能的外包基地，实现宁夏软件产业和动漫产业的跨越式发展。

（二）支持银川经济技术开发区 IBI 孵化中心建设

开发区“IBI”孵化中心，即信息（Information）产业孵化中心、生物技术（Biotechnology）孵化中心、知识产权（Intellectual property ）培育孵化中心将成为实现开发区倍增计划和再造工程的重要载体。

（三）建设中阿电子商务平台

中阿电子商务平台由银川方达电子系统工程有限公司投资，计划投资 6000 万元，目前已投资近 3000 万元，启动建设以来，建成了具备中文、阿语和英语三种语言的电子商务平台，实现了中阿电子商务在线支付、交流、搜索、广告等服务功能。

（四）做好自治区软件人才培训项目

软件产业发展得依靠高素质人才，需要高校、服务机构和有关企业建设宁夏软件学院，培养适应宁夏软件产业和信息化发展的不同层次人才，同时兼顾宁夏各级党政部门、企事业单位的信息化专业、管理人才和软件开发人才的培养，提升软件产业研发人才的能力，优化软件产业发展的知识环境。

（五）借助十一届中国国际软交会平台推广宁夏软件产业

中国国际软交会目前是中国软件产业最高级别的交易会，通过参加软交会，使宁夏软件企业进一步获取学习和宣传的机会。在参加 2013 年软交会期间，宁夏积极协调大连市工信局，吸引大连市有实力的软件企业扎根宁夏开拓西北市场，鼓励宁夏软件企业从大连吸引高层次的软件人才，尝试联合培养软件开发人才，以充分利用大连软件技术和软件人才的优势。

（六）推进两化融合项目

大力鼓励发展工业软件，提高工业信息系统集成服务能力，创造两化融合的技术条件。围绕工业企业发展战略目标，做好工业企业信息化需求的摸底和储备，做好工业企业和软件企业的联谊活动和交流平台，真正实现工业项目和软件项目的同设计、同规划、同建设、同运行，提高宁夏工业化与信息化深度融合的水平。

相信在工信部和自治区党委政府的正确领导下，宁夏的软件产业一定会实现特色发展、快速发展、全面发展，为实现与全国同步进入小康社会贡献智慧和力量。

2012年大连市软件和信息技术服务业发展概况

2012年，在国内外经济形势持续严峻，产业结构加速调整，产业升级日趋迫切的大背景下，大连市软件和信息技术服务业紧紧围绕“五项工程”核心任务，做好产业运行监测与行业管理等基础性工作，抓好软件技术应用、新产品创新和产业集群发展等重点工作，全年产业仍然保持了平稳、快速的增长态势。

一、基本情况

受中日关系持续紧张、欧债危机、投资需求拉动减弱、宏观政策调整等不确定因素影响，大连市软件和信息技术服务业继续坚决贯彻执行2011年颁布的《大连市软件产业统计工作制度》，扩大行业统计范畴，在市、区、企业三级统计制度的基础上顺利完成了行业发展“五项工程”的目标。全年实现销售收入1026亿元，比上年增长45.5%，实现出口34亿美元，比上年增长29.6%；从业人员17万人，企业1474家。从业务结构上看，国内市场占78.2%，出口占21.8%，随着统计范畴的不断扩大，整个产业继续保持良好的发展势头。

（一）销售收入构成与分析

2012年度，大连市实现软件业务收入1026亿元，同比增长45.5%，出口34亿美元，同比增长29.6%。其中，软件产品收入400亿元，系统集成服务收入124亿元，信息技术咨询服务收入197亿元，数据处理和运营服务收入216亿元，嵌入式系统软件收入85亿元，集成电路设计收入3亿元。软件产品收入占总收入的比例增大，其他业务收入占总收入的比例均略有下降，这充分说明产业结构调整取得了一定的成效，自主研发和创新工作取得新突破。

（二）软件出口构成与分析

软件业务出口由于国际关系局势的恶化，出口销售收入达到34亿美元，同比增长29.6%，增幅下降。其中，软件服务外包出口占84%，嵌入式系统出口占4.3%，嵌入式系统软件出口同比下降5.3个百分点，这与嵌入式系统软件收入增幅下降有关。软件服务外包出口同比上升3.5个百分点。在出口收入中，对日出口虽然仍是主体，但欧美外包收入比例与2011年相比有所增加，信息咨询类出口收入也在增加，这说明大连的软件外包在逐步走向高端。

（三）企业构成与分析

通过调整统计工作方法，大连市从事软件和信息技术服务业相关的企业有 2000 多家，纳入统计范畴的企业1474家，与2011年同期相比，增长达65%。纳入统计范畴的企业中外资企业有300多家，60多家世界著名跨国公司在大连设立了研发中心、呼叫中心和信息技术服务中心。百人以上规模的企业500多家，千人以上规模的企业达18家。这说明大连企业数量和规模都有新的突破。

（四）人力资源构成与分析

从人员规模来看，截至2012年年底，从业人员达17万人，同比增长31%。软件开发人员13万人，占总人数的77%，比上一年度略有增加；而管理人员3万人，占总人数的17%，与2011年持平。从人员的学历结构看，研究生以上学历的人数增加，占人员总数的10%，比2011年下降了3个百分点；本科生占77%，比上年下降了1个百分点，其他为大专以下人员，这与统计范畴的进一步扩大有直接关系。这说明大连对人才的需求缺口仍然较大，特别是高端人才的需求量将随着业务的发展继续增加。

二、运行特点

（一）加大产业转型与技术创新的引导和扶持力度

继续搭建两化融合对接平台，推动软件技术在传统工业、各行业信息化建设中的应用。组织软件企业参与造船、互感器、移动通信、汽车等领域的省市项目对接活动。争取国家、省扶持资金1000多万元，市区两级投入软件企业的研发扶持资金超过亿元，新登记300多件具有自主知识产权的软件产品。**继续开展扶大做强和扶小做大工作**，启动实施了大连市软件和信息技术服务业面向大中企业的“企业创新中心（技术联盟）扶持计划”和微小企业的“创新成长计划”，确立了电机自动化、飞机数字化制造、云计算、通信、软件架构5个领域的软件创新中心，组建了航海电子、智能交通2个软件技术联盟，严格筛选了1家企业列入成长计划。通过资金引导，鼓励有条件的企业开拓国内市场，转型发展，本年度1000万元专项资金支持41个企业在航运物流、药品监督、公共事业、工业控制、教育、节能控制、金融、电子商务等领域的自主创新项目，带动企业自有资金研发投入1.3亿元。目前，大连市软件外包业务占总量的比重已由“十一五”期间的33%下降到现在的24%，国内市场比重逐年上升。

（二）推动重大项目，培育新兴业态，打造软件和信息技术服务千亿元产业集群

高新区千亿元产业集群发展较快，基础设施建设进展顺利，大连设计城、集电大厦投入运营，海事大学科技园、亿达信息谷、华信国际软件园、船舶设计港等重点工程建设进展顺利，火箭院航天软件研发产业园、大连电子商务产业园、中国再生资源交易所、中国电信北方中心项目启动建设。省、市、区共建的大连市软件和信息技术公共服务平台建设完成且投入运营。

重量级大项目落户集群，新引进了德国阿迪达斯亚太区财务共享中心、美国辉瑞财务共享中心、印度英孚瑟斯研发中心和日本三井物产呼叫中心等外资项目，使集群中世界知名大企业投资的项目达到92个。加大了国内大企业的引进，东北亚现货商品交易所投入运营，鞍钢工控软件公司、北良港集团总部、东北特钢软件研发中心、华电重工煤化工设计院等国内重点大企业的高端项目也落户集群。

新兴业态拓展顺利。网络产业、数字内容、工业设计、云计算等业务成长较快，网络电子商务类企业达到338家，动漫企业达到159家，工业设计企业达到105家，华信、东软、海辉等大企业涉足云计算技术，在“健康云”、“培训云”、“物联网监管云”，“软件测试云”和云数据中心等方面进行技术研发与项目构建。

集群中产业聚集度不断加强。软件和服务外包企业总数达到1092家，占大连市的80%，从业人员达到11.6万人，占大连市的90%。

（三）积极培育企业核心竞争力，推动产业升级

加大对重点企业的关注度和扶持力度，积极争取各级政府的支持，培育和树立大连市及企业的品牌和知名度。2012年，大连市企业获得了多项国家级荣誉，在市场开拓等方面取得了较好成绩。华信进入工新部2012中国软件业务收入前百家企业第44名，比2011年提升6个名次，同时荣获2012年中国自主品牌软件产品收入前十家企业第8名，中国软件出口企业20强第2名及中国服务外包企业20强第5名，而且还获得了“中国服务外包领军企业”称号。东软、华信、海辉位列中国软件出口企业20强前3位。大连天地软件园荣获中国软件和服务外包园区产业服务金口碑奖。博涛多媒体公司入选科技部现代服务业标兵示范企业，并凭借核心技术——“实时交互立体动感球幕影院技术”获得科技部1000万元的科技支撑项目资金，中标大连圣亚海洋世界、安徽黄山、山东烟台等多个千万元级大型多媒体展示项目。百易软件等12家软件企业完成了新三板上市前的企业内部审核、股份制改造，通过了辅导期，等待上市。大连宇光虚拟网络技术股份有限公司以8400万元并购了北京连邦软件股份有限公司，并与腾讯、淘宝、飞信等国内知名的网络平台，上海长宽、江苏电信、南通移动等电信运营商，上海兆联等企业园区运营商达成合作，为其提供IT支持服务。海辉软件在纳斯达克上市后，2012年与文思信息进行对等合并，成立文思海辉技术有限公司，员工2万人，成为中国第一艘“全球IT服务航母”。

大连市软件企业不断依靠技术，积极投身各行业信息化建设中，创新产品，提升竞争力，2012年市场拓展成绩喜人。现代高技术公司在智能交通领域进行了长期技术积累和产品研发，2012年中标大连市地铁和轨道交通自动售检票清分系统一期工程以及出租车服务管理系统。四达高技术多年潜心研发了25种用于飞机的数字化装配产品，成功用于沈飞C919大型客机制造。贝斯特公司研发的海岸电台系统成功进入国内市场，与日本、挪威、中国台湾地区等地的厂商抗衡，已占有10%的市场份额。亿达信息依靠自主研发的手机无卡支付系统为招商银行提供手机移动支付的解决方案，即将投入使用。孚诺科技研发的无线移动医疗产品成功打入北京市场，并且开始辐射北方地区，北京大学人民医院、北京燕化医院已经成为第一批无线移动医疗产品的使用者，使用反馈效果良好。

（四）加强基础工作，创建良好软环境，服务企业

产业运行与行业管理是软件服务业处两项重要的基础性、日常性工作，为落实大连市软环境建设工作，软件服务业处将服务企业的各类认证、资金申报、统计等工作全部移植到互联网上，为企业提供公开、透明、便捷的服务。

定期完成大连市的行业月报、年报、重点企业跟踪等定期数据报送及行业运行分析监测工作。编辑简报11期，与相关部门共同完成《2012年大连软件和信息技术服务业发展报告》的撰写。

规范开展“双软”认定、系统集成认证等行业管理工作，截止11月，共完成800多件软件产品登记、软件企业认证、系统集成认定等非行政审批事项，业务审核正确率达到100%。

指导协调行业协会做好企业服务。成功申报工信部“新型工业化示范基地——软件和信息服务业”。

组团出访日韩，召开以“值得信赖的合作伙伴，可以期待的广阔市场”为主题的中日企业双边市场开拓说明会，提出了要以“有效的流程管理模式，可靠的品质保证，优秀的人才素质”，打造大连有别于其他外包城市的特色，提供性价比最高的信息技术服务。

三、面临的问题

由于全国各地信息服务业务能力的不断提高，同时企业运营成本的增加，使企业面临的各种压力仍然很大；融资难问题仍然非常严峻；伴随着中日关系日趋紧张，日元汇率不断下降，有出口业务的企业面临着利润降低的严重问题，中小企业参与国内外市场竞争的能力本身较弱，企业生存存在巨大的危机；新产品研发投入不足，自主创新还须努力；中高级人才缺乏问题依然没有解决，结构性问题还须进一步调整。

四、下一步工作

按照“十二五”规划确定的“高端引领、创新驱动、深化融合、加速转型”的产业发展方针，重点在工业软件和行业应用软件的研发与应用、新兴领域的技术与产品创新、培育大企业、提升产业层级、建设千亿元级产业集群、完善公共技术服务平台等方面开展工作。

（一）研究制定适宜新时期产业发展所需的产业政策

根据产业发展面临的新任务、新形势和新需求，着手制定符合需要的大连市软件和信息技术服务业优惠政策，发挥政策优势，吸引企业、项目、人才积聚，推动产业上新台阶。探索产业做大做强的新模式。

（二）继续实施大连市软件和信息技术服务业“企业创新中心（技术联盟）扶持计划”和“创新成长计划”

通过计划实施，加快建立以企业为主体、市场为导向、产学研相结合的产业技术创新体系，通过骨干软件企业或企业间联合及与高校、科研院所合作，支撑行业核心共性技术研发和转移。打造大连市具有创新力的优质软件企业。新培育和确立 2～3 家创新中心和技术联盟，2 家列入成长计划的微小企业。对一期已列入成长计划的企业加强跟踪和考核。

（三）做好本地企业扶持和外地项目引进工作

以应用、创新、集群为重点，做好本地企业扶持工作。继续做好行业间企业对接平台的搭建，推动行业应用，在 3～5 个领域推出应用示范项目。在新兴技术领域选择有潜力、有核心技术的企业和项目予以扶持。继续推动高新区千亿元产业集群的建设和发展。积极挖掘和跟踪埠外项目，加强与产业发展重点县区的联动，协助产业重点县区做好招商引资工作。

（四）加强产业运行监测和行业管理

做好大连市的行业统计组织工作，完成月报、年报、重点企业跟踪等定期数据的报送工作。完成《2013 年大连软件和信息技术服务业发展报告》的撰写工作。

规范开展“双软”认定、系统集成认证工作，保证业务审核无差错。

（五）指导行业协会积极发挥作用，服务企业

充分发挥行业组织的作用，指导协会在服务企业、标准制定、个人信息保护、人才培养等方面开展工作。

2012年青岛市软件和信息技术服务业发展概况

2012年，青岛市认真贯彻落实中央和山东省关于加快发展软件产业的政策措施和部署，突出抓好产业布局优化、骨干企业培育、产品技术创新和产业应用推广，青岛市软件产业发展取得了显著成效，产业规模迅速扩张、创新能力不断增强、集聚集群步伐加快，软件产品和信息技术服务与经济和社会发展的融合进一步加深，软件产业保持高速发展。

一、基本情况

（一）产业规模

2012年，青岛市软件业务收入达到530.17亿元，同比增长33.6%。嵌入式系统软件依然是青岛市软件产业的主力，嵌入式系统软件业务收入217.47亿元，同比增长15.6%。2012年软件业务出口收入7.24亿美元，同比增长88%。

（二）产业结构

青岛市软件产业主要涵盖嵌入式软件、行业应用软件、信息系统集成、软件服务外包等领域，其中嵌入式软件占青岛市软件收入的41%。行业应用软件在国内具有比较优势的有橡胶轮胎、智能交通、电力与公用事业等领域。有些行业领域青岛市已形成产业集群，如在电力与公用事业行业，青岛市已聚集了东软载波、鼎信通讯、高科通信、乾程电子、积成电子、高科电子、科电电子和高科软件等企业。

（三）重点企业

海尔、海信等国内软件百强企业仍然是青岛市软件产业的主力。海尔集团和海信集团分别位列2012年全国软件收入百强第3位和第12位，比上一年分别提升了1位和31位。同时，独立软件企业也快速发展。2012年青岛市独立软件企业总业务收入达到55.5亿元，同比增长26%，其中软件业务收入5000万元和1亿元以上的软件企业分别达到25家和16家，分别比上年增加11家和8家。南车四方、软控股份、海信网络科技、海信移动通讯、东软载波等龙头企业在同行业继续保持领先。其中，软控股份、海信网络科技和东软载波连续两届被评为国家规划布局内重点软件企业。

目前青岛市已认定的软件企业407家，其中2012年新认定软件企业58家，比上年增长128%，系统集成企业快速发展，目前青岛市获得国家计算机信息系统集成资质的企业达52家，其中一级资质企业2家，二级资质企业4家。

（四）人才支撑

青岛市软件行业从业人员中本科以上学历人员比重超过80%，软件人才培训体系日益完善，人才集聚步伐加快。目前已有15所院校设置了软件相关专业，专科、本科和研究生等在校生规模超过3万人。建立和引进了摩托罗拉IT学院、微软IT学院、1.5学历软件人才实训基地、IBM外包实训基地、青岛NIIT国际软件工程师培训基地、青岛翰子昂软件培训学校和北大青鸟青岛中新培训中心等一大批培训机构。

二、运行特点

（一）软件产业发展环境进一步完善

近年来，青岛市委、市政府高度重视软件和信息技术服务业的发展，成立了以常务副市长为组长、四位副市级领导为副组长的青岛市软件产业发展领导小组。2012年年初，青岛市被工业和信息化部授予“国家软件和信息服务业示范基地”。为进一步大力发展软件产业，加快青岛市经济发展方式转变和产业结构调整，提高国际竞争力，2012年4月，青岛市委、市政府发布了《关于推进国家软件和信息服务业基地建设促进软件产业跨越式发展的意见》（青发〔2012〕7号），确定了青岛市软件产业发展的指导思想，发展重点、发展目标、空间布局及保障措施等，是青岛市软件产业发展的纲领性、指导性文件，为促进青岛市软件产业的跨越式发展创造了良好的政策环境。

（二）嵌入式系统软件仍是青岛市软件产业的主力

青岛市以海尔、海信为龙头的数字家电行业在全国处于领先地位，产品中的嵌入式系统软件占比较高，在青岛市软件产业结构中占主要地位。随着信息化与工业化的深度融合，以及产业价格调整、科技创新不断深化，青岛市制造业领域嵌入式系统软件的开发和应用不断扩大，近年来又涌现了嵌入式系统软件的开发应用企业，一些蕴涵在传统制造业领域的嵌入式软件系统也初具规模，对提升青岛市软件产业规模起到了推动作用。

（三）软件企业创新能力不断增强

青岛市软件企业的创新能力不断增强，2012年，青岛市登记各类软件产品达1523件，其中，新登记软件产品251件，比上年增加130%；青岛市累计登记计算机软件著作权3993项，其中2012年登记的软件著作权889项，比上年增加了27%。软控股份的橡胶轮胎生产管控一体化系统软件，海信网络科技的智能交通系统等产品，东软载波、鼎信通讯、乾程电子和集成电子的电力载波系统及相关产品，以太科技的网络安全产品软件，太阳软件的农村信息化软件等均在国内市场占据了显著的份额。青岛市软件企业的技术创新取得丰硕成果，海信网络科技的“快速公交（BRT）智能系统技术开发及其产业化”项目获2011年度山东省科学技术奖一等奖，软控股份的“YLJ-J1318型轿车轮胎均匀性试验机”和“低温一次法炼胶系统成套关键装备”项目分获2011、2012年度山东省科学技术奖二等奖。

近年来，青岛市多家软件企业主导或参与了多项国家或行业相关技术标准的制定工作。海信网络科技近3年就主持了9项智能交通领域国家标准的制定（其中3项是现行标准），参与了5项行业标准的制定；软控股份近两年主持或参与制定的国家标准和行业标准有11项；青岛高校信息和以太科技等企业也参与了国家标准和行业标准的制定工作。

（四）软件产业发展布局优化和完善

按照市委、市政府的战略决策，青岛市正在加快构筑环胶州湾布局、产业特色鲜明、比较优势明显的“东园西谷北城”的软件产业园区布局。各园区功能各有特色，产业领域各有重点，相互合作，资源共享，统筹发展。特别是位于高新区占地约30平方千米的软件科技城正在快速兴起。

三、面临的问题

（一）产业集聚度不高

青岛市软件产业总体规模较小、产业链不够完善，除海尔、海信等企业外，缺乏在国内外具有显著影响力的大企业对产业发展的支撑，各企业间互动协作体系有待完善。

（二）创新能力不足

企业的自主创新意识和能力不强，研发投入占销售收入比例较低，技术创新机制不够完善，缺乏核心技术支持和产品技术发展的长远规划，高技术含量、高附加值的高端产品不多，特别是缺乏在国内外具有品牌和市场优势的软件龙头企业，产品的商业化、产业化程度较低，难以形成产业特色。

（三）高端人才缺乏

人才的缺乏直接制约了软件企业研发能力的提升和规模的扩大。青岛市优惠政策力度不足，在高素质人才引进配套落实住房、配偶就业、子女入学、学术研修津贴等优惠待遇方面不力，尚未形成吸引、使用和留住高层次人才的良性机制，影响了企业核心竞争力的提升。

（四）产业发展环境亟待改善

与同类城市相比，青岛市在政策引导、资金扶持、人才引进等方面的政策措施有待于进一步向先进地区看齐。

四、下一步工作

2013年，青岛市软件和信息技术服务业要进一步深入贯彻落实国务院关于《进一步鼓励软件产业和集成电路产业发展的若干政策》（国发〔2011〕4号）文件精神及相关配套政策，按照青岛市委、市政府《关于推进国家软件和信息服务业基地建设促进软件产业跨越式发展的意见》（青发〔2012〕7号）关于发展软件和信息技术服务业的工作部署，以建设国家级软件和信息服务业示范基地为主线，着力抓好“政策完善优环境”，抓好“园区发展促集聚”，抓好“骨干培育强带动”，抓好“技术创新添活力”，抓好“招商引资增后劲”，确保青岛市软件和信息技术服务业快速发展。力争到 2013 年青岛市软件和信息技术服务业业务收入超过700亿元。下一步工作中，将主要突出以下几个方面。

（一）细化和完善政策措施，优化和提升发展环境

按照《关于推进青岛国家软件和信息服务业示范基地建设促进软件产业跨越式发展的意见》，出台实施细则和具体的政策措施，优化产业发展环境。

（二）加强软件园区建设，拓展产业发展空间

实施“东园西谷北城”发展战略，着力推进由高新区青岛软件科技城、黄岛区青岛信息谷和崂山区国家通信产业园组成的“千万平方米”软件和服务外包产业园区工程，拓展产业发展空间。

（三）梯次培育骨干企业，强化支撑带动作用

着力培育发展10家领军软件企业、30家高成长软件企业和50家特色软件企业，形成梯次培育格局。研究建立领军软件企业、高成长软件企业和特色软件企业评价体系。

（四）挖掘工业企业中嵌入式软件业务收入

扩大关注企业数量，调研走访青岛市工业企业，进一步挖掘工业企业中嵌入式软件业务收入并纳入统计。

（五）推动产品技术创新，增添产业发展活力

在智能交通、智能电网、智能水利、节能减排、物流等领域抓好软件研发项目，建立软件研发项目库，加强跟踪调度。

（六）做好定向招商引资，增强产业发展后劲

2012年8月在青岛举办中国国际软件和信息技术服务业交易洽谈会，吸引了国内外知名软件企业、IT精英、政府机构关注青岛、集聚青岛，来青岛投资发展。积极实施北京软件博览会、第二届国际青岛软件博览会等重点展会招商，深圳等重点区域招商，世界500强软件企业、中国100强软件企业等重点企业招商，强化和发挥好北京青岛软件和信息服务业招商中心的作用，推进已签约项目落地，引进软件和信息技术服务项目向“东园西谷”集聚。

2012 年深圳市软件和信息技术服务业发展概况

2012 年深圳市软件产业紧紧围绕创建中国软件名城这条主线，积极抓住云计算、移动互联网、物联网等新一轮的产业发展有利时机，加快推进产业转型升级，不断推动产业做大做强，取得了显著成绩。

一、基本情况

（一）产业实力居全国前列

1. 软件业务收入快速增长

深圳市软件产业规模持续扩大，产业整体实力稳居全国大中城市前列。初步统计，深圳市 2012 年实现软件业务收入 2498 亿元，同比增长 20.4%，占广东省、全国的比重分别超过 60%和 10%，位居全国大中城市第二位，总体规模继续保持全国前列。

2. 产业服务化趋势明显

深圳市已形成以嵌入式软件为主体，大型行业应用软件、系统集成和运维服务、IC 设计等多种业态多元化发展的产业格局。2012 年，深圳市软件服务收入占全市软件业务收入的 31.4%，比 2011 年增加 144 亿元，特别是数据处理和技术咨询服务增长强劲，软件产业服务化趋势日益明显。在软件产业服务化趋势下，深圳市的一批重点软件企业积极向服务方向转型，如金蝶、永兴元积极打造友商网和保险行业信息服务平台，以 SaaS 模式提供相关软件和信息服务，推动云计算发展。

3. 软件出口继续领先全国

2012 年软件出口 141 亿美元，同比增长 14.0%，占全国比重超过 40%，连续多年居全国第一位。深圳市软件企业具有很强的自主创新能力，软件产品已经具备相当的国际竞争力。例如，华为、中兴、腾讯、迈瑞、华强等企业已在高端的知识产权领域给国际著名的跨国企业造成了威胁。

4. 软件人才队伍持续扩大

2012 年深圳市软件产业从业人员 33.7 万人，其中硕士以上学历人员 4.9 万人，本科学历人员 18 万人；软件研发人员 19 万人，占全部从业人员比重近 60%，大大高于全国平均水平。深圳市软件产业经过 10 多年的发展，积淀了一大批中高端软件人才，为深圳市软件产业未来的发展奠定了一个非常坚实的人才基础。

5. 软件产业利税贡献突出

深圳市本土软件企业占软件企业总数的 90%以上，创造了软件产业 95%以上的产值和利润。2012 年深圳市软件企业缴纳税金总额为 275.2 亿元，占深圳市全年税收总额的 10%左右。2012 年深圳市软件企业的利润总额为 366 亿元，同比增长 7%。深圳软件产业人均利税贡献为 17.6 万元，大大高于全国 12 万元左右的平均水平。

（二）企业综合素质快速提升

1. 骨干企业群体继续壮大

深圳市软件龙头企业华为公司 2012 年软件业务收入达到 1018 亿元，成为我国首个软件业务突破千亿元的软件企业。此外，深圳市 2012 年软件业务收入超过亿元的企业有 169 家，比上年新增 22 家；新增软件企业 212 家，凸显产业旺盛生机和活力。2012 年 7 月工信部发布的中国软件百强名单中，深圳有 6 家企业入围，收入占全国全部软件百强的比重达到 37.7%。在 2011—2012 年度国家规划布局内重点软件企业和集成电路设计企业名单中，深圳有 35 家企业入选，其中软件企业 29 家，深圳市上榜软件企业数量在全国总量减少 15%的情况下，仍比上年增加 2 家，占全国的 14%，体现了深圳市软件产业的较强实力。236 家企业通过信息系统集成资质认证（19 家 1 级），134 家企业通过 CMM/CMMI3 级及以上认证，形成了以华为、中兴、腾讯、金蝶、迅雷、金证、宇龙、天源迪科、怡化、紫金支点、证券信息、创维、康佳、宇星、迈瑞生物等为代表的本土骨干企业群，突出展现了深圳市软件产业发展水平。

2. 自主创新能力明显提升

2012 年深圳市 PCT 国际专利申请量 8024 件，占全国的 40.3%，连续 9 年居全国首位。华为技术有限公司以 2734 件申请量位列发明专利授权量排名第一位，中兴通讯股份有限公司以 2727 件申请量排名第二位。2012 年，深圳市软件企业投入软件研发经费 649.1 亿元，同比增长 18.5%，深圳市软件研发经费占软件业务收入比重为 23%，居全国第一位。2012 年，深圳市软件著作权登记首次超过 1 万项，达到 12374 项，同比增长 29.85%，仅次于北京。

深圳天源迪科信息技术股份有限公司在“中国软件创新企业评选”活动中，荣获“中国软件创新力 20 强”。中兴、华为等软件企业参与的项目分别获得了国家技术发明一等奖和国家科学技术进步一等奖。全智达、艾科微电子等企业的 6 个项目获得了国家重大科技专项——“核高基”项目 2.9 亿元的支持。近 4 年来深圳市共承接近 100 项“核高基”和“新一代宽带无线移动通信网”等国家重大科技专项，位居全国前列。部分企业通过掌握的具有自主知识产权的核心技术，积极参与有关国际标准和国家标准的制定，逐步成为某些领域内的标杆企业和整体解决方案的提供商。

3. “双软”认定成果丰硕

2012 年深圳市共完成 11 批软件企业认定和软件产品登记，共新认定软件企业 509 家，登记软件产品 3529 件，其中纯软件产品 2771 件、嵌入式软件产品 758 件，累计认定软件企业 3796 家，累计登记软件产品 18134 件。

2012 年深圳市共有 2090 家软件企业通过了年审，深圳市有效认定软件企业数量达到 2599 家，同比增长 14.6%。

4. 企业融资能力增强

2011 年以来，方直科技、海能达、奥拓、协同智迅、任子行、兆日科技、海联讯、捷顺科技等近 10 家软件企业相继在我国中小板和创业板上市，募集资金近百亿元。截至目前，深圳市在海内外上市的软件企业近 50 家，与软件相关的上市企业近百家，数量居全国前列。通过上市，企业不仅获得了发展资金、提高了知名度，而且也进一步健全了企业治理结构，有利于企业的长期发展。上市软件企业群体已经成为深圳市软件产业发展的一大亮点和特色，在资本市场上形成了一股引人关注的“深圳力量”。

5. 市场开拓能力不断提升

深圳市软件企业继承了深圳开放包容的城市文化精神，“走出去”开展跨国经营、利用当地人才资源成为深圳软件企业做大做强的自觉行为。据不完全统计，深圳市共有45家软件企业在中国香港、美国、印度、日本和俄罗斯等地投资设立分公司、研发中心等，投资总额达到4.08亿美元，涉及通信软件、消费类软件、IC设计和游戏软件等领域。深圳市很多软件企业在其他省市也设立了分支机构，北京、上海、南京、苏州、成都、重庆、西安等城市的高新园区都分布有深圳的软件企业。

（三）产业发展环境日臻成熟

1. 完成软件名城创建任务，取得“中国软件名城”称号

创建中国软件名城是深圳市从战略层面布局软件产业，推动深圳市产业转型升级和发展方式转变的重要举措，自2011年3月深圳市正式启动中国软件名城创建工作以来，深圳市从园区、平台、标准、人才、环境等方面对创建工作进行部署，形成统筹全市资源，各部门分工协作、合力开展创建工作的良好局面。经过努力，深圳市较好地完成了创建软件名城的各项目标任务。2012年11月17日，在深圳会展中心举行的授牌仪式上，深圳市被工信部正式授予“中国软件名城”称号。

2. 制定产业发展规划，优化产业政策环境

为进一步谋划未来几年深圳市软件产业发展目标、路径和重要领域，深圳市制定并印发了《深圳市软件和信息技术服务业发展规划（2012—2015)》，该规划提出，到2015年，深圳市软件业务收入超过4500亿元，软件产业增加值占全市GDP的比重超过10%，成为深圳市重大支柱产业。同时，深圳市政府正在研究审定《关于进一步加快深圳软件和集成电路设计产业发展的若干措施》，从财税、投融资、研发与产业化、园区建设、人才培育等9个方面提出了27条措施。

3. 180亿元基金扶持战略性新兴产业

深圳市着力构建应用技术创新体系，打造公共技术服务体系，提高技术创新与科技成果转化能力。近年来，深圳市新建国家、省、市级重点实验室、工程实验室、工程研究中心、企业技术中心等各类创新载体514家，其中国家级44家。充分发挥产业联盟汇聚资源、协调行业发展的作用，组建了基因、云计算、移动互联网、超材料和新材料等一批产学研资联盟。深圳设立了规模达180亿元的战略性新兴产业发展专项资金，组织实施战略性新兴产业振兴发展工作方案，先后组织实施了 9 批战略性新兴产业专项资金扶持计划，共扶持项目 3119个，扶持资金约53.7亿元，其中产业化项目458个，总投资约314.3亿元。

二、运行特点

1. 新兴和特色产业快速发展，成为产业发展亮点

在新兴特色产业方面，云计算、互联网、三网融合快速发展。深圳市从事云计算相关业务的企业超过300家，2011年年底深圳云计算中心投入运营，华为、中兴、金蝶、创维、宝

德、宇龙等重点企业纷纷实施“云战略”。互联网产业作为深圳市战略新兴产业之一，2012年产业规模约为805亿元，同比增长46%。由通信设备商、内容提供商、内容服务商、电信运营商、移动终端商等共同组成的移动互联产业链在深圳已具雏形。

2. 重视软件产业对经济社会发展的带动作用

深圳市软件产业增加值占全市GDP的比重连续多年超过10%，是名副其实的支柱产业。软件是“两化融合”的切入点和黏合剂，软件产业是推动“两化融合”的重要支撑力量。嵌入式软件是深圳市软件产业中最具特色、最具规模、最具竞争优势的行业，深圳市利用嵌入式软件优势，积极发展和打造先进制造业，促进深圳转型升级，提升深圳发展质量，形成了通信、医疗、数字装备、数字电视和汽车电子等数个具有很强竞争力的产业链。

3. 积极参与标准研制，掌握话语权

深圳市软件企业积极谋求国内、国际标准的“话语权”，成功地由行业标准的“接受者”转为“制定者”。深圳市部分企业通过掌握的具有自主知识产权的核心技术，积极参与有关国际标准和国家标准的制定，逐步成为某些领域内整体解决方案的提供商。华为已加入123个国际行业标准机构和论坛，并在其中担任了180多个关键领导职位，而且在光传输、接入网和安全领域组织提交文稿2300多篇。中兴通讯加大专利技术与标准结合的力度，目前已成为70多个国际标准组织的会员和论坛成员，这为中兴的海外市场开拓铺平了道路。

4. 重视产业链整合及生态体系建设

深圳市软件企业在深圳市政府的引导下，实施“总部+分支、研发+生产、中心+网络”等“外溢发展战略”，超过60%的软件百强企业在其他省市设立了分支机构，北京、上海、南京、苏州、成都、重庆、西安等城市的高新园区到处可以看到深圳市软件企业的身影。深圳市软件百强企业突破城市空间制约，以区域合作优化要素资源配置，带领中国软件产业快速发展。深圳市软件企业在其他省市的投资对扩大当地软件产业规模、完善产业体系，培育人才、输送资本，以至提升我国软件产业的国际竞争力都具有积极意义。

5. 有效利用知识产权，抢占产业制高点

深圳市近年来软件著作权登记数呈“倍速”增长态势，2012年达到12374件，位列全国第二。2012年，华为技术有限公司以2734件位列发明专利授权量排名第一，中兴通讯股份有限公司以2727件排名第二，深圳市已成为发明专利授权量最多的城市。华为、中兴、腾讯、迈瑞、华强等企业在高端知识产权领域已初步具备与跨国企业抗衡的实力。

三、面临的问题

（1）国际市场经济形势严峻，需求不振，导致大企业营收增长乏力；国内很多信息化建设项目和新建项目开工推迟严重，在建项目建设速度放缓等，直接导致深圳市软件产业整体减速。

（2）软件企业经营成本高企，人力成本增加，研发投入加大，整体行业利润和税收增长乏力。

（3）软件企业发展空间依然严重不足，高素质软件人才依然短缺，导致企业流失、人才流失比较严重。

（4）政策环境还需要进一步完善，政府资金使用效率还需要进一步提升。

（5）企业面临产业调整加速、新兴领域亟待突破的困境。华为、中兴等公司屡遭美国政府“337 调查”，在北美的市场拓展和企业并购频频失败。

四、2013 年展望及下一步工作

2013 年，深圳市软件产业将在取得中国软件名城称号的良好基础上，按照工信部和深圳市政府有关要求，以深圳市软件和集成电路设计产业相关政策为抓手，以发展培育深圳市软件名城、名园、名企、名品、名人为目标，进一步完善软件产业发展环境，增强软件名城和软件产业的影响力和辐射力。

（1）加大政策扶持力度。认真贯彻落实国发 4 号文、财税 100 号、财税 27 号等国家对软件产业的各项扶持政策，加强产业、科技、税务、财政等各部门协作，促进各项政策的协调互动，形成政策合力。推动出台鼓励深圳软件和集成电路设计产业发展的措施，从财税、园区建设、研发与产业化、知识产权保护、人才引进和培育等方面提出鼓励产业发展的有关政策。

（2）提高产业专项资金使用效率。配合即将出台的深圳软件产业发展政策，协调设立软件产业发展专项资金或在现有科技研发专项或产业技术进步专项中设立软件发展子项，并做好财政资金落地工作。完善现有软件相关的产业专项资金管理制度和办法，提高财政资金使用效率，如互联网产业发展专项、新一代信息技术产业发展专项等。

（3）进一步鼓励企业进行 CMMI 认定和申报工信部计算机系统集成资质认定。按照深圳市 CMM 认证资助计划操作规程，继续做好对企业进行 CMM/CMMI 认证的资助，考虑提高资助整体规模，增加资助项目。做好深圳市计算机系统集成资质认定初审行政服务工作，鼓励企业积极申报，提高认定级别。

（4）优化投融资环境，引导社会资金投资深圳市软件产业。支持行业内优质企业、龙头企业对相关企业兼并重组，并提供相应的融资服务，鼓励优质企业、龙头企业做大做强，催生一批中国的 IBM、Oracle、Google 等大型国际性企业。

（5）鼓励企业参与国家技术标准、行业技术标准、国际技术标准制定；鼓励企业加大研发投入，掌握核心技术；鼓励企业进行技术创新和品牌建设；鼓励企业加大国际专利申请的力度。

（6）加大深圳市软件产业、企业宣传推广力度。2013 年将集中力量，以打造优质、高效、增值、创新为特征的“深圳软件”区域品牌为目标，加大资金扶持力度，通过统一标识、集中展示等措施，引导和支持深圳软件企业利用北京“软博会”、深圳高交会等国内、外知名展会和相关平台，加大力度开展市场宣传和品牌推广工作，积极开拓国内、国际市场，着力提高“深圳软件”的品牌知名度、市场影响力和客户认知度。

（7）提高产业聚集发展能力。进一步做好深圳软件园、软件产业基地等重点载体规划、建设及提升工程，落实好“一核多园”产业布局和规划。结合深圳市产业结构调整对软件产业空间布局的要求，进一步引导各区差异化发展。积极推动深圳市软件产业基地、李朗软件园、大运软件小镇、新一代互联网产业园、企业总部大厦及创新型产业用房等载体建设，拓展核心产业空间，并同促进产业升级和扩大招商引资、引才引智紧密结合起来，加快提升深圳市软件产业集约化发展的能力。

II 综合统计

2012年软件和信息技术服务业

	企业数（个）	软件业务收入	其中：
			软件产品收入
软件企业合计	**29205**	**247937524**	**78572419**
一、按企业登记注册类型分列			
内资企业	26043	180908843	59592657
国有企业	687	15324813	3580746
集体企业	63	4692712	457838
股份合作企业	168	1376059	429962
联营企业	47	394648	169677
国有联营企业	14	40644	25604
集体联营企业	8	81490	51146
国有与集体联营企业	7	96446	4149
其他联营企业	18	176067	88777
有限责任公司	11742	81912124	26236979
国有独资公司	151	2363674	773281
其他有限责任公司	11591	79548451	25463698
股份有限公司	2067	37295132	13847951
私营企业	11066	38233847	14615307
其他内资企业	203	1679507	254197
中国港、澳、台商投资企业	910	22887464	5810206
合资经营企业（中国港、澳、台资）	231	3256182	1593062
合作经营企业（中国港、澳、台资）	19	214696	32356
中国港、澳、台商独资经营企业	637	18868782	4006379
中国港、澳、台商投资股份有限公司	23	547804	178409
外商投资企业	2252	44141217	13169556
中外合资经营企业	521	9779814	3256603
中外合作经营企业	31	344454	112694
外资企业	1658	32990241	9689726
外商投资股份有限公司	42	1026708	110533
二、按经济类型分列			
国有经济	852	17729132	4379631
集体经济	71	4774203	508984

主要指标汇总表（一）

单位：万元

其中：				
信息系统集成服务收入	信息技术咨询服务收入	数据处理和存储服务收入	嵌入式系统软件收入	集成电路设计收入
55832576	**24353981**	**41560129**	**39916146**	**7702274**
44433228	18824982	30025730	24674970	3357275
5899678	1743645	1375497	2409663	315585
820391	647889	786466	1859996	120133
266954	101881	129015	424306	23940
84324	105981	15179	8622	10865
2460	4171	400	8009	
22279	6954	1111		
29067	51807	9430		1993
30518	43049	4238	613	8872
20770538	9241127	14359018	9790399	1514063
724928	320607	145233	313271	86354
20045610	8920520	14213785	9477128	1427709
8712996	3527787	4408864	6060724	736809
7624546	3405090	8182313	3783508	623083
253799	51581	769379	337753	12798
4952876	1265771	7110933	2754625	993052
641511	238221	240428	440439	102520
78881	3009	68125	400	31925
4008146	1024541	6709552	2268851	851312
224338		92828	44935	7295
6446472	4263228	4423465	12486550	3351946
2353261	306716	554324	3127934	180975
17499	34308	80234	73942	25777
4020286	3566166	3762533	8865782	3085747
55426	356037	26374	418891	59447
6627066	2068423	1521130	2730943	401938
842670	654843	787577	1859996	120133

	企业数（个）	软件业务收入	其中：软件产品收入
股份合作经济	168	1376059	429962
股份制经济	13658	116843583	39311649
外商及中国港、澳、台投资经济	3162	67028681	18979762
其他经济	11294	40185866	14962430
三、按控股经济分列			
公有控股经济	3462	67280499	20800403
国有控股	2198	52675879	16715688
国有绝对控股	1640	34632070	9688215
国有相对控股	558	18043808	7027473
集体控股	1264	14604620	4084715
集体绝对控股	675	11370881	3268000
集体相对控股	589	3233739	816715
非公有控股经济	25743	180657025	57772016
私人控股	22609	114562031	40202848
私人绝对控股	18135	90235975	32042445
私人相对控股	4474	24326055	8160403
中国港、澳、台商控股	1004	20701212	4913420
中国港、澳、台商绝对控股	877	19162406	4438336
中国港、澳、台商相对控股	127	1538807	475084
外商控股	2130	45393782	12655747
外商绝对控股	1854	41658654	11879729
外商相对控股	276	3735128	776018
四、按软件出口基地分列			
北京软件出口基地	169	3514609	1113256
天津软件出口基地	52	225487	97839
大连软件出口基地	1475	10261029	4004371
上海软件出口基地	354	2990175	1191207
深圳软件出口基地	651	21044555	4831232
西安软件出口基地	722	4907958	1377925
五、按软件园区分列			

主要指标汇总表（一）

单位：万元

其中：				
信息系统集成服务收入	信息技术咨询服务收入	数据处理和存储服务收入	嵌入式系统软件收入	集成电路设计收入
266954	101881	129015	424306	23940
28758607	12448308	18622650	15537852	2164518
11399348	5528999	11534398	15241175	4344999
7937930	3551527	8965360	4121873	646746
18815599	7208232	7042840	12232906	1180519
14729381	5274148	4726456	10231132	999074
11764580	3579082	4017202	4969368	613622
2964801	1695066	709254	5261764	385451
4086218	1934084	2316384	2001774	181446
3194855	1187820	1946801	1611339	162066
891363	746264	369583	390435	19380
37016977	17145749	34517289	27683240	6521755
26288592	11965806	21431637	12781413	1891734
20651080	9128577	16208338	10907856	1297679
5637512	2837229	5223299	1873557	594055
4795085	1229755	5300951	3017652	1444349
4453492	1149471	5153864	2605227	1362015
341593	80285	147087	412424	82334
5933300	3950188	7784700	11884175	3185672
5374846	3652240	6993339	10724449	3034052
558455	297948	791362	1159726	151620
1865464	191033	292305	1714	50837
88851	33832	2059	2906	
1239606	1972972	2160479	853471	30129
357312	444588	458645		538423
3980134	387276	2985358	8761401	99155
1540750	1159541	160759	452025	216958

2012年软件和信息技术服务业

	企业数（个）	软件业务收入	其中：软件产品收入
北京中关村软件园	288	8387786	1582257
大连软件园	1474	10260892	4004234
上海浦东软件园	354	3046592	1189752
南京软件园	248	4970905	1836273
杭州软件园	744	9914925	3363209
山东齐鲁软件园	557	4712073	2398069
长沙软件园	341	766572	556725
广州天河软件园	1338	8016296	2531482
珠海南方软件园	102	805813	82377
成都软件园	607	6136386	2745800
西安软件园	722	4907958	1377925
六、按行业分列			
软件产品行业	15746	83270551	64429930
信息系统集成服务行业	4683	48900051	6219974
信息技术咨询服务行业	2776	17041224	1000758
数据处理和存储服务行业	2764	36491162	993539
嵌入式系统软件行业	2690	54592022	5846857
集成电路设计行业	546	7642513	81361

主要指标汇总表（一）

单位：万元

其中：				
信息系统集成服务收入	信息技术咨询服务收入	数据处理和存储服务收入	嵌入式系统软件收入	集成电路设计收入
2920891	1088049	2600336	15876	180377
1239606	1972972	2160479	853471	30129
357735	445922	458645		594538
1219233	484715	1120056	259326	51302
2146619	317984	3766185	222066	98862
659394	1012011	299812	306927	35859
93152	65971	47640	3001	82
1289284	1573622	2326612	134237	161059
11163	224869	250952	121881	114572
1507496	905931	556221	65444	355493
1540750	1159541	160759	452025	216958
9947142	4803835	3183995	672179	233469
38125352	2578226	1349426	324601	302473
1122118	13535092	1204624	131809	46823
359539	553461	34444014	108660	31949
6102031	2341846	1180143	38655764	465381
176394	541522	197926	23132	6622178

2012年软件和信息技术服务业主要指标汇总表（二）

单位：万美元

	软件业务出口收入	软件外包服务出口收入	嵌入式系统软件出口收入
软件企业合计	**3942380**	**988712**	**1729109**
一、按企业登记注册类型分列			
内资企业	2149714	280645	1098613
国有企业	51833	13074	27306
集体企业	69306	6662	59384
股份合作企业	35591	786	29936
联营企业	156	156	
国有联营企业	50	50	
集体联营企业	51	51	
国有与集体联营企业	54	54	
其他联营企业	1	1	
有限责任公司	1283284	102878	595848
国有独资公司	23929	18219	527
其他有限责任公司	1259355	84660	595320
股份有限公司	579759	102180	363012
私营企业	118927	53986	16541
其他内资企业	10858	923	6587
中国港、澳、台商投资企业	270450	42159	89882
合资经营企业（中国港、澳、台资）	17671	7535	4336
合作经营企业（中国港、澳、台资）	2087	175	
中国港、澳、台商独资经营企业	248197	32725	84786
中国港、澳、台商投资股份有限公司	2495	1725	760
外商投资企业	1522216	665908	540614
中外合资经营企业	139918	62359	59772
中外合作经营企业	1167	596	
外资企业	1356775	597240	464155
外商投资股份有限公司	24356	5713	16686
二、按经济类型分列			
国有经济	75812	31343	27833
集体经济	69357	6713	59384
股份合作经济	35591	786	29936

2012年软件和信息技术服务业主要指标汇总表（二）

单位：万美元

	软件业务出口收入	软件外包服务出口收入	嵌入式系统软件出口收入
股份制经济	1839114	186840	958332
外商及中国港、澳、台投资经济	1792666	708067	630495
其他经济	129840	54963	23129
三、按控股经济分列			
公有控股经济	650056	121639	451234
国有控股	570604	95730	407058
国有绝对控股	167292	59460	83019
国有相对控股	403313	36270	324039
集体控股	79452	25909	44176
集体绝对控股	73047	22419	41661
集体相对控股	6405	3490	2514
非公有控股经济	3292324	867073	1277875
私人控股	1441415	181745	619473
私人绝对控股	1327392	136859	586530
私人相对控股	114022	44886	32943
中国港、澳、台商控股	288757	38516	87636
中国港、澳、台商绝对控股	247168	36537	65194
中国港、澳、台商相对控股	41589	1979	22442
外商控股	1562153	646812	570766
外商绝对控股	1490222	625717	533649
外商相对控股	71930	21095	37117
四、按软件出口基地分列			
北京软件出口基地	111774	111774	
天津软件出口基地	2606	2135	31
大连软件出口基地	340185	295377	4451
上海软件出口基地	116640	43768	
深圳软件出口基地	1463829	26312	861458
西安软件出口基地	38071	32768	5303
五、按软件园区分列			
北京中关村软件园	58668	49002	105
大连软件园	340185	295377	4451

2012年软件和信息技术服务业主要指标汇总表（二）

单位：万美元

	软件业务出口收入	软件外包服务出口收入	嵌入式系统软件出口收入
上海浦东软件园	115249	43768	
南京软件园	10830	10309	359
杭州软件园	86159	24274	175
山东齐鲁软件园	22397	17951	3285
长沙软件园	2886	1498	1
广州天河软件园	26534	24533	101
珠海南方软件园	22779	296	6297
成都软件园	97713	15122	2955
西安软件园	38071	32768	5303
六、按行业分列			
软件产品行业	812992	543419	12028
信息系统集成服务行业	133190	92425	12814
信息技术咨询服务行业	249521	243633	
数据处理和存储服务行业	131008	53740	3075
嵌入式系统软件行业	2306954	23356	1701191
集成电路设计行业	308715	32139	

2012年软件和信息技术服务业主要指标汇总表（三）

单位：万元

	利润总额	流动资产平均余额	资产合计	负债合计	固定资产投资额
软件企业合计	**33657511**	**244811098**	**397174514**	**171280463**	**12078537**
一、按企业登记注册类型分列					
内资企业	23018457	200729271	321631470	137424766	10946572
国有企业	1974919	11119430	23642617	12503763	766841
集体企业	316039	736628	4348409	3389018	4218
股份合作企业	134661	1178997	1987372	897642	75818
联营企业	66836	365371	781918	861434	2511
国有联营企业	7551	18581	62206	36129	505
集体联营企业	15380	33570	174676	571025	17
国有与集体联营企业	13518	59724	117030	62174	680
其他联营企业	30388	253497	428006	192105	1309
有限责任公司	9960178	114055401	157656121	61099481	7235687
国有独资公司	216685	1446337	2937283	1404583	32780
其他有限责任公司	9743493	112609064	154718838	59694898	7202907
股份有限公司	5281312	42612266	73004763	31161471	2047621
私营企业	5197890	30231642	52429785	22433777	771529
其他内资企业	86622	429537	7780485	5078180	42347
中国港、澳、台商投资企业	6530008	21419777	32476441	13120614	404206
合资经营企业（中国港、澳、台资）	418929	3600439	4992096	2675648	57537
合作经营企业（中国港、澳、台资）	14036	290948	457157	266150	999
中国港、澳、台商独资经营企业	5943440	16750762	25772661	9650390	333127
中国港、澳、台商投资股份有限公司	153603	777628	1254528	528427	12543
外商投资企业	4109045	22662049	43066602	20735082	727759
中外合资经营企业	787380	4436825	9474356	5317123	195398
中外合作经营企业	2494	124044	250396	159959	10623
外资企业	3206688	17452763	31661338	14743086	505776
外商投资股份有限公司	112484	648417	1680512	514915	15962
二、按经济类型分列					
国有经济	2199155	12584348	26642106	13944475	800126
集体经济	331418	770198	4523086	3960043	4235
股份合作经济	134661	1178997	1987372	897642	75818

2012年软件和信息技术服务业主要指标汇总表（三）

单位：万元

	利润总额	流动资产平均余额	资产合计	负债合计	固定资产投资额
股份制经济	15024805	155221330	227723601	90856369	9250527
外商及中国港、澳、台投资经济	10639054	44081826	75543043	33855697	1131966
其他经济	5328418	30974399	60755306	27766237	815865
三、按控股经济分列					
公有控股经济	8266112	110307584	170419977	67786207	2856785
国有控股	6704519	97637345	142033159	53015308	2516509
国有绝对控股	4238948	82464499	113629390	37994776	1805616
国有相对控股	2465571	15172846	28403769	15020531	710894
集体控股	1561593	12670239	28386818	14770899	340276
集体绝对控股	1184192	4932481	19290765	12645803	254048
集体相对控股	377401	7737758	9096053	2125096	86228
非公有控股经济	25391399	134503513	226754537	103494256	9221752
私人控股	15385946	93398283	155761118	71919970	8144208
私人绝对控股	12088409	70827271	114049184	54394608	1925764
私人相对控股	3297537	22571012	41711935	17525362	6218444
中国港、澳、台商控股	5389482	19076082	29550021	11984811	333168
中国港、澳、台商绝对控股	5043016	16450444	25712466	9983991	287138
中国港、澳、台商相对控股	346465	2625638	3837556	2000820	46030
外商控股	4615971	22029148	41443397	19589475	744375
外商绝对控股	4281529	20340369	35739890	16581679	626570
外商相对控股	334442	1688779	5703507	3007796	117806
四、按软件出口基地分列					
北京软件出口基地	178279	2554339	3519810	1996008	19589
天津软件出口基地	33958	74625	365407	114540	9462
大连软件出口基地	835476	3016861	11354863	6464077	182629
上海软件出口基地	656129	3339688	5629382	2613073	156772
深圳软件出口基地	2701993	20932889	27170272	15552005	411630
西安软件出口基地	275741	5059089	7204768	3620063	300778
五、按软件园区分列					
北京中关村软件园	1556348	6815816	9936324	4339388	168741
大连软件园	835563	3016861	11353285	6463777	182629

2012年软件和信息技术服务业主要指标汇总表（三）

单位：万元

	利润总额	流动资产平均余额	资产合计	负债合计	固定资产投资额
上海浦东软件园	659853	3328763	5651699	2612258	161073
南京软件园	533872	4183432	6257034	3826709	156590
杭州软件园	3092493	8312801	15151229	5801753	208087
山东齐鲁软件园	800547	2597951	5526736	3808543	39801
长沙软件园	155242	1206613	1824137	663004	49584
广州天河软件园	1099697	8811827	13890104	5179238	126066
珠海南方软件园	83116	460662	845145	311569	5942
成都软件园	675367	7838836	11116443	2787306	344539
西安软件园	275741	5059089	7204768	3620063	300778
六、按行业分列					
软件产品行业	13984199	134325615	190276118	65138175	7661965
信息系统集成服务行业	6265541	33678513	65483129	34623150	1401241
信息技术咨询服务行业	2038022	10118191	18953631	8984974	308257
数据处理和存储服务行业	7785190	33303435	58408604	28954893	1396256
嵌入式系统软件行业	2799662	27592508	47577053	27590440	988866
集成电路设计行业	784897	5792836	16475979	5988831	321953

2012年软件和信息技术服务业主要指标汇总表（四）

单位：万元

	主营业务税金及附加	年末所有者权益	年初所有者权益	应交增值税
软件企业合计	**5431674**	**225894051**	**272598521**	**6275836**
一、按企业登记注册类型分列				
内资企业	4161789	184206704	241938750	4813828
国有企业	315937	11138855	8462681	336561
集体企业	41754	959391	928383	132779
股份合作企业	38252	1089730	848890	31783
联营企业	5274	-79516	1112116	18930
国有联营企业	1032	26076	12514	882
集体联营企业	836	-396349	829054	3090
国有与集体联营企业	1307	54856	44233	1529
其他联营企业	2098	235900	226315	13429
有限责任公司	1703861	96556640	167454873	2208318
国有独资公司	57965	1532700	1205450	44973
其他有限责任公司	1645896	95023940	166249423	2163345
股份有限公司	876392	41843291	32780530	1059460
私营企业	1138562	29996008	27785381	1003634
其他内资企业	41757	2702305	2565897	22362
中国港、澳、台商投资企业	619627	19355827	14197202	655017
合资经营企业（中国港、澳、台资）	58758	2316448	1918328	136337
合作经营企业（中国港、澳、台资）	2357	191007	174455	2934
中国港、澳、台商独资经营企业	473561	16122271	11470198	473414
中国港、澳、台商投资股份有限公司	84951	726101	634220	42332
外商投资企业	650258	22331520	16462569	806991
中外合资经营企业	119355	4157233	2988663	301239
中外合作经营企业	6902	90438	109763	7480
外资企业	515675	16918252	12487137	482891
外商投资股份有限公司	8327	1165597	877006	15381
二、按经济类型分列				
国有经济	374934	12697631	9680645	382416
集体经济	42590	563043	1757437	135869
股份合作经济	38252	1089730	848890	31783

2012年软件和信息技术服务业主要指标汇总表（四）

单位：万元

	主营业务税金及附加	年末所有者权益	年初所有者权益	应交增值税
股份制经济	2522288	136867231	199029953	3222805
外商及中国港、澳、台投资经济	1269886	41687347	30659771	1462008
其他经济	1183724	32989069	30621826	1040955
三、按控股经济分列				
公有控股经济	1325834	102633770	94639840	1524549
国有控股	988646	89017852	81192986	1076339
国有绝对控股	666714	75634614	69569182	854445
国有相对控股	321932	13383238	11623804	221894
集体控股	337188	13615919	13446854	448210
集体绝对控股	204187	6644962	6995272	334547
集体相对控股	133000	6970957	6451582	113663
非公有控股经济	4105841	123260281	177958681	4751286
私人控股	2964105	83841149	148679826	3339100
私人绝对控股	2266670	59654576	48237633	2715487
私人相对控股	697435	24186572	100442193	623613
中国港、澳、台商控股	497415	17565210	13428453	662430
中国港、澳、台商绝对控股	391383	15728474	11788454	518885
中国港、澳、台商相对控股	106031	1836736	1639999	143545
外商控股	644321	21853922	15850401	749756
外商绝对控股	569086	19158211	14146291	678684
外商相对控股	75235	2695710	1704111	71072
四、按软件出口基地分列				
北京软件出口基地	55610	1523802	1370304	99296
天津软件出口基地	1646	250867	99030	2580
大连软件出口基地	341998	4890786	3838365	199084
上海软件出口基地	32440	3016309	2392719	179682
深圳软件出口基地	309171	11618267	9823862	600656
西安软件出口基地	279196	3584705	2559343	64154
五、按软件园区分列				
北京中关村软件园	139364	5596936	4311230	242632
大连软件园	341997	4889508	3836948	199084

2012年软件和信息技术服务业主要指标汇总表（四）

单位：万元

	主营业务税金及附加	年末所有者权益	年初所有者权益	应交增值税
上海浦东软件园	32431	3039440	2416007	179667
南京软件园	116096	2430325	2076463	240305
杭州软件园	310565	9349476	6718665	303749
山东齐鲁软件园	104724	1718193	1411608	57228
长沙软件园	16501	1161133	2861165	40619
广州天河软件园	275213	8710866	5173413	134854
珠海南方软件园	6763	533575	358962	12427
成都软件园	70399	8329136	7395539	89483
西安软件园	279196	3584705	2559343	64154
六、按行业分列				
软件产品行业	1809525	125137943	113433152	3213419
信息系统集成服务行业	1193828	30859978	25679080	1012176
信息技术咨询服务行业	553572	9968658	7588004	367271
数据处理和存储服务行业	1353328	29453711	20878083	594106
嵌入式系统软件行业	430300	19986613	96754863	1016198
集成电路设计行业	91121	10487149	8265339	72666

2012年软件和信息技术服务业主要指标汇总表（五）

单位：万元

	应交所得税	出口已退税额	研发经费	应收账款	应付账款
软件企业合计	**8662617**	**798877**	**21737824**	**107404027**	**45700452**
一、按企业登记注册类型分列					
内资企业	7376724	470817	16492858	91968135	36014583
国有企业	354701	108994	1503759	3251539	3303931
集体企业	45683	61	240087	501469	919311
股份合作企业	38123	20694	111358	554421	323446
联营企业	5217	2833	23852	297010	280047
国有联营企业	584		3285	4968	3213
集体联营企业	1226		3128	227720	228142
国有与集体联营企业	1199		6882	1677	3345
其他联营企业	2208	2833	10557	62645	45347
有限责任公司	1090388	137602	7188137	66300996	17654558
国有独资公司	32842	656	187931	662349	498485
其他有限责任公司	1057546	136946	7000206	65638647	17156073
股份有限公司	5227153	135460	3569259	11958881	8190313
私营企业	601496	60498	3775343	8825463	4877445
其他内资企业	13963	4674	81063	278357	465531
中国港、澳、台商投资企业	678135	91341	2131289	5204169	3264788
合资经营企业（中国港、澳、台资）	62091	8586	334138	1871329	731529
合作经营企业（中国港、澳、台资）	2238	11	22490	67017	50635
中国港、澳、台商独资经营企业	597706	72051	1690655	2884866	2391960
中国港、澳、台商投资股份有限公司	16100	10693	84006	380958	90665
外商投资企业	607758	236719	3113677	10231722	6421081
中外合资经营企业	90197	167154	471893	2098927	1524964
中外合作经营企业	4799	1	10224	47930	22505
外资企业	493571	68377	2587646	7783743	4726070
外商投资股份有限公司	19190	1187	43913	301122	147543
二、按经济类型分列					
国有经济	388127	109650	1694975	3918856	3805629
集体经济	46909	61	243216	729189	1147453
股份合作经济	38123	20694	111358	554421	323446

2012年软件和信息技术服务业主要指标汇总表（五）

单位：万元

	应交所得税	出口已退税额	研发经费	应收账款	应付账款
股份制经济	6284699	272406	10569465	77597527	25346386
外商及中国港、澳、台投资经济	1285893	328060	5244966	15435892	9685869
其他经济	618866	68005	3873844	9168142	5391668
三、按控股经济分列					
公有控股经济	1148167	220599	6073799	27019421	19492452
国有控股	967123	213516	4714699	22695015	16349667
国有绝对控股	637061	146878	2765559	17255870	11822115
国有相对控股	330062	66638	1949140	5439145	4527552
集体控股	181044	7083	1359100	4324406	3142785
集体绝对控股	150285	6600	1114566	3259210	2574211
集体相对控股	30759	483	244533	1065196	568574
非公有控股经济	7514450	578279	15664026	80384606	26208000
私人控股	6207144	252704	10774566	27001944	17111755
私人绝对控股	1263411	195214	8300653	20693397	11654736
私人相对控股	4943733	57489	2473913	6308547	5457019
中国港、澳、台商控股	696174	106510	1806261	43814532	3122724
中国港、澳、台商绝对控股	615863	67587	1626999	42699568	2566113
中国港、澳、台商相对控股	80310	38923	179263	1114964	556611
外商控股	611132	219065	3083199	9568131	5973520
外商绝对控股	567554	209753	2858761	8796269	5460209
外商相对控股	43578	9312	224438	771862	513311
四、按软件出口基地分列					
北京软件出口基地	31406		406428	989635	763631
天津软件出口基地	5227	484	11966	29384	20524
大连软件出口基地	187469	10183	474766	1753028	1088773
上海软件出口基地	138738	23531	371181	787974	844803
深圳软件出口基地	322755	120371	2768156	6219714	3604086
西安软件出口基地	53941		369528		
五、按软件园区分列					
北京中关村软件园	222984	11922	657512	2181597	1212188
大连软件园	187469	10183	474716	1752894	1088773

2012年软件和信息技术服务业主要指标汇总表（五）

单位：万元

	应交所得税	出口已退税额	研发经费	应收账款	应付账款
上海浦东软件园	139440	23378	372971	778516	839563
南京软件园	4628289	122264	411270	1888697	1012642
杭州软件园	259852	28513	1014320	1940087	1194561
山东齐鲁软件园	57572	1154	289141	418760	138289
长沙软件园	20463	948	95910	2005862	1014050
广州天河软件园	133242	3684	1105394	1498297	2141773
珠海南方软件园	4843	10348	71390	122369	42417
成都软件园	47255	24207	328177	1465911	1109960
西安软件园	53941		369528		
六、按行业分列					
软件产品行业	6326580	443007	11272898	74685961	17556846
信息系统集成服务行业	742586	29716	2778945	13139838	9825285
信息技术咨询服务行业	213205	19389	1221150	2937459	2723263
数据处理和存储服务行业	801187	18044	2484190	4800383	6775344
嵌入式系统软件行业	492180	229124	2948800	10201715	7776750
集成电路设计行业	86879	59598	1031842	1638671	1042963

2012年软件和信息技术服务业主要指标汇总表（六）

单位：万元

	固定资产折旧	生产税净额	营业盈余	本年应付职工薪酬
软件企业合计	**15233125**	**9141047**	**20979432**	**37492846**
一、按企业登记注册类型分列				
内资企业	10587014	6953135	15169349	25735696
国有企业	745399	547138	1594711	2164053
集体企业	85539	203193	631061	134791
股份合作企业	54733	55026	91571	195548
联营企业	9934	23809	107857	128460
国有联营企业	1571	1577	2007	5624
集体联营企业	2057	2066	6476	95653
国有与集体联营企业	2035	3865	13257	4036
其他联营企业	4271	16301	86116	23147
有限责任公司	6005552	2811816	6955811	10721565
国有独资公司	165958	82679	59929	370488
其他有限责任公司	5839594	2729136	6895882	10351077
股份有限公司	1896452	1376968	2859561	5787712
私营企业	1754172	1913197	2765529	6463509
其他内资企业	35232	21987	163249	140059
中国港、澳、台商投资企业	1155815	950688	5003521	3765683
合资经营企业（中国港、澳、台资）	273004	166631	222183	675160
合作经营企业（中国港、澳、台资）	4479	5184	-8312	57443
中国港、澳、台商独资经营企业	835095	743414	4734629	2890974
中国港、澳、台商投资股份有限公司	43237	35460	55021	142106
外商投资企业	3490296	1237224	806562	7991467
中外合资经营企业	469105	304399	745013	1367125
中外合作经营企业	21510	9143	-26698	83654
外资企业	2869350	906281	50995	6411135
外商投资股份有限公司	130331	17401	37252	129553
二、按经济类型分列				
国有经济	912929	631395	1656647	2540165
集体经济	87596	205259	637537	230443
股份合作经济	54733	55026	91571	195548

2012年软件和信息技术服务业主要指标汇总表（六）

单位：万元

	固定资产折旧	生产税净额	营业盈余	本年应付职工薪酬
股份制经济	7736046	4106105	9755443	16138789
外商及中国港、澳、台投资经济	4646111	2187913	5810083	11757150
其他经济	1795710	1955350	3028150	6630751
三、按控股经济分列				
公有控股经济	5823406	2441939	5455673	10008693
国有控股	5202957	1852090	4288083	8227975
国有绝对控股	4289934	1051925	2270295	5064111
国有相对控股	913023	800165	2017788	3163864
集体控股	620449	589849	1167590	1780718
集体绝对控股	490212	483661	844443	1381368
集体相对控股	130237	106188	323147	399350
非公有控股经济	9409719	6699109	15523759	27484153
私人控股	4972095	4389585	9331815	16064499
私人绝对控股	3981711	3352113	6688292	12608979
私人相对控股	990385	1037472	2643523	3455520
中国港、澳、台商控股	1011921	826703	3903349	3663766
中国港、澳、台商绝对控股	877929	691249	3782576	3173468
中国港、澳、台商相对控股	133993	135454	120773	490298
外商控股	3425702	1482821	2288594	7755889
外商绝对控股	3238196	1365404	2005887	7108000
外商相对控股	187506	117417	282708	647889
四、按软件出口基地分列				
北京软件出口基地	70703	141856	-843017	1236237
天津软件出口基地	10382	2703	7843	34360
大连软件出口基地	452682	172562	564584	1319557
上海软件出口基地	249567	210361	607970	917677
深圳软件出口基地	293046	280747	1887443	2162455
西安软件出口基地	128407	231169	267752	589663
五、按软件园区分列				
北京中关村软件园	122562	327472	382544	1327769
大连软件园	452682	172562	564584	1319543

2012年软件和信息技术服务业主要指标汇总表（六）

单位：万元

	固定资产折旧	生产税净额	营业盈余	本年应付职工薪酬
上海浦东软件园	252423	210389	611801	943242
南京软件园	109025	73569	259810	452259
杭州软件园	371234	465673	2872753	1338595
山东齐鲁软件园	128752	121537	717245	331052
长沙软件园	137731	55439	-11989	144162
广州天河软件园	347247	448137	1030022	1324423
珠海南方软件园	33859	17546	225329	138534
成都软件园	258609	149207	1113739	886642
西安软件园	128407	231169	267752	589663
六、按行业分列				
软件产品行业	7034966	4166027	6964757	17861393
信息系统集成服务行业	1873691	1814233	3308426	6416679
信息技术咨询服务行业	744124	646780	1344039	3011494
数据处理和存储服务行业	2438573	1533959	6634575	5376484
嵌入式系统软件行业	1884167	828010	2163611	3497682
集成电路设计行业	1257605	152038	564024	1329115

2012年软件和信息技术服务业主要指标汇总表（七）

单位：人

	从业人员年末人数	软件研发人员	管理人员	硕士以上人员	大本人员	大专以下
软件企业合计	**4184030**	**1755754**	**494123**	**419763**	**2361991**	**1402142**
一、按企业登记注册类型分列						
内资企业	3195157	1366050	396828	305540	1860918	1028599
国有企业	232935	74709	26313	26705	116674	89559
集体企业	22320	5315	2097	2911	9891	9518
股份合作企业	32270	12565	3586	2724	15722	13821
联营企业	33723	3395	1387	4916	10089	18719
国有联营企业	973	319	110	101	681	192
集体联营企业	22910	473	508	4588	5563	12759
国有与集体联营企业	1655	387	161	83	1114	458
其他联营企业	8185	2216	608	144	2731	5310
有限责任公司	1347462	609941	177888	140915	799867	406625
国有独资公司	41531	15244	3764	4662	23920	12948
其他有限责任公司	1305931	594697	174124	136253	775947	393677
股份有限公司	656809	257177	73908	64274	369417	223100
私营企业	849894	395132	109640	61419	526692	261754
其他内资企业	19744	7816	2009	1676	12566	5503
中国港、澳、台商投资企业	340765	107501	37480	35098	149101	156555
合资经营企业（中国港、澳、台资）	92061	19049	6829	9007	26019	57028
合作经营企业（中国港、澳、台资）	5149	3688	1100	554	3564	1031
中国港、澳、台商独资经营企业	236273	80673	28968	24362	115329	96580
中国港、澳、台商投资股份有限公司	7282	4091	583	1175	4189	1916
外商投资企业	648108	282203	59815	79125	351972	216988
中外合资经营企业	125923	50084	11294	13971	72177	39766
中外合作经营企业	8215	3455	1395	417	4055	3742
外资企业	496503	220500	46075	63586	265747	167157
外商投资股份有限公司	17467	8164	1051	1151	9993	6323
二、按经济类型分列						
国有经济	275439	90272	30187	31468	141275	102699
集体经济	45230	5788	2605	7499	15454	22277
股份合作经济	32270	12565	3586	2724	15722	13821

2012年软件和信息技术服务业主要指标汇总表（七）

单位：人

	从业人员年末人数	软件研发人员	管理人员	硕士以上人员	大本人员	大专以下
股份制经济	1962740	851874	248032	200527	1145364	616777
外商及中国港、澳、台投资经济	988873	389704	97295	114223	501073	373543
其他经济	879478	405551	112418	63322	543103	273025
三、按控股经济分列						
公有控股经济	996898	378901	110156	130350	542524	324016
国有控股	770069	291534	89304	99696	417144	253224
国有绝对控股	517586	177515	56273	61149	281704	174732
国有相对控股	252483	114019	33031	38547	135440	78492
集体控股	226829	87367	20852	30654	125380	70792
集体绝对控股	157498	56688	13675	25740	81300	50453
集体相对控股	69331	30679	7177	4914	44080	20339
非公有控股经济	3187132	1376853	383967	289413	1819467	1078126
私人控股	2250769	1001291	285155	182925	1340213	727539
私人绝对控股	1709909	740156	209649	148769	1013795	547260
私人相对控股	540860	261135	75506	34156	326418	180279
中国港、澳、台商控股	318793	111006	40247	30794	153481	134507
中国港、澳、台商绝对控股	268206	102730	36336	27707	138277	102218
中国港、澳、台商相对控股	50587	8276	3911	3087	15204	32289
外商控股	617570	264556	58565	75694	325773	216080
外商绝对控股	550252	235420	50518	70685	289743	189807
外商相对控股	67318	29136	8047	5009	36030	26273
四、按软件出口基地分列						
北京软件出口基地	76486	35507	5917	10948	41044	24494
天津软件出口基地	5195	2257	677	312	2872	2011
大连软件出口基地	159840	123407	17069	17285	125398	17152
上海软件出口基地	49454	24971	4608	7311	31467	10676
深圳软件出口基地	205457	125868	20858	40620	118448	46384
西安软件出口基地	87632	46000	12908	12331	45150	30136
五、按软件园区分列						
北京中关村软件园	89671	49777	10020	12709	53137	23824
大连软件园	159830	123402	17064	17283	125393	17149

2012年软件和信息技术服务业主要指标汇总表（七）

单位：人

	从业人员年末人数	软件研发人员	管理人员	硕士以上人员	大本人员	大专以下
上海浦东软件园	50686	26045	4805	8427	31555	10704
南京软件园	51880	24357	6069	8680	29248	13951
杭州软件园	146416	55892	17520	13334	88864	44218
山东齐鲁软件园	85741	25944	13937	9055	60003	16682
长沙软件园	26795	12524	3699	2118	17116	7558
广州天河软件园	167114	110917	24819	9684	104681	52748
珠海南方软件园	13522	7471	851	2074	7870	3579
成都软件园	92001	22819	8466	10437	50502	31062
西安软件园	87632	46000	12908	12331	45150	30136
六、按行业分列						
软件产品行业	1877508	914458	227441	202316	1119739	555447
信息系统集成服务行业	796383	293947	90419	71564	471548	253271
信息技术咨询服务行业	332450	157743	39474	28414	210652	93384
数据处理和存储服务行业	537848	192328	59142	48404	295664	193780
嵌入式系统软件行业	485562	145325	57484	50819	199081	235534
集成电路设计行业	154279	51953	20163	18246	65307	70726

2012年软件产品完成情况

项　　目	企业数（个）	本年收入（万元）	其中：出口（万美元）
软件收入明细合计	**29205**	**247937524**	**3942380**
软件产品行业（E6201）			
一、软件产品合计	21262	78572419	988899
（一）基础软件	4546	13260864	109584
1. 操作系统	1004	3238036	9916
2. 数据库系统	779	1965613	8558
3. 中间件	734	3087322	24831
（1）基础中间件	251	1037084	1611
（2）业务中间件	339	1086686	13823
（3）领域中间件	144	963552	9397
4. 办公软件	551	626876	3719
5. 网络基础软件	260	395749	2122
6. 其他	1218	3947268	60439
（二）支撑软件	880	2212446	8682
1. 开发工具和平台软件	403	1020131	6509
2. 测试工具软件	148	208136	1158
3. 网络支持软件	183	327845	822
4. 基本支撑软件	146	656334	192
（三）应用软件	12920	45620111	345690
1. 管理软件	3135	5977880	37498
2. 办公自动化软件	783	1620191	6315
3. 地理信息系统软件	301	737839	3696
4. 网络应用软件	472	1249336	2023
5. 多媒体软件	322	516430	10877
6. 动漫游戏软件	393	2827439	16661
7. 科学和工程计算软件	75	327448	453
8. 智能分析软件	226	529885	357
9. 工业软件	1197	4705083	27061

2012年软件产品完成情况

项　　目	企业数（个）	本年收入（万元）	其中：出口（万美元）
（1）产品研发类软件	334	966298	10422
（2）生产控制类软件	863	3738785	16639
10. 行业应用软件	6016	27128580	240751
（1）通信软件	1039	10741094	105066
（2）金融财税软件	490	2837357	18676
（3）能源软件	419	2332871	4174
（4）商务（贸）软件	106	220945	3221
（5）交通应用软件	516	1813042	9612
（6）医疗软件	393	675204	11772
（7）统计软件	40	42146	5
（8）其他行业应用软件	3013	8465921	88225
（四）嵌入式应用软件	1091	10204828	323021
（五）信息安全产品	793	3138203	17075
1. 基础类安全产品	104	491067	615
2. 终端与数字内容安全产品	54	291597	16
3. 网络与边界安全产品	172	993702	2693
4. 专用安全产品	126	584721	6664
5. 安全测试评估与服务产品	43	153845	2080
6. 安全管理产品	154	300397	256
7. 其他信息安全产品及相关服务	140	322876	4752
（六）软件定制服务	1032	4135966	184847
信息系统集成服务行业（E6202）			
二、信息系统集成服务合计	9312	55832576	482714
（一）信息系统设计服务	2584	15657913	365865
（二）集成实施服务	4477	32931427	79963
（三）运行维护服务	2251	7243236	36886
信息技术咨询服务行业（E6203）			
三、信息技术咨询服务合计	7035	24353981	262628

2012年软件产品完成情况

项　　目	企业数（个）	本年收入（万元）	其中：出口（万美元）
（一）信息化规划	803	4811362	49535
（二）信息技术管理咨询	4217	14074208	176874
（三）信息系统工程监理	634	2169631	5741
（四）测试评估	327	1140233	2662
（五）信息技术培训	1054	2158547	27816
数据处理和存储服务行业（E6204）			
四、数据处理和存储服务合计	4968	41560129	201044
（一）数据处理服务	1152	8679563	84203
（二）运营服务	2593	24937262	52873
1. 软件运营服务	719	2589637	12137
2. 平台运营服务	1642	20430643	36291
（1）物流管理服务平台	171	1204763	2915
（2）电子商务管理	504	7536015	12876
（3）在线娱乐平台	337	6751283	17292
（4）在线教育平台	179	681047	443
（5）其他在线服务平台	451	4257534	2764
3. 基础设施运营服务	232	1916982	4446
（三）存储服务	188	822394	13558
（四）数字内容处理服务	869	6469076	48417
（五）客户交互服务	166	651834	1993
嵌入式系统软件行业（E6205）			
五、嵌入式系统软件合计	3231	39916146	1729109
（一）通信设备	955	19017670	1313126
1. 通信传输设备	405	3673863	174886
（1）光通信设备	145	2066125	102995
（2）卫星通信设备	63	349750	28793
（3）无线通信设备	197	1257988	43098
2. 通信交换设备	103	1760786	142041

2012年软件产品完成情况

项　　目	企业数（个）	本年收入（万元）	其中：出口（万美元）
（1）数字程控交换机	62	1627865	141737
（2）软交换机	24	32957	108
（3）光交换机	17	99964	196
3. 移动通信设备	71	6156200	518391
（1）基站	46	6039717	518346
（2）直放站	25	116483	45
4. 网络设备	376	7426822	477807
（1）网络控制设备	156	2157330	107969
（2）网络接口和适配器	59	3020907	293051
（3）网络连接设备	137	1940574	69247
（4）网络优化设备	24	308011	7540
（二）广播电视设备	147	1428225	11375
1. 广播电视节目制作及播控设备	108	1188050	11319
（1）非线性编辑设备	13	43055	1056
（2）虚拟演播室设备	17	35906	96
（3）音视频信号处理设备	78	1109089	10167
2. 广播电视发射设备	39	240176	56
（1）数字电视发射机	21	147075	56
（2）电视转播发射机	18	93100	
（三）数字家用视听产品	55	1197729	40960
1. 电视接收机顶盒	55	1197729	40960
（四）计算机应用产品	655	7487378	215759
1. 金融、商业、税务电子应用产品	75	435024	3704
（1）银行自助服务终端	33	73771	0
（2）POS机	24	62730	376
（3）税控机	18	298523	3328
2. 汽车电子	230	3771553	12186
（1）传动系控制系统	53	510597	468

2012年软件产品完成情况

项　　目	企业数（个）	本年收入（万元）	其中：出口（万美元）
（2）行驶系控制系统	40	296556	985
（3）车身控制系统	81	2044065	5404
（4）安全控制系统	56	920336	5330
3. 智能交通	53	257547	326
（1）交通信号控制机	53	257547	326
4. 医疗电子设备	124	311669	15661
（1）医用电子仪器设备	104	255234	11262
（2）医学影像设备	20	56435	4399
5. 智能识别装置	164	2687534	183794
6. 自动检售票设备	9	24051	89
（五）信息系统安全产品	83	393432	21873
1. 边界防护类设备和系统	32	127140	1083
2. 密钥管理类设备和系统	51	266292	20790
（六）电子测量仪器	212	588435	10748
1. 器件参数测量仪器	69	159453	2054
2. 扫描、频谱波形分析仪器	30	227819	6472
3. 通信测量仪器	32	90218	1305
4. 特殊测量仪器	81	110945	917
（七）装备自动控制产品	1124	9803275	115267
1. 集散控制系统	384	4954921	42973
2. 电气传动及控制系统	339	2382027	48055
3. 装备制造工控系统	401	2466327	24239
集成电路设计行业（E6206）			
六、集成电路设计合计	898	7702274	277986
（一）MOS微器件	54	276689	6246
（二）逻辑电路	77	299250	1014
（三）MOS存储器	19	378849	36788
（四）模拟电路	86	979996	14064

2012年软件产品完成情况

项　　目	企业数（个）	本年收入（万元）	其中：出口（万美元）
（五）专用电路	187	2229197	110582
（六）智能卡芯片及电子标签芯片	133	941865	20858
（七）传感器电路	83	492617	15578
（八）微波集成电路	19	74686	866
（九）混合集成电路	240	2029125	71991

2012年软件产品出口

出口国家和地区	软件产品合计	操作系统	数据库系统	管理软件	游戏软件
中国香港	49735	108	843	2100	1873
中国台湾	43416	12		25	370
韩国	18675	112	47	643	586
美国	183223	4017	3253	5300	3372
日本	235971	1312	931	27403	2249
德国	5757	15	59	112	
法国	48518	230			2271
英国	7008	817		158	145
印度	24571		125	81	
墨西哥	453			10	
巴西	3287			57	81
俄罗斯	2495				170
南美洲其他国家	722	75	72	4	
大洋州	599				
亚洲其他国家	38468	2483	85	753	2829
西欧其他国家	39266	41	56	84	15
东欧其他国家	1041	93	374		
非洲	30348	518	36	43	

国家和地区表（一）

单位：万美元

通信软件	金融财税软件	工业控制软件	交通应用软件	嵌入式应用软件	信息安全产品	软件定制服务
2794	2737	2110	36	5334	2295	8173
1476	196	467		27016		10710
6743		101	233	3642		3746
40210	1465	5171	8457	12786	773	50556
13705	9137	724	612	39665	4255	69984
2246	1	814		484		
110		3541		40248	6	303
334	2370			579		410
9157		290		147	3260	8884
	80					300
		27		75	112	1852
			71	663	47	
	123			198		28
		10				
3663	756	7271	100	3006	786	2719
96	164	3933		137	53	25
		13		264		
13417		1		151		15060

2012年软件产品出口

出口国家和地区	信息系统集成服务	信息技术咨询服务	数据处理服务
中国香港	6159	4547	1875
中国台湾	1160	1391	4800
韩国	6546	931	1637
美国	29131	45186	6397
日本	37543	67919	6880
德国	2722	1010	71
法国	1690	501	
英国	1835	260	212
印度	2706	12399	
墨西哥	56		
巴西		2	
俄罗斯	9191	25	
南美洲其他国家	3447	3	
大洋洲	165	5	16
亚洲其他国家	16845	38174	233
西欧其他国家	2308	163	28
东欧其他国家		111	
非洲	3115	2502	1202

国家和地区表（二）

单位：万美元

运营服务	嵌入式系统软件	集成电路设计
4727	47050	50837
8069	265364	12153
3669	81604	3226
9112	225153	124275
15740	45539	10247
	3030	4292
42	9962	5
743	654	1747
54	139981	45
63	5227	
13	15310	
	1177	
1472	2335	24
	636	
5086	29211	35297
154	19229	445
	10072	
1848	218172	1110

2012年各省市软件和信息技术服务业

	企业数（个）	软件业务收入	其中：	
			软件产品收入	信息系统集成服务收入
软件企业合计	**29205**	**247937524**	**78572419**	**55832576**
（一）按省市分列				
北京市	2659	36765627	13962546	9319878
天津市	595	5542195	1361204	616531
河北省	254	1272831	340693	833221
山西省	126	299441	168882	89538
内蒙古自治区	65	253582	102732	119866
辽宁省	3352	21356992	7302751	5550951
吉林省	870	2619433	618028	703021
黑龙江省	437	1069933	396033	248866
上海市	2208	20862404	6527647	5100351
江苏省	4012	41670224	11368341	7460960
浙江省	1506	13553435	4493285	2467016
安徽省	170	752332	382069	278674
福建省	1028	10057925	3331050	2964650
江西省	129	546687	146835	252586
山东省	1832	17339359	5653409	3443890
河南省	278	1571970	579052	616239
湖北省	1303	3680895	1727400	987897
湖南省	564	2363509	1048725	665810
广东省	4771	41528727	11715910	6771121
广西壮族自治区	223	592224	306152	165806
海南省	37	161838	47043	106221
重庆市	471	4224058	751950	1282520
四川省	1037	13164807	4396873	3102059
贵州省	181	608302	256616	329906
云南省	103	546873	70318	413467
西藏自治区				
陕西省	722	4907958	1377925	1540750
甘肃省	90	204434	65823	107688

主要指标汇总表（一）

单位：万元

其中：

信息技术咨询服务收入	数据处理和存储服务收入	嵌入式系统软件收入	集成电路设计收入
24353981	**41560129**	**39916146**	**7702274**
2533348	10377216	72675	499963
681372	776163	1231381	875545
51684	10214	36184	833
8450	12966	19343	261
21790	6940	2254	
3411957	2799133	2040297	251902
491427	370045	436644	267
162035	118973	143134	893
2339418	3829422	1430003	1635563
2469923	3338383	14898741	2133875
518004	4323550	1501201	250379
24616	39644	26545	784
1256944	749297	1398331	357653
69780	28612	19094	29779
2916792	1586705	3553443	185120
196700	59060	91831	29088
243345	524931	185361	11961
74175	80456	493777	566
3840346	7377373	11062780	761197
44920	58942	9342	7062
7603	972		
342976	1154710	680603	11300
1423078	3688509	113275	441014
12457	2353	6681	289
9968	49916	3201	4
1159541	160759	452025	216958
11469	19433	3	19

2012年各省市软件和信息技术服务业

	企业数（个）	软件业务收入	其中：	
			软件产品收入	信息系统集成服务收入
青海省	4	2681	200	502
宁夏回族自治区	68	64245	22660	31278
新疆维吾尔自治区	110	352604	50269	261313
（二）按副省级城市分列				
大连市	1474	10260892	4004234	1239606
宁波市	504	1787687	394623	272903
厦门市	497	4400453	1185484	927021
青岛市	263	5301658	607241	1051272
深圳市	2173	24981863	7013427	4480448
沈阳市	1613	10409374	3013332	3992529
长春市	502	1845420	482820	451248
哈尔滨市	367	745630	292879	172869
南京市	1239	19435513	6535314	5819864
杭州市	755	11361539	3934556	2146619
济南市	1245	10421316	4674093	1917229
武汉市	1244	3620306	1701181	971458
广州市	1929	13559090	3788104	2145820
成都市	1020	12733853	4262942	2860476
西安市	722	4907958	1377925	1540750

主要指标汇总表（一）

单位：万元

其中：

信息技术咨询服务收入	数据处理和存储服务收入	嵌入式系统软件收入	集成电路设计收入
107		1872	
2812	2644	4851	
26943	12806	1272	
1972972	2160479	853471	30129
70471	305742	618866	125081
1012683	544894	563688	166683
653520	691794	2174381	123449
543616	3375797	9388059	180517
1408636	623542	1149613	221722
357713	176391	376981	267
118615	33652	126722	893
1650987	1992106	3244972	192270
436175	3916136	829191	98862
2174238	843260	755737	56759
239433	523432	174893	9909
3034196	3681661	532870	376439
1380308	3688414	101000	440714
1159541	160759	452025	216958

2012年各省市软件和信息技术服务业主要指标汇总表（二）

单位：万美元

	软件业务出口收入	软件外包服务出口收入	嵌入式系统软件出口收入
软件企业合计	**3942380**	**988712**	**1729109**
（一）按省市分列			
北京市	237651	227505	585
天津市	24805	3724	2
河北省	5105	226	
山西省	120	120	
内蒙古自治区	128	128	
辽宁省	477696	373681	24605
吉林省	1660	823	450
黑龙江省	3337	2213	739
上海市	269932	132502	16631
江苏省	861983	58559	625134
浙江省	115231	25352	10743
安徽省	5055	3134	1007
福建省	7310	2368	324
江西省	4249	93	28
山东省	126795	29701	87786
河南省	284	205	79
湖北省	12679	7528	801
湖南省	4268	2077	22
广东省	1632295	62445	949156
广西壮族自治区	206	5	15
海南省	599	79	
重庆市	11016	8060	2650
四川省	101587	15122	3047
贵州省	24		
云南省	249	249	
西藏自治区			
陕西省	38071	32768	5303
甘肃省	21	21	
青海省			

2012年各省市软件和信息技术服务业主要指标汇总表（二）

单位：万美元

	软件业务出口收入	软件外包服务出口收入	嵌入式系统软件出口收入
宁夏回族自治区	24	24	
新疆维吾尔自治区			
（二）按副省级城市分列			
大连市	340185	295377	4451
宁波市	18318	671	10050
厦门市			
青岛市	72488	6869	61131
深圳市	1499558	31510	878219
沈阳市	136445	78271	19915
长春市	1577	814	420
哈尔滨市	2353	1260	739
南京市	93633	29761	55617
杭州市	94942	24274	175
济南市	28122	21173	5682
武汉市	12460	7528	582
广州市	33151	28532	504
成都市	99803	15122	2955
西安市	38071	32768	5303

2012年各省市软件和信息技术服务业主要指标汇总表（三）

单位：万元

	利润总额	流动资产平均余额	资产合计	负债合计	固定资产投资额
软件企业合计	**33657511**	**244811098**	**397174514**	**171280463**	**12078537**
（一）按省市分列					
北京市	4627177	33688244	51910796	24077134	714492
天津市	580709	2709749	11195399	1387929	48300
河北省	390723	1423691	1832071	968278	24547
山西省	49113	309391	473482	186753	14117
内蒙古自治区	23978	221571	160226	66855	833
辽宁省	1890013	5534472	16822120	8472944	521323
吉林省	224474	731865	1418824	487362	68190
黑龙江省	204709	798732	1154419	314566	46017
上海市	3280615	21136696	34006735	16558334	716511
江苏省	4612284	80389717	105223850	35072871	1675911
浙江省	3682673	11845473	21187473	8206981	312110
安徽省	150203	1072462	1579046	663686	53360
福建省	989495	2536721	4753733	1978498	132706
江西省	78787	479307	748027	316156	10688
山东省	2557955	7389738	27177155	17524874	289682
河南省	208357	1065850	1661190	636190	5078444
湖北省	391297	4364050	7686558	3888342	350336
湖南省	495757	2948032	6817807	3073165	130558
广东省	6047181	47393352	70019610	34796699	1066575
广西壮族自治区	117272	256774	526890	221681	8755
海南省	18618	135318	276561	146903	1822
重庆市	526475	2432628	6099793	2563199	73552
四川省	2107092	9675247	15154442	5135260	395364
贵州省	35426	230519	471034	150089	9522
云南省	28864	538459	757905	391451	14869
西藏自治区					
陕西省	275741	5059089	7204768	3620063	300778
甘肃省	23227	208526	313049	120183	8925
青海省	198	3295	8548	3512	4

2012年各省市软件和信息技术服务业主要指标汇总表（三）

单位：万元

	利润总额	流动资产平均余额	资产合计	负债合计	固定资产投资额
宁夏回族自治区	6564	40473	94934	44059	3062
新疆维吾尔自治区	32533	191658	438069	206445	7183
（二）按副省级城市分列					
大连市	835563	3016861	11353285	6463777	182629
宁波市	172391	1022494	2635982	1320917	55497
厦门市	425337	132428	307153	153934	9838
青岛市	444760	1513742	12404678	8343023	20546
深圳市	3664284	27878546	37992325	21339004	634287
沈阳市	947443	1720408	4080973	1442512	248798
长春市	158846	584947	1247892	423441	38706
哈尔滨市	158829	724899	1008156	288360	40962
南京市	2313199	66310272	78729952	22311601	1219148
杭州市	3460534	10327372	17773702	6514231	231702
济南市	1581309	4995789	12271857	8422066	173105
武汉市	380450	4302091	7539783	3834201	348534
广州市	1906918	16484746	27018507	11287269	328833
成都市	1626885	9083196	14089831	4429233	364261
西安市	275741	5059089	7204768	3620063	300778

2012年各省市软件和信息技术服务业主要指标汇总表（四）

单位：万元

	主营业务税金及附加	年末所有者权益	年初所有者权益	应交增值税
软件企业合计	**5431674**	**225894051**	**272598521**	**6275836**
（一）按省市分列				
北京市	682159	27833662	23496830	1091942
天津市	183288	9807470	1765837	77808
河北省	51819	863793	767594	34638
山西省	7037	286729	214931	11009
内蒙古自治区	4048	93371	59961	3571
辽宁省	835110	8349176	6833746	308868
吉林省	73359	931462	754350	86021
黑龙江省	21651	839852	601212	40627
上海市	366129	17448401	15223819	694223
江苏省	495059	70150979	67181923	901368
浙江省	389757	12980492	9170625	452372
安徽省	12976	915360	695538	31209
福建省	171573	2775236	2298956	96842
江西省	10487	431871	359683	12182
山东省	332550	9652282	8763504	326476
河南省	35663	1025000	984923	70194
湖北省	76925	3798216	2598997	115118
湖南省	36537	3744642	86863698	138989
广东省	994927	35222911	29369990	1233117
广西壮族自治区	32788	305209	764013	4700
海南省	5440	129658	106659	2960
重庆市	153407	3536594	1248816	312979
四川省	139664	10019182	8658231	131617
贵州省	12818	320945	255288	11643
云南省	11673	366454	345109	6961
西藏自治区				
陕西省	279196	3584705	2559343	64154
甘肃省	5004	192866	449842	4541
青海省	24	5036	4700	716

2012年各省市软件和信息技术服务业主要指标汇总表（四）

单位：万元

	主营业务税金及附加	年末所有者权益	年初所有者权益	应交增值税
宁夏回族自治区	1260	50874	34552	1760
新疆维吾尔自治区	9348	231624	165854	7231
（二）按副省级城市分列				
大连市	341997	4889508	3836948	199084
宁波市	21619	1315064	939874	87104
厦门市	30650	153220	94922	6808
青岛市	62801	4061655	3894684	151095
深圳市	407854	16653321	13642590	844459
沈阳市	477080	2638461	2289939	74268
长春市	48836	824452	690007	53496
哈尔滨市	17388	719796	518416	36082
南京市	306087	56418351	54881284	618740
杭州市	359788	11259471	7868140	349819
济南市	240339	3849792	3359014	126752
武汉市	74798	3705582	2534629	112663
广州市	539295	15731237	12607831	260079
成都市	138436	9660598	8359406	128058
西安市	279196	3584705	2559343	64154

2012年各省市软件和信息技术服务业主要指标汇总表（五）

单位：万元

	应交所得税	出口已退税额	研发经费	应收账款	应付账款
软件企业合计	**8662617**	**798877**	**21737824**	**107404027**	**45700452**
（一）按省市分列					
北京市	691927	11922	2975981	9660258	6077995
天津市	29184	3609	196442	417784	208395
河北省	24862	2052	55689	377608	328446
山西省	15946	283	27880	143557	72035
内蒙古自治区	2304		6777	45720	19338
辽宁省	259878	67751	945800	3738087	1812406
吉林省	36664	4211	57645	226609	152411
黑龙江省	24240	3994	100474	208775	124211
上海市	511529	53800	2066265	6079932	5327918
江苏省	5221887	294332	4051314	18082938	9092619
浙江省	332712	48274	1343297	2881730	1784801
安徽省	19125	590	79130	402915	231266
福建省	67444	38178	572284	963294	427679
江西省	10361	2866	35640	182203	99388
山东省	274539	3413	823628	2975933	2397912
河南省	48012	328	219393	369356	-2088
湖北省	82122	32815	563737	1403288	903290
湖南省	62335	2504	223765	41891383	1823858
广东省	749138	198552	5968934	13458151	11645463
广西壮族自治区	4498	837	18534	151184	45434
海南省	2758		11762	50104	42200
重庆市	30873	522	267098	719670	739934
四川省	86526	26955	682964	2400598	1999156
贵州省	6542	63	14586	87254	38039
云南省	4603	1024	33461	225325	160607
西藏自治区					
陕西省	53941		369528		
甘肃省	3181		12513	80705	40264
青海省	5		94	1496	1151
宁夏回族自治区	817		5118	23803	14937

2012年各省市软件和信息技术服务业主要指标汇总表（五）

单位：万元

	应交所得税	出口已退税额	研发经费	应收账款	应付账款
新疆维吾尔自治区	4664		8094	154366	91385
（二）按副省级城市分列					
大连市	187469	10183	474716	1752894	1088773
宁波市	28916	14518	114692	423237	273188
厦门市	3842	10091	338580	45143	43221
青岛市	49116	1137	299576	860051	1374418
深圳市	438044	147955	3554920	9637227	5136401
沈阳市	59805	24961	432582	1601951	583485
长春市	32858	1789	48646	192124	134149
哈尔滨市	21141	3927	83953	198584	113663
南京市	5009682	240011	1866129	13402584	6296184
杭州市	297756	32895	1174618	2296994	1372054
济南市	133414	1379	447396	1615388	855968
武汉市	81159	32815	556694	1365544	878558
广州市	259271	6631	2061664	2810539	5855372
成都市	79421	26925	633649	2280517	1838593
西安市	53941		369528		

2012年各省市软件和信息技术服务业主要指标汇总表（六）

单位：万元

	固定资产折旧	生产税净额	营业盈余	本年应付职工薪酬
软件企业合计	**15233125**	**9141047**	**20979432**	**37492846**
（一）按省市分列				
北京市	775803	1528402	-2486843	7954045
天津市	341356	53240	594164	560553
河北省	70547	17728	50465	222977
山西省	19453	14016	27549	35893
内蒙古自治区	9001	4552	17417	16199
辽宁省	1103915	479329	1082513	3275885
吉林省	138065	42585	200642	142527
黑龙江省	73731	31845	33239	82600
上海市	1148081	1026335	2836829	4404085
江苏省	6053812	1207669	1788074	6474868
浙江省	596795	689650	3239450	1871805
安徽省	63124	31563	86967	127413
福建省	1103933	338428	580622	1362795
江西省	25206	15252	40538	64040
山东省	868891	738077	2395384	1169370
河南省	68492	54078	145568	131220
湖北省	232443	232082	274212	550094
湖南省	240787	232386	81418	321618
广东省	1392659	1471576	5290520	6017956
广西壮族自治区	23734	7485	29001	86241
海南省	9285	2944	3659	36540
重庆市	218822	76007	449122	449156
四川省	447058	559382	3862667	1308842
贵州省	10598	15228	29582	61694
云南省	27688	19776	19809	96233
西藏自治区				
陕西省	128407	231169	267752	589663
甘肃省	11460	11569	19837	19238
青海省	816	14	-153	378

2012年各省市软件和信息技术服务业主要指标汇总表（六）

单位：万元

	固定资产折旧	生产税净额	营业盈余	本年应付职工薪酬
宁夏回族自治区	4315	729	3109	9961
新疆维吾尔自治区	24850	7954	16320	48960
（二）按副省级城市分列				
大连市	452682	172562	564584	1319543
宁波市	144410	71091	124669	254115
厦门市	195459	83714	97541	660129
青岛市	111383	212323	492780	263292
深圳市	532637	539388	2569971	3136583
沈阳市	584881	276215	445785	1894639
长春市	103432	27808	135869	88972
哈尔滨市	47811	24421	28891	64315
南京市	2990681	324124	645678	3335202
杭州市	422515	600115	3083277	1551364
济南市	588221	395391	1451868	756627
武汉市	225692	231095	269369	541649
广州市	555589	793254	2125825	2284461
成都市	392307	513365	3808360	1235428
西安市	128407	231169	267752	589663

2012年各省市软件和信息技术服务业主要指标汇总表（七）

单位：人

	从业人员年末人数	软件研发人员	管理人员	硕士以上人员	大本人员	大专以下
软件企业合计	**4184030**	**1755754**	**494123**	**419763**	**2361991**	**1402142**
（一）按省市分列						
北京市	525633	224901	56629	74176	282991	168455
天津市	69712	24553	4688	4152	43483	22082
河北省	29649	8218	2973	2152	17837	9660
山西省	9095	3777	1043	613	5711	2772
内蒙古自治区	3977	1363	527	194	2666	1116
辽宁省	435755	312956	43482	42046	335070	58628
吉林省	44724	13312	4555	3443	32057	9227
黑龙江省	22446	14707	3380	3456	15497	3499
上海市	319627	137664	36022	44521	184076	91028
江苏省	691178	197031	87525	62197	306584	322314
浙江省	221916	73828	28347	16900	117024	87992
安徽省	23290	8151	2830	2221	13710	7361
福建省	194963	42092	19521	10447	93657	90857
江西省	14991	4211	1582	944	9078	4967
山东省	255692	73261	33986	28803	160023	66861
河南省	28446	13080	3928	2001	19226	7218
湖北省	97861	49244	16125	12434	58482	26940
湖南省	55373	22642	8085	5192	30708	19470
广东省	747619	416820	99611	69232	409923	268457
广西壮族自治区	17355	3315	1433	530	10354	6473
海南省	3909	1620	466	98	2617	1194
重庆市	83045	17524	6038	5085	47262	30695
四川省	159226	30710	12613	15140	95170	48915
贵州省	11588	4053	1767	301	6587	4700
云南省	10823	5304	1351	509	6520	3794
西藏自治区						
陕西省	87632	46000	12908	12331	45150	30136
甘肃省	5901	2396	1091	319	3952	1630
青海省	241	67	35		83	158

2012年各省市软件和信息技术服务业主要指标汇总表（七）

单位：人

	从业人员年末人数	软件研发人员	管理人员	硕士以上人员	大本人员	大专以下
宁夏回族自治区	2721	1015	545	100	1849	771
新疆维吾尔自治区	9642	1939	1037	226	4644	4772
（二）按副省级城市分列						
大连市	159830	123402	17064	17283	125393	17149
宁波市	49264	8054	6320	1197	15475	32587
厦门市	74756	6326	12817	5704	27776	41277
青岛市	35004	10164	3482	4994	18076	11933
深圳市	336913	191615	36084	48925	181572	106407
沈阳市	257757	183669	24209	23746	202591	31416
长春市	26888	9975	3154	2131	20136	4624
哈尔滨市	17297	11838	2726	2710	11694	2897
南京市	280387	103408	36645	38353	144318	97692
杭州市	159439	60990	20309	15194	96339	47906
济南市	184449	53452	26787	21896	122674	39876
武汉市	95507	48422	15851	12247	57155	26102
广州市	305629	198178	55588	15814	187873	101942
成都市	153844	29391	11769	14725	93326	45792
西安市	87632	46000	12908	12331	45150	30136

2012年各省市

	软件产品小计		其中：							
			基础软件		支撑软件		应用软件		信息安全软件	
		位次		位次		位次		位次		位次
合计	**78572419**		**13260864**		**2212446**		**45620111**		**3138203**	
北京市	13962546	1	1475909	4	20937	12	9620987	1	1549365	1
天津市	1361204	12	84281	17	3275	22	816263	12	33910	12
河北省	340693	19	133634	12	9607	17	110586	21	911	23
山西省	168882	22	18475	21	3505	21	79630	24	6798	17
内蒙古自治区	102732	24	8218	26	51	27	88772	23	734	24
辽宁省	7302751	4	1461158	5	172387	7	3292936	5	135459	7
吉林省	618028	15	93324	14	2649	23	464695	14	27024	13
黑龙江	396033	17	243515	10	26468	11	119569	20		
上海市	6527647	5	907622	8	295782	2	4120236	4	233549	2
江苏省	11368341	3	1662785	2	182567	4	7169410	2	187704	6
浙江省	4493285	7	1417352	6	173032	6	1942314	8	38673	10
安徽省	382069	18	84727	16	16774	13	186797	18	1839	21
福建省	3331050	9	520589	9	159681	8	2211641	7	105660	8
江西省	146835	23	21991	20	4826	20	109675	22	5997	18
山东省	5653409	6	1601933	3	238414	3	3161527	6	212236	5
河南省	579052	16	41340	19	16143	14	490344	13	13110	15
湖北省	1727400	10	91360	15	53400	9	1014808	11	70467	9
湖南省	1048725	13	52532	18	12850	15	415224	15	8656	16
广东省	11715910	2	1746034	1	577963	1	6579264	3	217025	4
广西壮族自治区	306152	20	119422	13	11376	16	153382	19	2502	20
海南省	47043	28	1225	29			45818	27		
重庆市	751950	14	182002	11	41587	10	412339	16	35911	11
四川省	4396873	8	1240226	7	176961	5	1383032	9	229411	3
贵州省	256616	21	2548	28			250502	17	3566	19
云南省	70318	25	14724	22	334	25	54665	25	259	26
陕西省	1377925	11	10295	24	4910	19	1221477	10	15500	14
甘肃省	65823	26	10457	23	5773	18	47426	26	1350	22
青海省	200	30			60	26	140	30		
宁夏回族自治区	22660	29	4383	27	8	28	16777	29	126	27
新疆维吾尔自治区	50269	27	8804	25	1127	24	39877	28	461	25

软件产品收入汇总表

单位：万元

信息系统集成服务小计		信息技术咨询服务小计		数据处理和存储服务小计		嵌入式系统软件小计		集成电路设计小计	
	位次		位次		位次		位次		位次
55832576		**24353981**		**41560129**		**39916146**		**7702274**	
9319878	1	2533348	4	10377216	1	72675	17	499963	5
616531	16	681372	10	776163	10	1231381	8	875545	3
833221	13	51684	19	10214	25	36184	18	833	18
89538	28	8450	27	12966	23	19343	20	261	23
119866	25	21790	23	6940	26	2254	26		
5550951	4	3411957	2	2799133	7	2040297	4	251902	8
703021	14	491427	12	370045	13	436644	12	267	22
248866	23	162035	16	118973	15	143134	14	893	17
5100351	5	2339418	6	3829422	4	1430003	6	1635563	2
7460960	2	2469923	5	3338383	6	14898741	1	2133875	1
2467016	9	518004	11	4323550	3	1501201	5	250379	9
278674	20	24616	22	39644	20	26545	19	784	19
2964650	8	1256944	8	749297	11	1398331	7	357653	7
252586	22	69780	18	28612	21	19094	21	29779	12
3443890	6	2916792	3	1586705	8	3553443	3	185120	11
616239	17	196700	15	59060	17	91831	16	29088	13
987897	12	243345	14	524931	12	185361	13	11961	14
665810	15	74175	17	80456	16	493777	10	566	20
6771121	3	3840346	1	7377373	2	11062780	2	761197	4
165806	24	44920	20	58942	18	9342	22	7062	16
106221	27	7603	28	972	29				
1282520	11	342976	13	1154710	9	680603	9	11300	15
3102059	7	1423078	7	3688509	5	113275	15	441014	6
329906	19	12457	24	2353	28	6681	23	289	21
413467	18	9968	26	49916	19	3201	25	4	25
1540750	10	1159541	9	160759	14	452025	11	216958	10
107688	26	11469	25	19433	22	3	29	19	24
502	30	107	30			1872	27		
31278	29	2812	29	2644	27	4851	24		
261313	21	26943	21	12806	24	1272	28		

III　三资企业统计

2012年三资企业

	企业数（个）	软件业务收入	其中：软件产品收入	信息系统集成服务收入
软件企业合计	**3162**	**67028681**	**18979762**	**11399348**
一、按企业登记注册类型分列				
中国港、澳、台商投资企业	910	22887464	5810206	4952876
合资经营企业（中国港、澳、台资）	231	3256182	1593062	641511
合作经营企业（中国港、澳、台资）	19	214696	32356	78881
中国港、澳、台商独资经营企业	637	18868782	4006379	4008146
中国港、澳、台商投资股份有限公司	23	547804	178409	224338
外商投资企业	2252	44141217	13169556	6446472
中外合资经营企业	521	9779814	3256603	2353261
中外合作经营企业	31	344454	112694	17499
外资企业	1658	32990241	9689726	4020286
外商投资股份有限公司	42	1026708	110533	55426
二、按经济类型分列				
外商及中国港、澳、台投资经济	3162	67028681	18979762	11399348
三、按控股经济分列				
公有控股经济	160	4779638	1608420	802005
国有控股	115	3851070	1368308	701278
国有绝对控股	65	1937295	476417	634243
国有相对控股	50	1913774	891890	67035
集体控股	45	928568	240112	100727
集体绝对控股	32	350278	217054	96179
集体相对控股	13	578290	23058	4548
非公有控股经济	3002	62249043	17371342	10597343
私人控股	327	3717166	939743	521776
私人绝对控股	230	3020074	614540	443111
私人相对控股	97	697092	325203	78665
中国港、澳、台商控股	757	18731871	4492688	4449535
中国港、澳、台商绝对控股	662	17885440	4177001	4285674
中国港、澳、台商相对控股	95	846431	315686	163861
外商控股	1918	39800007	11938911	5626032

主要指标汇总表（一）

单位：万元

其中：

信息技术咨询服务收入	数据处理和存储服务收入	嵌入式系统软件收入	集成电路设计收入
5528999	**11534398**	**15241175**	**4344999**
1265771	7110933	2754625	993052
238221	240428	440439	102520
3009	68125	400	31925
1024541	6709552	2268851	851312
	92828	44935	7295
4263228	4423465	12486550	3351946
306716	554324	3127934	180975
34308	80234	73942	25777
3566166	3762533	8865782	3085747
356037	26374	418891	59447
5528999	11534398	15241175	4344999
723997	205785	1382401	57030
256004	127459	1341646	56375
63241	115986	639618	7789
192763	11473	702028	48586
467993	78326	40755	655
2877	28702	4810	655
465116	49624	35944	
4805002	11328614	13858775	4287969
90159	1807182	256477	101830
68275	1674251	173999	45899
21884	132931	82478	55931
1032860	5099825	2460253	1196710
1017762	5014740	2252372	1137891
15098	85085	207881	58820
3681983	4421607	11142045	2989429

	企业数（个）	软件业务收入	其中：软件产品收入	信息系统集成服务收入
外商绝对控股	1715	37364511	11339645	5187047
外商相对控股	203	2435496	599267	438986
四、按软件出口基地分列				
北京软件出口基地	101	1872131	680253	850329
天津软件出口基地	7	11898	11898	
大连软件出口基地	354	4776534	1516123	478505
上海软件出口基地	88	1438669	401022	56086
深圳软件出口基地	94	2884302	955854	91206
西安软件出口基地	63	648592	192734	289743
五、按软件园区分列				
北京中关村软件园	62	4219613	745942	1837587
大连软件园	354	4776534	1516123	478505
上海浦东软件园	88	1494784	401022	56086
南京软件园	26	569504	271731	67283
杭州软件园	44	4303445	1066678	446195
山东齐鲁软件园	26	194410	68772	21116
长沙软件园	14	192711	169356	
广州天河软件园	85	825805	661926	89060
珠海南方软件园	18	55477	5370	6643
成都软件园	55	3091287	1377729	785660
西安软件园	63	648592	192734	289743
六、按行业分列				
软件产品行业	1425	19985850	16871423	1950038
信息系统集成服务行业	290	9027291	323635	8159364
信息技术咨询服务行业	294	5312805	167281	451940
数据处理和存储服务行业	338	10183230	392100	6469
嵌入式系统软件行业	633	17736099	1180812	829531
集成电路设计行业	182	4783406	44511	2007
七、按省、市分列				
北京市	592	14372599	5520732	4010918

主要指标汇总表（一）

单位：万元

其中：

信息技术咨询服务收入	数据处理和存储服务收入	嵌入式系统软件收入	集成电路设计收入
3521470	4135060	10317111	2864179
160513	286547	824934	125250
146179	146837		48533
1633496	1088613	53442	6356
258789	269033		453739
282796	1474260	56595	23591
51878	1696	28500	84041
11211	1580328	5736	38808
1633496	1088613	53442	6356
258789	269033		509854
25650	228	204612	
57229	2659688	73630	25
40667	24394	39462	
15439	7166	750	
55443	1315	9862	8199
913	4729	7631	30192
560345	36487	21347	309720
51878	1696	28500	84041
567839	512592	34975	48982
425787	24713	63020	30773
3908849	777880	1736	5120
527	9745324	38811	
89826	391874	15090622	153433
536171	82015	12011	4106691
547174	4060993	20998	211784

2012年三资企业

	企业数（个）	软件业务收入	其中：	
			软件产品收入	信息系统集成服务收入
天津市	69	2389955	276430	26675
河北省	7	71904	68555	
山西省	2	39380	39035	
内蒙古自治区	1	821	821	
辽宁省	396	5811999	1695977	979001
吉林省	26	374470	14865	45647
黑龙江省	13	21198	8446	4510
上海市	468	9091182	2247944	2435205
江苏省	592	15927902	2899817	1200930
浙江省	125	4864936	1178551	482361
安徽省	7	41877	41187	229
福建省	106	2189685	421257	375858
江西省	7	49983	7489	6775
山东省	71	891964	132125	108779
河南省	3	28630	625	22876
湖北省	52	253109	129860	46325
湖南省	29	220467	191682	1083
广东省	431	5746170	2313089	384502
广西壮族自治区	3	5579	5180	
海南省	2	12887	807	12080
重庆市	22	512103	30210	124344
四川省	69	3446333	1556046	833922
贵州省				
云南省	4	13729	6093	7586
西藏自治区				
陕西省	63	648592	192734	289743
甘肃省	1	138	138	
青海省				
宁夏回族自治区	1	1090	68	
新疆维吾尔自治区				

主要指标汇总表（一）

单位：万元

其中：

信息技术咨询服务收入	数据处理和存储服务收入	嵌入式系统软件收入	集成电路设计收入
86957	223818	1122667	653408
265	3084		
345			
1844595	1097696	155846	38885
59684	21949	232325	
2144	4606	1492	
1281848	574744	1253213	1298229
227776	868979	9354182	1376218
176751	2674183	298635	54455
	461		
36004	27838	1258630	70099
4914	426	600	29779
57275	59576	534208	
		5083	46
14261	36813	22865	2985
15511	7211	4496	484
408048	1707354	728310	204867
	399		
25964	124828	196758	9999
687555	37744	21347	309720
50			
51878	1696	28500	84041
		1022	

	企业数（个）	软件业务收入	其中：	
			软件产品收入	信息系统集成服务收入
八、按副省级城市分列				
大连市	354	4776534	1516123	478505
宁波市	70	388811	67686	35826
厦门市	45	857429	101742	133604
青岛市	16	126186	9523	11227
深圳市	215	3861006	1588898	233967
沈阳市	31	1014970	169167	497576
长春市	16	354214	10316	45307
哈尔滨市	12	17312	8446	2510
南京市	132	3357645	1447235	417637
杭州市	45	4421636	1066678	446195
济南市	42	361283	109609	88598
武汉市	51	253049	129860	46265
广州市	135	1126670	683664	123140
成都市	68	3444257	1556046	833922
西安市	63	648592	192734	289743

主要指标汇总表（一）

单位：万元

其中：

信息技术咨询服务收入	数据处理和存储服务收入	嵌入式系统软件收入	集成电路设计收入
1633496	1088613	53442	6356
912	9448	221828	53111
32183	19008	546831	24060
3062	12207	90167	
320782	1500107	156509	60742
211089	5780	98829	32529
59314	6952	232325	
258	4606	1492	
199327	77384	1196157	19905
175420	2659688	73630	25
54144	47369	61563	
14261	36813	22865	2985
82827	169503	16421	51114
685479	37744	21347	309720
51878	1696	28500	84041

2012年三资企业主要指标汇总表（二）

单位：万美元

	软件业务出口收入	软件外包服务出口收入	嵌入式系统软件出口收入
软件企业合计	**1792666**	**708067**	**630495**
一、按企业登记注册类型分列			
中国港、澳、台商投资企业	270450	42159	89882
合资经营企业（中国港、澳、台资）	17671	7535	4336
合作经营企业（中国港、澳、台资）	2087	175	
中国港、澳、台商独资经营企业	248197	32725	84786
中国港、澳、台商投资股份有限公司	2495	1725	760
外商投资企业	1522216	665908	540614
中外合资经营企业	139918	62359	59772
中外合作经营企业	1167	596	
外资企业	1356775	597240	464155
外商投资股份有限公司	24356	5713	16686
二、按经济类型分列			
外商及中国港、澳、台投资经济	1792666	708067	630495
三、按控股经济分列			
公有控股经济	34434	10854	17636
国有控股	26431	4984	17636
国有绝对控股	23380	3612	17636
国有相对控股	3051	1372	
集体控股	8003	5870	0
集体绝对控股	6344	4296	0
集体相对控股	1659	1574	
非公有控股经济	1758232	697213	612859
私人控股	42950	27629	7477
私人绝对控股	31958	19916	4677
私人相对控股	10992	7713	2800
中国港、澳、台商控股	232541	37270	65886
中国港、澳、台商绝对控股	227483	36449	61777
中国港、澳、台商相对控股	5058	821	4109
外商控股	1482742	632314	539496
外商绝对控股	1439452	617799	522618

2012年三资企业主要指标汇总表（二）

单位：万美元

	软件业务出口收入	软件外包服务出口收入	嵌入式系统软件出口收入
外商相对控股	43290	14515	16878
四、按软件出口基地分列			
北京软件出口基地	100768	100768	
天津软件出口基地	1595	1155	
大连软件出口基地	258348	234995	2881
上海软件出口基地	109420	38794	
深圳软件出口基地	39922	24641	4256
西安软件出口基地	12212	12170	42
五、按软件园区分列			
北京中关村软件园	49732	41394	
大连软件园	258348	234995	2881
上海浦东软件园	108029	38794	
南京软件园	9041	8869	172
杭州软件园	54945	12100	
山东齐鲁软件园	8307	6974	210
长沙软件园	1236	1236	
广州天河软件园	25042	23803	45
珠海南方软件园	4630	292	265
成都软件园	90083	10005	2944
西安软件园	12212	12170	42
六、按行业分列			
软件产品行业	498300	379092	210
信息系统集成服务行业	50787	43524	1385
信息技术咨询服务行业	232202	228480	
数据处理和存储服务行业	86867	28473	
嵌入式系统软件行业	689096	855	628900
集成电路设计行业	235414	27644	
七、按省、市分列			
北京市	197351	188703	310
天津市	3565	2547	
河北省	747	199	

2012年三资企业主要指标汇总表（二）

单位：万美元

	软件业务出口收入	软件外包服务出口收入	嵌入式系统软件出口收入
山西省	120	120	
内蒙古自治区	128	128	
辽宁省	288712	249257	4205
吉林省	600	556	
黑龙江省	310	310	
上海市	246124	120373	16631
江苏省	707735	38940	528651
浙江省	65846	12578	7482
安徽省	2803	2705	
福建省	1687	1687	
江西省	4221	93	
山东省	30717	8607	19300
河南省			
湖北省	3630	2811	
湖南省	1677	1404	11
广东省	131708	54236	49535
广西壮族自治区			
海南省	79	79	
重庆市	1675	290	1385
四川省	90750	10005	2944
贵州省			
云南省	249	249	
西藏自治区			
陕西省	12212	12170	42
甘肃省	21	21	
青海省			
宁夏回族自治区			
新疆维吾尔自治区			
八、按副省级城市分列			
大连市	258348	234995	2881
宁波市	10531	213	7482

2012年三资企业主要指标汇总表（二）

单位：万美元

	软件业务出口收入	软件外包服务出口收入	嵌入式系统软件出口收入
厦门市			
青岛市	3994	474	1937
深圳市	54706	26149	7964
沈阳市	30361	14262	1324
长春市	556	556	
哈尔滨市	110	110	
南京市	62191	21954	39827
杭州市	54945	12100	
济南市	8730	7189	418
武汉市	3630	2811	
广州市	27989	25941	45
成都市	90750	10005	2944
西安市	12212	12170	42

2012年三资企业主要指标汇总表（三）

单位：万元

	主营业务税金及附加	利润总额	流动资产平均余额	资产合计	负债合计
软件企业合计	**1269886**	**10639054**	**44081826**	**75543043**	**33855697**
一、按企业登记注册类型分列					
中国港、澳、台商投资企业	619627	6530008	21419777	32476441	13120614
合资经营企业（中国港、澳、台资）	58758	418929	3600439	4992096	2675648
合作经营企业（中国港、澳、台资）	2357	14036	290948	457157	266150
中国港、澳、台商独资经营企业	473561	5943440	16750762	25772661	9650390
中国港、澳、台商投资股份有限公司	84951	153603	777628	1254528	528427
外商投资企业	650258	4109045	22662049	43066602	20735082
中外合资经营企业	119355	787380	4436825	9474356	5317123
中外合作经营企业	6902	2494	124044	250396	159959
外资企业	515675	3206688	17452763	31661338	14743086
外商投资股份有限公司	8327	112484	648417	1680512	514915
二、按经济类型分列					
外商及中国港、澳、台投资经济	1269886	10639054	44081826	75543043	33855697
三、按控股经济分列					
公有控股经济	59583	361177	2477165	4513624	2276726
国有控股	38332	284958	2133546	3880475	1804407
国有绝对控股	24891	140877	1136586	2343726	1079462
国有相对控股	13441	144081	996960	1536749	724945
集体控股	21251	76219	343619	633149	472319
集体绝对控股	4412	46183	252374	517132	285917
集体相对控股	16839	30036	91245	116017	186402
非公有控股经济	1210303	10277876	41604662	71029420	31578970
私人控股	154347	1392265	3817397	6175378	2487474
私人绝对控股	119189	1230793	3026982	4656615	1998599
私人相对控股	35159	161472	790415	1518764	488875
中国港、澳、台商控股	471909	4998393	17336429	26592201	10863053
中国港、澳、台商绝对控股	377501	4876324	15661521	24177828	9274085
中国港、澳、台商相对控股	94408	122069	1674908	2414374	1588968
外商控股	584047	3887218	20450836	38261840	18228443
外商绝对控股	532346	3662112	19481142	34270824	16003961

2012年三资企业主要指标汇总表（三）

单位：万元

	主营业务税金及附加	利润总额	流动资产平均余额	资产合计	负债合计
外商相对控股	51701	225107	969694	3991015	2224482
四、按软件出口基地分列					
北京软件出口基地	33305	58688	1315086	1798111	1037833
天津软件出口基地	66	-361	8517	22570	3229
大连软件出口基地	188350	389154	694506	3514436	2087331
上海软件出口基地	14890	394643	1243613	2223120	878944
深圳软件出口基地	81270	1237991	3189294	4818897	2305752
西安软件出口基地	41246	26382	299977	449093	188933
五、按软件园区分列					
北京中关村软件园	66033	1173444	3635651	5070537	2004136
大连软件园	188350	389154	694506	3514436	2087331
上海浦东软件园	14888	397705	1235894	2252082	879486
南京软件园	10913	97736	777073	1171769	819568
杭州软件园	183479	2258604	4437110	6054333	2248384
山东齐鲁软件园	3316	44640	119663	311177	219193
长沙软件园	3035	30064	332144	462452	221900
广州天河软件园	21541	317148	822158	1501099	291574
珠海南方软件园	595	2608	129823	178839	68837
成都软件园	11040	220350	651182	1228374	339183
西安软件园	41246	26382	299977	449093	188933
六、按行业分列					
软件产品行业	362125	3182004	16925192	26067672	12788673
信息系统集成服务行业	226235	817048	5692978	8934586	5514204
信息技术咨询服务行业	174582	719543	2573561	4503122	1501790
数据处理和存储服务行业	396406	4705904	11662935	18133224	7033947
嵌入式系统软件行业	58485	747661	4407561	9556479	4706615
集成电路设计行业	52054	466894	2819599	8347960	2310467
七、按省、市分列					
北京市	276847	2055050	12991854	17476714	8010686
天津市	24146	346576	197980	3637916	459965
河北省	2029	78375	314888	366084	113669

2012年三资企业主要指标汇总表（三）

单位：万元

	主营业务税金及附加	利润总额	流动资产平均余额	资产合计	负债合计
山西省	804	6678	39948	60662	28114
内蒙古自治区	24	137		1528	457
辽宁省	257428	484146	777297	3753799	2228660
吉林省	10530	49428	59260	327229	118562
黑龙江省	388	3641	26060	45962	5754
上海市	94887	1547034	6794761	11446289	5047645
江苏省	78840	1097376	7021173	13362337	6401307
浙江省	186288	2304066	4704758	6649908	2589789
安徽省	226	6119	15230	40733	12831
福建省	18628	196718	485768	1211609	609129
江西省	513	7382	57371	83495	37696
山东省	7766	81268	205734	713722	468748
河南省	157	4191	20814	35196	9117
湖北省	2577	16777	166519	254440	106307
湖南省	3441	35193	389039	534952	235292
广东省	159937	2006675	8566627	12925075	6473746
广西壮族自治区	457	1112	1519	10519	5674
海南省	478	992	8011	13091	6417
重庆市	83514	67179	32583	585808	94891
四川省	18611	216252	892340	1545036	596477
贵州省					
云南省	101	112	12250	11787	5807
西藏自治区					
陕西省	41246	26382	299977	449093	188933
甘肃省	8	-34	67	62	24
青海省					
宁夏回族自治区	17	231			
新疆维吾尔自治区					
八、按副省级城市分列					
大连市	188350	389154	694506	3514436	2087331
宁波市	1933	25123	210595	481833	290506

2012年三资企业主要指标汇总表（三）

单位：万元

	主营业务税金及附加	利润总额	流动资产平均余额	资产合计	负债合计
厦门市	2049	76661	2043	48531	42088
青岛市	1319	5445	23324	121427	42149
深圳市	107098	1560150	6068567	8848619	4936106
沈阳市	68794	92642	57951	203869	119094
长春市	6329	48092	53963	324107	117140
哈尔滨市	346	2482	25513	45468	5402
南京市	30808	325605	2765763	3305372	1880127
杭州市	183479	2262601	4437110	6054333	2248384
济南市	6107	62234	165133	464882	355211
武汉市	2574	16807	166519	254310	106239
广州市	42416	343750	1409555	2474924	782779
成都市	18495	216116	887860	1540338	592898
西安市	41246	26382	299977	449093	188933

2012年三资企业主要指标汇总表（四）

单位：万元

	年末所有者权益	年初所有者权益	应交所得税	应交增值税	出口已退税额
软件企业合计	**41687347**	**30659771**	**1285893**	**1462008**	**328060**
一、按企业登记注册类型分列					
中国港、澳、台商投资企业	19355827	14197202	678135	655017	91341
合资经营企业（中国港、澳、台资）	2316448	1918328	62091	136337	8586
合作经营企业（中国港、澳、台资）	191007	174455	2238	2934	11
中国港、澳、台商独资经营企业	16122271	11470198	597706	473414	72051
中国港、澳、台商投资股份有限公司	726101	634220	16100	42332	10693
外商投资企业	22331520	16462569	607758	806991	236719
中外合资经营企业	4157233	2988663	90197	301239	167154
中外合作经营企业	90438	109763	4799	7480	1
外资企业	16918252	12487137	493571	482891	68377
外商投资股份有限公司	1165597	877006	19190	15381	1187
二、按经济类型分列					
外商及中国港、澳、台投资经济	41687347	30659771	1285893	1462008	328060
三、按控股经济分列					
公有控股经济	2236897	1782625	32763	100371	8264
国有控股	2076068	1682232	28316	81990	6959
国有绝对控股	1264264	909613	15495	55280	6549
国有相对控股	811803	772619	12821	26711	409
集体控股	160830	100394	4447	18380	1305
集体绝对控股	231215	173829	3913	15424	1305
集体相对控股	-70385	-73435	534	2957	
非公有控股经济	39450449	28877145	1253130	1361637	319797
私人控股	3687905	2428628	74343	68384	5599
私人绝对控股	2658016	1509947	61063	42914	4209
私人相对控股	1029889	918681	13280	25470	1390
中国港、澳、台商控股	15729148	11887429	613949	605703	97225
中国港、澳、台商绝对控股	14903743	11204044	588533	498170	66406
中国港、澳、台商相对控股	825405	683385	25416	107533	30819
外商控股	20033397	14561089	564838	687551	216972
外商绝对控股	18266863	13420515	537393	627824	209373

2012年三资企业主要指标汇总表（四）

单位：万元

	年末所有者权益	年初所有者权益	应交所得税	应交增值税	出口已退税额
外商相对控股	1766533	1140574	27445	59727	7600
四、按软件出口基地分列					
北京软件出口基地	760278	732353	11981	67826	
天津软件出口基地	19341	20596	61	4	
大连软件出口基地	1427105	717438	44202	101960	1344
上海软件出口基地	1344176	1059596	62377	122477	23390
深圳软件出口基地	2513144	1638712	138294	57102	16122
西安软件出口基地	260160	201089	6905	10401	
五、按软件园区分列					
北京中关村软件园	3066401	2232285	168226	88863	10897
大连软件园	1427105	717438	44202	101960	1344
上海浦东软件园	1372596	1085900	62955	122477	23237
南京软件园	352201	347435	9724	52425	103370
杭州软件园	3805950	2750441	157580	103487	14570
山东齐鲁软件园	91985	81580	3437	2502	92
长沙软件园	240552	218962	4433	4770	
广州天河软件园	1209525	680540	43442	23391	3320
珠海南方软件园	110002	104594	106	1057	1513
成都软件园	889190	347307	3607	4151	24043
西安软件园	260160	201089	6905	10401	
六、按行业分列					
软件产品行业	13278999	10178236	428455	801565	218351
信息系统集成服务行业	3420381	2883701	86385	147220	2622
信息技术咨询服务行业	3001332	1755424	70686	138630	2973
数据处理和存储服务行业	11099277	7811359	472883	179566	284
嵌入式系统软件行业	4849864	3047326	178744	153305	62752
集成电路设计行业	6037493	4983724	48741	41722	41079
七、按省、市分列					
北京市	9466028	7962475	361714	447382	10897
天津市	3177951	806383	13322	30549	40
河北省	252414	187004	12205	15219	398

2012年三资企业主要指标汇总表（四）

单位：万元

	年末所有者权益	年初所有者权益	应交所得税	应交增值税	出口已退税额
山西省	32548	26875	1027	974	
内蒙古自治区	1071	958	20		
辽宁省	1525139	786868	46649	106750	3012
吉林省	208667	184053	16974	29760	6
黑龙江省	40208	25340	168	696	
上海市	6398645	4886226	182573	239980	36040
江苏省	6961030	6261839	186137	138290	152995
浙江省	4060119	2996042	170251	120912	25410
安徽省	27902	15338	1175	1141	
福建省	602480	598994	19998	21828	17354
江西省	45799	43861	965	2422	2827
山东省	244973	225787	6544	10201	219
河南省	26079	22907	561	1332	
湖北省	148133	90548	2536	4704	467
湖南省	299660	272616	5050	6823	1029
广东省	6451329	4623068	244351	201903	50337
广西壮族自治区	4845	3838	240	166	
海南省	6674	5876	197		
重庆市	490917	19453	210	63259	13
四川省	948559	406328	6055	7139	26746
贵州省					
云南省	5980	5934	66	176	271
西藏自治区					
陕西省	260160	201089	6905	10401	
甘肃省	38	68			
青海省					
宁夏回族自治区					
新疆维吾尔自治区					
八、按副省级城市分列					
大连市	1427105	717438	44202	101960	1344
宁波市	191327	165787	10579	13500	10821

2012年三资企业主要指标汇总表（四）

单位：万元

	年末所有者权益	年初所有者权益	应交所得税	应交增值税	出口已退税额
厦门市	6443	35855	2487	508	568
青岛市	79277	78169	88	110	
深圳市	3912513	2683805	181631	157908	31689
沈阳市	84775	54105	2006	3960	1668
长春市	206967	183762	16974	24253	6
哈尔滨市	40066	25204	166	669	
南京市	1425245	1338493	99716	103127	121034
杭州市	3805950	2750441	157580	103487	14570
济南市	109671	101574	4964	6369	92
武汉市	148071	90475	2536	4704	467
广州市	1692145	1200668	47665	26376	3324
成都市	947440	405412	6021	7151	26746
西安市	260160	201089	6905	10401	

2012年三资企业主要指标汇总表（五）

单位：万元

	固定资产折旧	生产税净额	营业盈余	本年应付职工薪酬
软件企业合计	**4646111**	**2187913**	**5810083**	**11757150**
一、按企业登记注册类型分列				
中国港、澳、台商投资企业	1155815	950688	5003521	3765683
合资经营企业（中国港、澳、台资）	273004	166631	222183	675160
合作经营企业（中国港、澳、台资）	4479	5184	-8312	57443
中国港、澳、台商独资经营企业	835095	743414	4734629	2890974
中国港、澳、台商投资股份有限公司	43237	35460	55021	142106
外商投资企业	3490296	1237224	806562	7991467
中外合资经营企业	469105	304399	745013	1367125
中外合作经营企业	21510	9143	-26698	83654
外资企业	2869350	906281	50995	6411135
外商投资股份有限公司	130331	17401	37252	129553
二、按经济类型分列				
外商及中国港、澳、台投资经济	4646111	2187913	5810083	11757150
三、按控股经济分列				
公有控股经济	224958	128400	281938	545533
国有控股	197690	108490	229316	431712
国有绝对控股	100807	52768	136626	236562
国有相对控股	96883	55722	92690	195150
集体控股	27268	19910	52623	113821
集体绝对控股	15296	8357	28583	56822
集体相对控股	11972	11553	24039	56999
非公有控股经济	4421153	2059513	5528145	11211617
私人控股	178764	136128	1221516	637189
私人绝对控股	138748	83760	1119326	530036
私人相对控股	40016	52368	102190	107153
中国港、澳、台商控股	951578	763537	3584825	3255411
中国港、澳、台商绝对控股	844625	657377	3489626	3033156
中国港、澳、台商相对控股	106953	106160	95199	222255
外商控股	3290811	1159848	721804	7319017
外商绝对控股	3148119	1072573	484253	6858704

2012年三资企业主要指标汇总表（五）

单位：万元

	固定资产折旧	生产税净额	营业盈余	本年应付职工薪酬
外商相对控股	142692	87276	237551	460313
四、按软件出口基地分列				
北京软件出口基地	52908	94468	-697542	911211
天津软件出口基地	2246	0	-185	8016
大连软件出口基地	178844	69189	216218	552333
上海软件出口基地	179446	135711	393422	600973
深圳软件出口基地	133610	56036	1118072	524446
西安软件出口基地	22150	33055	49392	75103
五、按软件园区分列				
北京中关村软件园	53072	129371	522643	783657
大连软件园	178844	69189	216218	552333
上海浦东软件园	182825	135709	396548	626916
南京软件园	33211	24265	59609	70034
杭州软件园	69308	276867	2153689	513454
山东齐鲁软件园	7440	3672	35232	17580
长沙软件园	14295	5450	2849	27561
广州天河软件园	35817	47566	248849	217595
珠海南方软件园	9887	1542	1904	15740
成都软件园	83825	21511	547405	258725
西安软件园	22150	33055	49392	75103
六、按行业分列				
软件产品行业	1010378	863908	1015875	5112761
信息系统集成服务行业	281121	416692	66839	1560143
信息技术咨询服务行业	324299	218972	389710	1100672
数据处理和存储服务行业	1027746	455612	3403219	1993085
嵌入式系统软件行业	1074522	168796	604940	1151145
集成电路设计行业	928045	63932	329500	839344
七、按省、市分列				
北京市	357011	687665	-1461662	4261775
天津市	185603	17505	302610	220176
河北省	17055	147	11	16936

2012年三资企业主要指标汇总表（五）

单位：万元

	固定资产折旧	生产税净额	营业盈余	本年应付职工薪酬
山西省	2931		9	3510
内蒙古自治区	78	24	128	520
辽宁省	281488	139788	274643	672111
吉林省	18250	4408	30176	29442
黑龙江省	1062	893	644	1289
上海市	493625	468236	1399594	2040152
江苏省	2384820	143904	356294	1665806
浙江省	134538	293809	2180014	613925
安徽省	7076	212	3293	11723
福建省	54395	42945	128487	274784
江西省	10917	605	4117	6247
山东省	52163	13835	68279	55190
河南省	798	2480	4027	1576
湖北省	13904	15083	14072	33809
湖南省	17027	6963	1181	32192
广东省	448318	254098	1778881	1291676
广西壮族自治区	64			646
海南省	94	513	980	3179
重庆市	46795	28316	108138	53738
四川省	95807	33139	566830	389383
贵州省				
云南省	124	290	-21	1802
西藏自治区				
陕西省	22150	33055	49392	75103
甘肃省	18		-34	96
青海省				
宁夏回族自治区				364
新疆维吾尔自治区				
八、按副省级城市分列				
大连市	178844	69189	216218	552333
宁波市	44357	13726	18440	40040

2012年三资企业主要指标汇总表（五）

单位：万元

	固定资产折旧	生产税净额	营业盈余	本年应付职工薪酬
厦门市	33037	12864	51223	82526
青岛市	855	132	-128	20822
深圳市	195505	155224	1364060	840304
沈阳市	99730	69888	57748	117672
长春市	17269	4093	27296	25838
哈尔滨市	755	773	529	1089
南京市	168286	61443	99476	421836
杭州市	86052	276867	2153689	565679
济南市	20224	6605	52489	22926
武汉市	13904	15083	14072	33801
广州市	48460	71140	317832	279090
成都市	95674	33139	566830	389187
西安市	22150	33055	49392	75103

2012年三资企业主要指标汇总表（六）

单位：人

	从业人员年末人数	软件研发人员	管理人员	硕士以上人员	大本人员	大专以下
软件企业合计	**988873**	**389704**	**97295**	**114223**	**501073**	**373543**
一、按企业登记注册类型分列						
中国港、澳、台商投资企业	340765	107501	37480	35098	149101	156555
合资经营企业（中国港、澳、台资）	92061	19049	6829	9007	26019	57028
合作经营企业（中国港、澳、台资）	5149	3688	1100	554	3564	1031
中国港、澳、台商独资经营企业	236273	80673	28968	24362	115329	96580
中国港、澳、台商投资股份有限公司	7282	4091	583	1175	4189	1916
外商投资企业	648108	282203	59815	79125	351972	216988
中外合资经营企业	125923	50084	11294	13971	72177	39766
中外合作经营企业	8215	3455	1395	417	4055	3742
外资企业	496503	220500	46075	63586	265747	167157
外商投资股份有限公司	17467	8164	1051	1151	9993	6323
二、按经济类型分列						
外商及中国港、澳、台投资经济	988873	389704	97295	114223	501073	373543
三、按控股经济分列						
公有控股经济	64740	26511	5482	9119	37222	18400
国有控股	48745	15839	4614	8022	25265	15460
国有绝对控股	32083	9243	3743	2576	18756	10752
国有相对控股	16662	6596	871	5446	6509	4708
集体控股	15995	10672	868	1097	11957	2940
集体绝对控股	8450	4032	710	655	5098	2696
集体相对控股	7545	6640	158	442	6859	244
非公有控股经济	924133	363193	91813	105104	463851	355143
私人控股	78817	25023	6593	5825	34853	38135
私人绝对控股	61443	16009	4272	3787	24743	32911
私人相对控股	17374	9014	2321	2038	10110	5224
中国港、澳、台商控股	282537	96905	32708	27028	133263	122236
中国港、澳、台商绝对控股	244978	93279	30255	26139	123944	94892
中国港、澳、台商相对控股	37559	3626	2453	889	9319	27344
外商控股	562779	241265	52512	72251	295735	194772
外商绝对控股	520470	219018	47462	68315	269514	182625

2012年三资企业主要指标汇总表（六）

单位：人

	从业人员年末人数	软件研发人员	管理人员	硕士以上人员	大本人员	大专以下
外商相对控股	42309	22247	5050	3936	26221	12147
四、按软件出口基地分列						
北京软件出口基地	39150	23543	3042	8441	22300	8409
天津软件出口基地	926	718	110	75	707	144
大连软件出口基地	73906	62395	5668	5625	60196	8086
上海软件出口基地	20836	11124	1648	3550	13802	3484
深圳软件出口基地	39535	25409	6146	5377	25498	8661
西安软件出口基地	8564	4426	1190	1528	4791	2244
五、按软件园区分列						
北京中关村软件园	46040	31081	4902	7527	29145	9368
大连软件园	73906	62395	5668	5625	60196	8086
上海浦东软件园	22145	12187	1840	4663	13982	3500
南京软件园	9300	4017	653	1823	4117	3361
杭州软件园	40413	14630	4263	6412	24026	9975
山东齐鲁软件园	3940	1614	568	216	2876	848
长沙软件园	4076	1607	294	227	1885	1963
广州天河软件园	15632	10811	1392	1589	10831	3212
珠海南方软件园	1703	606	168	194	741	768
成都软件园	23477	7803	665	4694	15356	3426
西安软件园	8564	4426	1190	1528	4791	2244
六、按行业分列						
软件产品行业	395053	192615	38698	55696	225597	113760
信息系统集成服务行业	103929	33729	8817	15976	51821	36132
信息技术咨询服务行业	77091	53374	6151	7734	58810	10547
数据处理和存储服务行业	136219	54615	12153	17486	73445	45288
嵌入式系统软件行业	184447	26366	22132	6109	56300	122004
集成电路设计行业	92134	29005	9344	11222	35100	45812
七、按省、市分列						
北京市	188252	92406	19425	38359	108340	41550
天津市	17996	4719	590	1281	9355	7364
河北省	2583	408	258	35	1778	770

2012年三资企业主要指标汇总表（六）

单位：人

	从业人员年末人数	软件研发人员	管理人员	硕士以上人员	大本人员	大专以下
山西省	664	111	14	67	362	235
内蒙古自治区	60	25	3	3	26	31
辽宁省	91051	71461	6814	6824	72556	11671
吉林省	5412	483	407	198	3962	1254
黑龙江省	450	371	63	60	291	98
上海市	118199	53087	10417	21306	71882	25012
江苏省	248894	54239	31484	14568	75619	158678
浙江省	52024	18947	5295	7634	27609	16778
安徽省	1780	826	118	327	918	535
福建省	44402	10754	2870	1811	17715	24874
江西省	1112	217	59	81	665	365
山东省	9350	3851	1163	1141	6145	2066
河南省	231	99	63	11	114	106
湖北省	5735	3586	745	635	4025	1075
湖南省	5186	2118	430	260	2664	2261
广东省	146037	55723	14141	10746	66032	69259
广西壮族自治区	107	72	20	5	82	20
海南省	330	93	9	5	164	161
重庆市	10376	1668	597	467	7070	2838
四川省	29714	9748	1081	6830	18643	4240
贵州省						
云南省	315	223	33	33	228	54
西藏自治区						
陕西省	8564	4426	1190	1528	4791	2244
甘肃省	15	12	3		11	4
青海省						
宁夏回族自治区	34	31	3	8	26	
新疆维吾尔自治区						
八、按副省级城市分列						
大连市	73906	62395	5668	5625	60196	8086
宁波市	8223	1495	873	133	2068	6019

2012年三资企业主要指标汇总表（六）

单位：人

	从业人员年末人数	软件研发人员	管理人员	硕士以上人员	大本人员	大专以下
厦门市	9556	1061	1979	997	3644	4916
青岛市	2496	1532	273	684	1374	438
深圳市	82567	36746	9652	8383	39345	34835
沈阳市	16260	8985	1090	1187	12200	2873
长春市	5006	397	380	152	3675	1181
哈尔滨市	354	284	54	45	220	88
南京市	41614	18328	5818	9050	15055	17504
杭州市	42479	16675	4284	7417	25017	10045
济南市	5387	1995	741	380	3783	1225
武汉市	5698	3586	745	624	4011	1063
广州市	24657	16708	3081	1898	17489	5269
成都市	29688	9742	1073	6826	18621	4240
西安市	8564	4426	1190	1528	4791	2244

2012年三资企业软件产品完成情况

项　　目	企业数	本年收入（万元）	其中：出口（万美元）
软件收入明细合计	**3162**	**67028681**	**1792666**
软件产品行业（E6201）			
一、软件产品合计	1737	18979762	535454
（一）基础软件	245	2497918	54391
1. 操作系统	57	993195	5499
2. 数据库系统	32	647522	5226
3. 中间件	33	108294	3038
（1）基础中间件	12	22231	733
（2）业务中间件	13	69670	2230
（3）领域中间件	8	16393	75
4. 办公软件	25	153161	958
5. 网络基础软件	14	36451	1939
6. 其他	84	559295	37732
（二）支撑软件	50	506291	4476
1. 开发工具和平台软件	27	183009	3354
2. 测试工具软件	12	28817	1102
3. 网络支持软件	2	21685	
4. 基本支撑软件	9	272780	20
（三）应用软件	1052	9770372	194878
1. 管理软件	209	834789	13250
2. 办公自动化软件	32	485102	3288
3. 地理信息系统软件	12	125947	613
4. 网络应用软件	29	422660	1040
5. 多媒体软件	30	73407	7313
6. 动漫游戏软件	63	766316	9854
7. 科学和工程计算软件	9	132052	453
8. 智能分析软件	19	82088	164
9. 工业软件	87	670901	9084
（1）产品研发类软件	24	170189	5460
（2）生产控制类软件	63	500712	3624
10. 行业应用软件	562	6177109	149818

2012年三资企业软件产品完成情况

项　　目	企业数	本年收入（万元）	其中：出口（万美元）
（1）通信软件	145	3568291	70059
（2）金融财税软件	59	516459	6665
（3）能源软件	31	433685	1175
（4）商务（贸）软件	5	17154	1666
（5）交通应用软件	25	170814	1871
（6）医疗软件	28	107962	6740
（7）统计软件	5	4582	5
（8）其他行业应用软件	264	1358164	61637
（四）嵌入式应用软件	143	3760438	127331
（五）信息安全产品	50	750448	14742
1. 基础类安全产品	4	5575	
2. 终端与数字内容安全产品	5	48641	16
3. 网络与边界安全产品	14	389546	2213
4. 专用安全产品	10	156628	6558
5. 安全测试评估与服务产品	3	59217	2080
6. 安全管理产品	4	5830	
7. 其他信息安全产品及相关服务	10	85011	3875
（六）软件定制服务	197	1694295	139635
信息系统集成服务行业（E6202）			
二、信息系统集成服务合计	554	11399348	61126
（一）信息系统设计服务	185	3222996	27763
（二）集成实施服务	256	7373494	24104
（三）运行维护服务	113	802857	9259
信息技术咨询服务行业（E6203）			
三、信息技术咨询服务合计	490	5528999	200892
（一）信息化规划	44	1047916	44832
（二）信息技术管理咨询	353	3952894	134738
（三）信息系统工程监理	30	126834	5411
（四）测试评估	21	79203	2618
（五）信息技术培训	42	322153	13292
数据处理和存储服务行业（E6204）			

2012年三资企业软件产品完成情况

项　　目	企业数	本年收入（万元）	其中：出口（万美元）
四、数据处理和存储服务合计	452	11534398	163817
（一）数据处理服务	129	2886199	77250
（二）运营服务	234	6457198	25574
1. 软件运营服务	44	498392	8833
2. 平台运营服务	180	5857823	15729
（1）物流管理服务平台	19	169786	1659
（2）电子商务管理	58	2808555	8521
（3）在线娱乐平台	37	2071951	4992
（4）在线教育平台	23	172784	
（5）其他在线服务平台	43	634747	557
3. 基础设施运营服务	10	100982	1012
（三）存储服务	14	276269	13355
（四）数字内容处理服务	51	1616017	45927
（五）客户交互服务	24	298715	1711
嵌入式系统软件行业（E6205）			
五、嵌入式系统软件合计	688	15241175	630495
（一）通信设备	212	5988458	360425
1. 通信传输设备	99	1956104	124777
（1）光通信设备	47	1277564	88197
（2）卫星通信设备	14	100346	10432
（3）无线通信设备	38	578194	26148
2. 通信交换设备	11	200084	17569
（1）数字程控交换机	9	164802	17569
（2）软交换机			
（3）光交换机	2	35282	
3. 移动通信设备	14	707262	6295
（1）基站	10	656411	6250
（2）直放站	4	50851	45
4. 网络设备	88	3125009	211784
（1）网络控制设备	24	1309253	86978
（2）网络接口和适配器	27	706409	83766

2012年三资企业软件产品完成情况

项　目	企业数	本年收入（万元）	其中：出口（万美元）
（3）网络连接设备	36	1055930	41040
（4）网络优化设备	1	53417	
（二）广播电视设备	31	937368	545
1. 广播电视节目制作及播控设备	25	754983	545
（1）非线性编辑设备	3	21304	
（2）虚拟演播室设备	1	2881	
（3）音视频信号处理设备	21	730798	545
2. 广播电视发射设备	6	182385	
（1）数字电视发射机	2	94338	
（2）电视转播发射机	4	88048	
（三）数字家用视听产品	16	573383	17745
1. 电视接收机顶盒	16	573383	17745
（四）计算机应用产品	176	4625923	188815
1. 金融、商业、税务电子应用产品	11	192493	11
（1） 银行自助服务终端	2	5379	
（2） POS机	3	12649	11
（3） 税控机	6	174465	
2. 汽车电子	85	2281397	10916
（1） 传动系控制系统	22	334376	354
（2） 行驶系控制系统	8	79142	31
（3） 车身控制系统	32	1190472	5214
（4） 安全控制系统	23	677407	5317
3. 智能交通	8	61335	249
（1） 交通信号控制机	8	61335	249
4. 医疗电子设备	24	80769	6779
（1） 医用电子仪器设备	21	49279	2629
（2） 医学影像设备	3	31490	4150
5. 智能识别装置	48	2009928	170860
6. 自动检售票设备			
（五）信息系统安全产品	17	286435	21572
1. 边界防护类设备和系统	7	75456	972

2012年三资企业软件产品完成情况

项　　目	企业数	本年收入（万元）	其中：出口（万美元）
2. 密钥管理类设备和系统	10	210979	20600
（六）电子测量仪器	46	147329	1979
1. 器件参数测量仪器	21	81377	1258
2. 扫描、频谱波形分析仪器	4	3962	21
3. 通信测量仪器	3	6216	302
4. 特殊测量仪器	18	55774	398
（七）装备自动控制产品	190	2682279	39415
1. 集散控制系统	71	1700282	19914
2. 电气传动及控制系统	58	609755	13167
3. 装备制造工控系统	61	372242	6334
集成电路设计行业（E6206）			
六、集成电路设计合计	218	4344999	200883
（一）MOS微器件	15	87272	1408
（二）逻辑电路	14	133721	381
（三）MOS存储器	4	344535	36750
（四）模拟电路	22	617314	10221
（五）专用电路	52	1563935	85357
（六）智能卡芯片及电子标签芯片	29	382069	20398
（七）传感器电路	11	185415	15094
（八）微波集成电路	3	2989	268
（九）混合集成电路	68	1027750	31006

Ⅳ　内资企业统计

2012年内资企业

	企业数（个）	软件业务收入	其中：软件产品收入	信息系统集成服务收入
软件企业合计	**26043**	**180908843**	**59592657**	**44433228**
一、按企业登记注册类型分列				
内资企业	26043	180908843	59592657	44433228
国有企业	687	15324813	3580746	5899678
集体企业	63	4692712	457838	820391
股份合作企业	168	1376059	429962	266954
联营企业	47	394648	169677	84324
国有联营企业	14	40644	25604	2460
集体联营企业	8	81490	51146	22279
国有与集体联营企业	7	96446	4149	29067
其他联营企业	18	176067	88777	30518
有限责任公司	11742	81912124	26236979	20770538
国有独资公司	151	2363674	773281	724928
其他有限责任公司	11591	79548451	25463698	20045610
股份有限公司	2067	37295132	13847951	8712996
私营企业	11066	38233847	14615307	7624546
其他内资企业	203	1679507	254197	253799
二、按经济类型分列				
国有经济	852	17729132	4379631	6627066
集体经济	71	4774203	508984	842670
股份合作经济	168	1376059	429962	266954
股份制经济	13658	116843583	39311649	28758607
其他经济	11294	40185866	14962430	7937930
三、按控股经济分列				
公有控股经济	3302	62500861	19191983	18013594
国有控股	2083	48824809	15347380	14028103
国有绝对控股	1575	32694775	9211798	11130338
国有相对控股	508	16130034	6135583	2897766
集体控股	1219	13676052	3844602	3985491
集体绝对控股	643	11020603	3050946	3098676

主要指标汇总表（一）

单位：万元

其中：

信息技术咨询服务收入	数据处理和存储服务收入	嵌入式系统软件收入	集成电路设计收入
18824982	**30025730**	**24674970**	**3357275**
18824982	30025730	24674970	3357275
1743645	1375497	2409663	315585
647889	786466	1859996	120133
101881	129015	424306	23940
105981	15179	8622	10865
4171	400	8009	
6954	1111		
51807	9430		1993
43049	4238	613	8872
9241127	14359018	9790399	1514063
320607	145233	313271	86354
8920520	14213785	9477128	1427709
3527787	4408864	6060724	736809
3405090	8182313	3783508	623083
51581	769379	337753	12798
2068423	1521130	2730943	401938
654843	787577	1859996	120133
101881	129015	424306	23940
12448308	18622650	15537852	2164518
3551527	8965360	4121873	646746
6484234	6837055	10850505	1123489
5018144	4598997	8889486	942699
3515841	3901216	4329750	605833
1502303	697781	4559736	336866
1466090	2238059	1961019	180790
1184943	1918099	1606529	161411

	企业数（个）	软件业务收入	其中：	
			软件产品收入	信息系统集成服务收入
集体相对控股	576	2655449	793657	886815
非公有控股经济	22741	118407982	40400674	26419634
私人控股	22282	110844865	39263106	25766816
私人绝对控股	17905	87215901	31427905	20207969
私人相对控股	4377	23628964	7835200	5558847
中国港、澳、台商控股	247	1969342	420733	345550
中国港、澳、台商绝对控股	215	1276966	261335	167818
中国港、澳、台商相对控股	32	692376	159398	177732
外商控股	212	5593775	716836	307268
外商绝对控股	139	4294143	540084	187799
外商相对控股	73	1299632	176751	119469
四、按软件出口基地分列				
北京软件出口基地	68	1642478	433003	1015135
天津软件出口基地	45	213589	85941	88851
大连软件出口基地	1121	5484494	2488248	761101
上海软件出口基地	266	1551506	790185	301226
深圳软件出口基地	557	18160253	3875377	3888928
西安软件出口基地	659	4259366	1185191	1251008
五、按软件园区分列				
北京中关村软件园	226	4168174	836315	1083304
大连软件园	1120	5484357	2488111	761101
上海浦东软件园	266	1551808	788730	301649
南京软件园	222	4401400	1564542	1151950
杭州软件园	700	5611480	2296531	1700424
山东齐鲁软件园	531	4517663	2329297	638279
长沙软件园	327	573861	387370	93152
广州天河软件园	1253	7190491	1869556	1200224
珠海南方软件园	84	750336	77007	4520
成都软件园	552	3045098	1368071	721836
西安软件园	659	4259366	1185191	1251008

主要指标汇总表（一）

单位：万元

其中：

信息技术咨询服务收入	数据处理和存储服务收入	嵌入式系统软件收入	集成电路设计收入
281148	319959	354491	19380
12340748	23188675	13824465	2233786
11875647	19624455	12524936	1789904
9060302	14534087	10733858	1251780
2815345	5090369	1791079	538124
196896	201126	557398	247639
131709	139124	352855	224125
65187	62002	204543	23514
268205	3363093	742130	196243
130770	2858279	407338	169873
137435	504815	334792	26370
44854	145468	1714	2304
33832	2059	2906	
339476	1071866	800029	23773
185799	189612		84684
104480	1511099	8704806	75564
1107663	159063	423525	132916
1076838	1020008	10140	141569
339476	1071866	800029	23773
187133	189612		84684
459065	1119828	54713	51302
260755	1106497	148436	98837
971345	275418	267465	35859
50532	40474	2251	82
1518179	2325297	124375	152860
223956	246223	114250	84380
345587	519734	44098	45773
1107663	159063	423525	132916

2012年内资企业

	企业数（个）	软件业务收入	其中：	
			软件产品收入	信息系统集成服务收入
六、按行业分列				
软件产品行业	14321	63284701	47558507	7997105
信息系统集成服务行业	4393	39872761	5896339	29965988
信息技术咨询服务行业	2482	11728419	833477	670178
数据处理和存储服务行业	2426	26307932	601439	353070
嵌入式系统软件行业	2057	36855923	4666044	5272500
集成电路设计行业	364	2859107	36850	174387
七、按省、市分列				
北京市	2067	22393028	8441814	5308960
天津市	526	3152241	1084774	589856
河北省	247	1200927	272139	833221
山西省	124	260061	129847	89538
内蒙古自治区	64	252761	101911	119866
辽宁省	2956	15544993	5606774	4571950
吉林省	844	2244963	603164	657375
黑龙江省	424	1048735	387587	244356
上海市	1740	11771221	4279703	2665146
江苏省	3420	25742321	8468524	6260030
浙江省	1381	8688499	3314735	1984655
安徽省	163	710455	340881	278445
福建省	922	7868239	2909792	2588792
江西省	122	496703	139346	245811
山东省	1761	16447395	5521283	3335110
河南省	275	1543340	578427	593363
湖北省	1251	3427786	1597540	941572
湖南省	535	2143042	857043	664727
广东省	4340	35782558	9402821	6386619
广西壮族自治区	220	586645	300972	165806
海南省	35	148951	46236	94141
重庆市	449	3711955	721739	1158176

主要指标汇总表（一）

单位：万元

其中：

信息技术咨询服务收入	数据处理和存储服务收入	嵌入式系统软件收入	集成电路设计收入
4235996	2671403	637204	184487
2152439	1324713	261581	271700
9626243	426744	130073	41703
552934	24698691	69849	31949
2252019	788269	23565141	311949
5351	115911	11121	2515487
1986174	6316223	51677	288179
594415	552345	108714	222137
51419	7130	36184	833
8105	12966	19343	261
21790	6940	2254	
1567363	1701437	1884451	213017
431743	348096	204319	267
159891	114367	141642	893
1057571	3254678	176790	337334
2242147	2469404	5544560	757657
341253	1649367	1202566	195924
24616	39183	26545	784
1220940	721459	139701	287555
64866	28186	18494	
2859517	1527129	3019235	185120
196700	59060	86748	29042
229084	488118	162496	8976
58664	73245	489281	82
3432298	5670019	10334471	556330
44920	58543	9342	7062
7603	972		
317012	1029882	483845	1300

	企业数（个）	软件业务收入	其中：	
			软件产品收入	信息系统集成服务收入
四川省	968	9718474	2840827	2268137
贵州省	181	608302	256616	329906
云南省	99	533144	64225	405881
西藏自治区				
陕西省	659	4259366	1185191	1251008
甘肃省	89	204296	65685	107688
青海省	4	2681	200	502
宁夏回族自治区	67	63154	22591	31278
新疆维吾尔自治区	110	352604	50269	261313
八、按副省级城市分列				
大连市	1120	5484357	2488111	761101
宁波市	434	1398876	326937	237077
厦门市	452	3543024	1083741	793417
青岛市	247	5175472	597718	1040045
深圳市	1958	21120857	5424529	4246481
沈阳市	1582	9394404	2844165	3494953
长春市	486	1491206	472504	405941
哈尔滨市	355	728318	284433	170359
南京市	1107	16077868	5088079	5402227
杭州市	710	6939903	2867878	1700424
济南市	1203	10060033	4564485	1828631
武汉市	1193	3367257	1571322	925193
广州市	1794	12432420	3104440	2022680
成都市	952	9289596	2706896	2026554
西安市	659	4259366	1185191	1251008

主要指标汇总表（一）

单位：万元

其中：

信息技术咨询服务收入	数据处理和存储服务收入	嵌入式系统软件收入	集成电路设计收入
735523	3650765	91928	131294
12457	2353	6681	289
9918	49916	3201	4
1107663	159063	423525	132916
11469	19433	3	19
107		1872	
2812	2644	3829	
26943	12806	1272	
339476	1071866	800029	23773
69559	296294	397038	71970
980500	525886	16857	142623
650458	679588	2084215	123449
222834	1875689	9231549	119775
1197548	617762	1050784	189193
298399	169439	144656	267
118357	29046	125230	893
1451660	1914722	2048815	172365
260755	1256448	755561	98837
2120094	795891	694174	56759
225172	486619	152028	6924
2951368	3512157	516449	325325
694830	3650670	79653	130994
1107663	159063	423525	132916

2012年内资企业主要指标汇总表（二）

单位：万美元

	软件业务出口收入	软件外包服务出口收入	嵌入式系统软件出口收入
软件企业合计	**2149714**	**280645**	**1098613**
一、按企业登记注册类型分列			
内资企业	2149714	280645	1098613
国有企业	51833	13074	27306
集体企业	69306	6662	59384
股份合作企业	35591	786	29936
联营企业	156	156	
国有联营企业	50	50	
集体联营企业	51	51	
国有与集体联营企业	54	54	
其他联营企业	1	1	
有限责任公司	1283284	102878	595848
国有独资公司	23929	18219	527
其他有限责任公司	1259355	84660	595320
股份有限公司	579759	102180	363012
私营企业	118927	53986	16541
其他内资企业	10858	923	6587
二、按经济类型分列			
国有经济	75812	31343	27833
集体经济	69357	6713	59384
股份合作经济	35591	786	29936
股份制经济	1839114	186840	958332
其他经济	129840	54963	23129
三、按控股经济分列			
公有控股经济	615622	110785	433598
国有控股	544173	90746	389422
国有绝对控股	143911	55848	65383
国有相对控股	400261	34898	324039
集体控股	71449	20039	44176
集体绝对控股	66703	18123	41661
集体相对控股	4746	1916	2514

2012年内资企业主要指标汇总表（二）

单位：万美元

	软件业务出口收入	软件外包服务出口收入	嵌入式系统软件出口收入
非公有控股经济	1534092	169860	665016
私人控股	1398465	154116	611996
私人绝对控股	1295435	116943	581853
私人相对控股	103030	37173	30143
中国港、澳、台商控股	56217	1246	21750
中国港、澳、台商绝对控股	19685	88	3417
中国港、澳、台商相对控股	36532	1158	18334
外商控股	79410	14498	31270
外商绝对控股	50770	7918	11031
外商相对控股	28640	6580	20239
四、按软件出口基地分列			
北京软件出口基地	11006	11006	
天津软件出口基地	1011	980	31
大连软件出口基地	81838	60383	1570
上海软件出口基地	7220	4974	
深圳软件出口基地	1423908	1671	857203
西安软件出口基地	25859	20597	5261
五、按软件园区分列			
北京中关村软件园	8936	7608	105
大连软件园	81838	60383	1570
上海浦东软件园	7220	4974	
南京软件园	1789	1440	187
杭州软件园	31214	12174	175
山东齐鲁软件园	14090	10977	3075
长沙软件园	1650	262	1
广州天河软件园	1492	730	56
珠海南方软件园	18149	4	6032
成都软件园	7631	5117	11
西安软件园	25859	20597	5261
六、按行业分列			
软件产品行业	314692	164327	11819

2012年内资企业主要指标汇总表（二）

单位：万美元

	软件业务出口收入	软件外包服务出口收入	嵌入式系统软件出口收入
信息系统集成服务行业	82402	48901	11429
信息技术咨询服务行业	17319	15153	
数据处理和存储服务行业	44141	25267	3075
嵌入式系统软件行业	1617858	22501	1072291
集成电路设计行业	73301	4496	
七、按省、市分列			
北京市	40300	38802	275
天津市	21240	1177	2
河北省	4357	27	
山西省			
内蒙古自治区			
辽宁省	188984	124424	20400
吉林省	1060	267	450
黑龙江省	3028	1904	739
上海市	23808	12129	
江苏省	154248	19620	96483
浙江省	49386	12773	3261
安徽省	2252	429	1007
福建省	5623	681	324
江西省	28		28
山东省	96079	21094	68486
河南省	284	205	79
湖北省	9049	4717	801
湖南省	2591	673	12
广东省	1500587	8209	899622
广西壮族自治区	206	5	15
海南省	520		
重庆市	9341	7770	1265
四川省	10837	5117	103
贵州省	24		
云南省			

2012年内资企业主要指标汇总表（二）

单位：万美元

	软件业务出口收入	软件外包服务出口收入	嵌入式系统软件出口收入
西藏自治区			
陕西省	25859	20597	5261
甘肃省			
青海省			
宁夏回族自治区	24	24	
新疆维吾尔自治区			
八、按副省级城市分列			
大连市	81838	60383	1570
宁波市	7788	458	2569
厦门市			
青岛市	68494	6395	59194
深圳市	1444852	5361	870255
沈阳市	106084	64009	18591
长春市	1021	258	420
哈尔滨市	2243	1151	739
南京市	31442	7807	15790
杭州市	39997	12174	175
济南市	19392	13984	5264
武汉市	8829	4717	582
广州市	5162	2590	459
成都市	9053	5117	11
西安市	25859	20597	5261

2012年内资企业主要指标汇总表（三）

单位：万元

	主营业务税金及附加	利润总额	流动资产平均余额	资产合计	负债合计
软件企业合计	**4161789**	**23018457**	**200729271**	**321631470**	**137424766**
一、按企业登记注册类型分列					
内资企业	4161789	23018457	200729271	321631470	137424766
国有企业	315937	1974919	11119430	23642617	12503763
集体企业	41754	316039	736628	4348409	3389018
股份合作企业	38252	134661	1178997	1987372	897642
联营企业	5274	66836	365371	781918	861434
国有联营企业	1032	7551	18581	62206	36129
集体联营企业	836	15380	33570	174676	571025
国有与集体联营企业	1307	13518	59724	117030	62174
其他联营企业	2098	30388	253497	428006	192105
有限责任公司	1703861	9960178	114055401	157656121	61099481
国有独资公司	57965	216685	1446337	2937283	1404583
其他有限责任公司	1645896	9743493	112609064	154718838	59694898
股份有限公司	876392	5281312	42612266	73004763	31161471
私营企业	1138562	5197890	30231642	52429785	22433777
其他内资企业	41757	86622	429537	7780485	5078180
二、按经济类型分列					
国有经济	374934	2199155	12584348	26642106	13944475
集体经济	42590	331418	770198	4523086	3960043
股份合作经济	38252	134661	1178997	1987372	897642
股份制经济	2522288	15024805	155221330	227723601	90856369
其他经济	1183724	5328418	30974399	60755306	27766237
三、按控股经济分列					
公有控股经济	1266251	7904935	107830420	165906353	65509481
国有控股	950314	6419561	95503800	138152684	51210900
国有绝对控股	641823	4098071	81327913	111285664	36915314
国有相对控股	308491	2321489	14175887	26867020	14295586
集体控股	315937	1485374	12326620	27753669	14298580
集体绝对控股	199775	1138009	4680107	18773633	12359886
集体相对控股	116162	347365	7646513	8980036	1938694

2012年内资企业主要指标汇总表（三）

单位：万元

	主营业务税金及附加	利润总额	流动资产平均余额	资产合计	负债合计
非公有控股经济	2895538	15113523	92898852	155725117	71915286
私人控股	2809757	13993681	89580887	149585740	69432496
私人绝对控股	2147482	10857616	67800289	109392569	52396009
私人相对控股	662276	3136065	21780597	40193171	17036487
中国港、澳、台商控股	25506	391089	1739653	2957820	1121758
中国港、澳、台商绝对控股	13883	166692	788923	1534638	709906
中国港、澳、台商相对控股	11623	224397	950730	1423182	411851
外商控股	60274	728753	1578312	3181557	1361032
外商绝对控股	36740	619417	859227	1469066	577718
外商相对控股	23534	109336	719085	1712491	783314
四、按软件出口基地分列					
北京软件出口基地	22305	119591	1239253	1721699	958175
天津软件出口基地	1580	34319	66108	342837	111311
大连软件出口基地	153648	446322	2322355	7840426	4376746
上海软件出口基地	17550	261486	2096075	3406262	1734129
深圳软件出口基地	227901	1464002	17743596	22351375	13246253
西安软件出口基地	237950	249359	4759112	6755676	3431130
五、按软件园区分列					
北京中关村软件园	73331	382904	3180164	4865787	2335252
大连软件园	153647	446409	2322355	7838848	4376446
上海浦东软件园	17543	262148	2092869	3399617	1732772
南京软件园	105183	436136	3406359	5085265	3007141
杭州软件园	127086	833889	3875691	9096896	3553369
山东齐鲁软件园	101409	755907	2478288	5215559	3589351
长沙软件园	13466	125178	874469	1361684	441103
广州天河软件园	253671	782548	7989669	12389005	4887664
珠海南方软件园	6168	80507	330839	666306	242732
成都软件园	59359	455017	7187654	9888069	2448123
西安软件园	237950	249359	4759112	6755676	3431130
六、按行业分列					
软件产品行业	1447401	10802195	117400423	164208446	52349502

2012年内资企业主要指标汇总表（三）

单位：万元

	主营业务税金及附加	利润总额	流动资产平均余额	资产合计	负债合计
信息系统集成服务行业	967594	5448493	27985535	56548543	29108946
信息技术咨询服务行业	378991	1318479	7544630	14450509	7483183
数据处理和存储服务行业	956922	3079286	21640500	40275380	21920946
嵌入式系统软件行业	371815	2052001	23184947	38020574	22883825
集成电路设计行业	39067	318003	2973237	8128019	3678364
七、按省、市分列					
北京市	405312	2572127	20696390	34434082	16066449
天津市	159143	234132	2511769	7557483	927964
河北省	49789	312348	1108802	1465988	854609
山西省	6233	42435	269443	412820	158639
内蒙古自治区	4025	23842	221571	158698	66398
辽宁省	577682	1405868	4757176	13068321	6244284
吉林省	62828	175046	672605	1091595	368800
黑龙江省	21263	201068	772671	1108457	308813
上海市	271243	1733581	14341935	22560446	11510690
江苏省	416219	3514908	73368544	91861513	28671564
浙江省	203469	1378607	7140715	14537565	5617192
安徽省	12751	144084	1057232	1538313	650855
福建省	152945	792778	2050953	3542125	1369369
江西省	9974	71405	421936	664533	278460
山东省	324783	2476687	7184004	26463434	17056125
河南省	35506	204166	1045036	1625994	627073
湖北省	74347	374520	4197531	7432118	3782035
湖南省	33097	460564	2558993	6282855	2837872
广东省	834989	4040506	38826724	57094535	28322954
广西壮族自治区	32331	116161	255255	516371	216007
海南省	4962	17626	127307	263470	140487
重庆市	69894	459296	2400046	5513985	2468308
四川省	121053	1890841	8782907	13609406	4538783
贵州省	12818	35426	230519	471034	150089
云南省	11572	28752	526209	746118	385644

2012年内资企业主要指标汇总表（三）

单位：万元

	主营业务税金及附加	利润总额	流动资产平均余额	资产合计	负债合计
西藏自治区					
陕西省	237950	249359	4759112	6755676	3431130
甘肃省	4996	23261	208459	312987	120159
青海省	24	198	3295	8548	3512
宁夏回族自治区	1243	6333	40473	94934	44059
新疆维吾尔自治区	9348	32533	191658	438069	206445
八、按副省级城市分列					
大连市	153647	446409	2322355	7838848	4376446
宁波市	19685	147268	811900	2154149	1030411
厦门市	28602	348676	130384	258622	111846
青岛市	61483	439315	1490418	12283252	8300874
深圳市	300756	2104135	21809978	29143706	16402898
沈阳市	408286	854801	1662457	3877104	1323418
长春市	42507	110754	530984	923786	306301
哈尔滨市	17042	156347	699385	962688	282958
南京市	275279	1987595	63544509	75424580	20431474
杭州市	176310	1197933	5890262	11719368	4265847
济南市	234232	1519075	4830656	11806975	8066855
武汉市	72224	363643	4135573	7285474	3727963
广州市	496879	1563168	15075191	24543583	10504491
成都市	119942	1410769	8195337	12549493	3836336
西安市	237950	249359	4759112	6755676	3431130

2012年内资企业主要指标汇总表（四）

单位：万元

	年末所有者权益	年初所有者权益	应交所得税	应交增值税	出口已退税额
软件企业合计	**184206704**	**241938750**	**7376724**	**4813828**	**470817**
一、按企业登记注册类型分列					
内资企业	184206704	241938750	7376724	4813828	470817
国有企业	11138855	8462681	354701	336561	108994
集体企业	959391	928383	45683	132779	61
股份合作企业	1089730	848890	38123	31783	20694
联营企业	-79516	1112116	5217	18930	2833
国有联营企业	26076	12514	584	882	
集体联营企业	-396349	829054	1226	3090	
国有与集体联营企业	54856	44233	1199	1529	
其他联营企业	235900	226315	2208	13429	2833
有限责任公司	96556640	167454873	1090388	2208318	137602
国有独资公司	1532700	1205450	32842	44973	656
其他有限责任公司	95023940	166249423	1057546	2163345	136946
股份有限公司	41843291	32780530	5227153	1059460	135460
私营企业	29996008	27785381	601496	1003634	60498
其他内资企业	2702305	2565897	13963	22362	4674
二、按经济类型分列					
国有经济	12697631	9680645	388127	382416	109650
集体经济	563043	1757437	46909	135869	61
股份合作经济	1089730	848890	38123	31783	20694
股份制经济	136867231	199029953	6284699	3222805	272406
其他经济	32989069	30621826	618866	1040955	68005
三、按控股经济分列					
公有控股经济	100396873	92857215	1115404	1424179	212335
国有控股	86941784	79510755	938807	994349	206557
国有绝对控股	74370350	68659569	621566	799166	140329
国有相对控股	12571434	10851185	317241	195183	66229
集体控股	13455089	13346460	176597	429830	5778
集体绝对控股	6413747	6821443	146372	319123	5295
集体相对控股	7041342	6525017	30225	110707	483

2012年内资企业主要指标汇总表（四）

单位：万元

	年末所有者权益	年初所有者权益	应交所得税	应交增值税	出口已退税额
非公有控股经济	83809831	149081535	6261320	3389649	258482
私人控股	80153244	146251198	6132801	3270717	247104
私人绝对控股	56996560	46727686	1202348	2672573	191005
私人相对控股	23156684	99523512	4930453	598143	56099
中国港、澳、台商控股	1836062	1541024	82225	56727	9285
中国港、澳、台商绝对控股	824732	584411	27330	20715	1181
中国港、澳、台商相对控股	1011331	956614	54894	36012	8104
外商控股	1820525	1289313	46295	62205	2093
外商绝对控股	891348	725776	30162	50860	380
外商相对控股	929177	563537	16133	11346	1712
四、按软件出口基地分列					
北京软件出口基地	763524	637951	19425	31470	
天津软件出口基地	231526	78434	5166	2576	484
大连软件出口基地	3463681	3120927	143267	97124	8839
上海软件出口基地	1672133	1333123	76361	57205	141
深圳软件出口基地	9105122	8185150	184461	543554	104249
西安软件出口基地	3324546	2358254	47036	53754	
五、按软件园区分列					
北京中关村软件园	2530535	2078946	54758	153769	1025
大连软件园	3462403	3119510	143267	97124	8839
上海浦东软件园	1666844	1330107	76485	57190	141
南京软件园	2078124	1729028	4618565	187880	18894
杭州软件园	5543527	3968223	102272	200262	13943
山东齐鲁软件园	1626208	1330029	54135	54726	1062
长沙软件园	920581	2642203	16030	35849	948
广州天河软件园	7501341	4492873	89799	111463	364
珠海南方软件园	423574	254367	4737	11370	8835
成都软件园	7439946	7048233	43649	85332	165
西安软件园	3324546	2358254	47036	53754	
六、按行业分列					
软件产品行业	111858944	103254915	5898126	2411854	224656

2012年内资企业主要指标汇总表（四）

单位：万元

	年末所有者权益	年初所有者权益	应交所得税	应交增值税	出口已退税额
信息系统集成服务行业	27439597	22795379	656200	864956	27094
信息技术咨询服务行业	6967326	5832580	142519	228641	16416
数据处理和存储服务行业	18354434	13066724	328304	414540	17760
嵌入式系统软件行业	15136749	93707538	313436	862893	166372
集成电路设计行业	4449655	3281615	38138	30944	18519
七、按省、市分列					
北京市	18367633	15534354	330214	644560	1025
天津市	6629520	959454	15863	47259	3569
河北省	611379	580589	12657	19419	1654
山西省	254182	188056	14920	10034	283
内蒙古自治区	92300	59003	2284	3571	
辽宁省	6824037	6046878	213229	202118	64739
吉林省	722795	570296	19689	56261	4205
黑龙江省	799645	575872	24073	39931	3994
上海市	11049756	10337592	328955	454243	17760
江苏省	63189949	60920084	5035750	763078	141338
浙江省	8920373	6174583	162461	331460	22864
安徽省	887458	680199	17950	30068	590
福建省	2172756	1699963	47445	75014	20824
江西省	386072	315822	9395	9759	39
山东省	9407308	8537717	267994	316276	3194
河南省	998921	962016	47451	68862	328
湖北省	3650083	2508448	79586	110414	32348
湖南省	3444982	86591082	57285	132166	1475
广东省	28771581	24746921	504787	1031214	148215
广西壮族自治区	300364	760175	4257	4534	837
海南省	122983	100783	2561	2960	
重庆市	3045677	1229363	30664	249720	509
四川省	9070623	8251903	80472	124478	210
贵州省	320945	255288	6542	11643	63
云南省	360474	339175	4537	6785	753

2012年内资企业主要指标汇总表（四）

单位：万元

	年末所有者权益	年初所有者权益	应交所得税	应交增值税	出口已退税额
西藏自治区					
陕西省	3324546	2358254	47036	53754	
甘肃省	192828	449774	3181	4541	
青海省	5036	4700	5	716	
宁夏回族自治区	50874	34552	817	1760	
新疆维吾尔自治区	231624	165854	4664	7231	
八、按副省级城市分列					
大连市	3462403	3119510	143267	97124	8839
宁波市	1123737	774088	18337	73604	3697
厦门市	146776	59068	1355	6300	9523
青岛市	3982378	3816515	49028	150985	1137
深圳市	12740808	10958785	256413	686551	116266
沈阳市	2553686	2235834	57799	70308	23294
长春市	617485	506245	15884	29243	1783
哈尔滨市	679730	493211	20975	35413	3927
南京市	54993105	53542791	4909966	515613	118977
杭州市	7453521	5117698	140176	246332	18325
济南市	3740121	3257440	128450	120382	1287
武汉市	3557511	2444154	78623	107959	32348
广州市	14039092	11407163	211606	233703	3307
成都市	8713157	7953994	73401	120906	179
西安市	3324546	2358254	47036	53754	

2012年内资企业主要指标汇总表（五）

单位：万元

	固定资产折旧	生产税净额	营业盈余	本年应付职工薪酬
软件企业合计	**10587014**	**6953135**	**15169349**	**25735696**
一、按企业登记注册类型分列				
内资企业	10587014	6953135	15169349	25735696
国有企业	745399	547138	1594711	2164053
集体企业	85539	203193	631061	134791
股份合作企业	54733	55026	91571	195548
联营企业	9934	23809	107857	128460
国有联营企业	1571	1577	2007	5624
集体联营企业	2057	2066	6476	95653
国有与集体联营企业	2035	3865	13257	4036
其他联营企业	4271	16301	86116	23147
有限责任公司	6005552	2811816	6955811	10721565
国有独资公司	165958	82679	59929	370488
其他有限责任公司	5839594	2729136	6895882	10351077
股份有限公司	1896452	1376968	2859561	5787712
私营企业	1754172	1913197	2765529	6463509
其他内资企业	35232	21987	163249	140059
二、按经济类型分列				
国有经济	912929	631395	1656647	2540165
集体经济	87596	205259	637537	230443
股份合作经济	54733	55026	91571	195548
股份制经济	7736046	4106105	9755443	16138789
其他经济	1795710	1955350	3028150	6630751
三、按控股经济分列				
公有控股经济	5598448	2313539	5173734	9463159
国有控股	5005267	1743600	4058767	7796262
国有绝对控股	4189127	999157	2133669	4827548
国有相对控股	816140	744443	1925098	2968714
集体控股	593181	569939	1114967	1666897
集体绝对控股	474916	475304	815860	1324546
集体相对控股	118265	94635	299107	342351

2012年内资企业主要指标汇总表（五）

单位：万元

	固定资产折旧	生产税净额	营业盈余	本年应付职工薪酬
非公有控股经济	4988566	4639596	9995614	16272537
私人控股	4793331	4253458	8110299	15427310
私人绝对控股	3842963	3268353	5568966	12078943
私人相对控股	950369	985104	2541333	3348367
中国港、澳、台商控股	60343	63166	318524	408355
中国港、澳、台商绝对控股	33304	33872	292951	140312
中国港、澳、台商相对控股	27039	29293	25574	268043
外商控股	134891	322972	1566791	436872
外商绝对控股	90077	292831	1521634	249296
外商相对控股	44814	30141	45157	187576
四、按软件出口基地分列				
北京软件出口基地	17795	47388	-145475	325026
天津软件出口基地	8137	2703	8028	26344
大连软件出口基地	273838	103373	348365	767225
上海软件出口基地	70121	74650	214548	316704
深圳软件出口基地	159436	224711	769372	1638009
西安软件出口基地	106257	198113	218360	514560
五、按软件园区分列				
北京中关村软件园	69490	198101	-140099	544112
大连软件园	273838	103373	348365	767211
上海浦东软件园	69598	74680	215253	316326
南京软件园	75814	49304	200201	382225
杭州软件园	301926	188806	719064	825141
山东齐鲁软件园	121311	117865	682013	313472
长沙软件园	123437	49989	-14838	116602
广州天河软件园	311431	400571	781173	1106828
珠海南方软件园	23972	16003	223426	122794
成都软件园	174783	127697	566334	627917
西安软件园	106257	198113	218360	514560
六、按行业分列				
软件产品行业	6024588	3302119	5948881	12748632

2012年内资企业主要指标汇总表（五）

单位：万元

	固定资产折旧	生产税净额	营业盈余	本年应付职工薪酬
信息系统集成服务行业	1592569	1397541	3241588	4856535
信息技术咨询服务行业	419824	427808	954330	1910823
数据处理和存储服务行业	1410827	1078347	3231357	3383399
嵌入式系统软件行业	809645	659214	1558671	2346537
集成电路设计行业	329560	88106	234523	489770
七、按省、市分列				
北京市	418792	840736	-1025182	3692270
天津市	155754	35736	291554	340377
河北省	53492	17581	50454	206041
山西省	16522	14016	27540	32383
内蒙古自治区	8923	4528	17289	15679
辽宁省	822427	339542	807870	2603773
吉林省	119815	38177	170466	113086
黑龙江省	72668	30952	32595	81311
上海市	654456	558099	1437235	2363933
江苏省	3668992	1063766	1431780	4809061
浙江省	462257	395841	1059436	1257880
安徽省	56048	31351	83674	115690
福建省	1049538	295483	452135	1088011
江西省	14289	14647	36420	57793
山东省	816727	724241	2327104	1114180
河南省	67694	51598	141541	129644
湖北省	218539	216999	260140	516286
湖南省	223761	225423	80237	289426
广东省	944340	1217478	3511638	4726279
广西壮族自治区	23670	7485	29001	85595
海南省	9191	2431	2679	33361
重庆市	172027	47691	340984	395418
四川省	351251	526243	3295837	919459
贵州省	10598	15228	29582	61694
云南省	27564	19486	19830	94430

2012年内资企业主要指标汇总表（五）

单位：万元

	固定资产折旧	生产税净额	营业盈余	本年应付职工薪酬
西藏自治区				
陕西省	106257	198113	218360	514560
甘肃省	11442	11569	19871	19142
青海省	816	14	-153	378
宁夏回族自治区	4315	729	3109	9597
新疆维吾尔自治区	24850	7954	16320	48960
八、按副省级城市分列				
大连市	273838	103373	348365	767211
宁波市	100053	57365	106228	214075
厦门市	162422	70849	46317	577603
青岛市	110528	212191	492907	242470
深圳市	337132	384164	1205911	2296279
沈阳市	485151	206327	388037	1776967
长春市	86162	23715	108573	63135
哈尔滨市	47056	23648	28362	63226
南京市	2822395	262682	546203	2913366
杭州市	336463	323248	929588	985685
济南市	567998	388786	1399379	733701
武汉市	211788	216012	255297	507848
广州市	507128	722114	1807993	2005372
成都市	296634	480226	3241530	846241
西安市	106257	198113	218360	514560

2012年内资企业主要指标汇总表（六）

单位：人

	从业人员年末人数	软件研发人员	管理人员	硕士以上人员	大本人员	大专以下
软件企业合计	**3195157**	**1366050**	**396828**	**305540**	**1860918**	**1028599**
一、按企业登记注册类型分列						
内资企业	3195157	1366050	396828	305540	1860918	1028599
国有企业	232935	74709	26313	26705	116674	89559
集体企业	22320	5315	2097	2911	9891	9518
股份合作企业	32270	12565	3586	2724	15722	13821
联营企业	33723	3395	1387	4916	10089	18719
国有联营企业	973	319	110	101	681	192
集体联营企业	22910	473	508	4588	5563	12759
国有与集体联营企业	1655	387	161	83	1114	458
其他联营企业	8185	2216	608	144	2731	5310
有限责任公司	1347462	609941	177888	140915	799867	406625
国有独资公司	41531	15244	3764	4662	23920	12948
其他有限责任公司	1305931	594697	174124	136253	775947	393677
股份有限公司	656809	257177	73908	64274	369417	223100
私营企业	849894	395132	109640	61419	526692	261754
其他内资企业	19744	7816	2009	1676	12566	5503
二、按经济类型分列						
国有经济	275439	90272	30187	31468	141275	102699
集体经济	45230	5788	2605	7499	15454	22277
股份合作经济	32270	12565	3586	2724	15722	13821
股份制经济	1962740	851874	248032	200527	1145364	616777
其他经济	879478	405551	112418	63322	543103	273025
三、按控股经济分列						
公有控股经济	932158	352390	104674	121231	505302	305616
国有控股	721324	275695	84690	91674	391879	237764
国有绝对控股	485503	168272	52530	58573	262948	163980
国有相对控股	235821	107423	32160	33101	128931	73784
集体控股	210834	76695	19984	29557	113423	67852
集体绝对控股	149048	52656	12965	25085	76202	47757
集体相对控股	61786	24039	7019	4472	37221	20095

2012年内资企业主要指标汇总表（六）

单位：人

	从业人员年末人数	软件研发人员	管理人员	硕士以上人员	大本人员	大专以下
非公有控股经济	2262999	1013660	292154	184309	1355616	722983
私人控股	2171952	976268	278562	177100	1305360	689404
私人绝对控股	1648466	724147	205377	144982	989052	514349
私人相对控股	523486	252121	73185	32118	316308	175055
中国港、澳、台商控股	36256	14101	7539	3766	20218	12271
中国港、澳、台商绝对控股	23228	9451	6081	1568	14333	7326
中国港、澳、台商相对控股	13028	4650	1458	2198	5885	4945
外商控股	54791	23291	6053	3443	30038	21308
外商绝对控股	29782	16402	3056	2370	20229	7182
外商相对控股	25009	6889	2997	1073	9809	14126
四、按软件出口基地分列						
北京软件出口基地	37336	11964	2875	2507	18744	16085
天津软件出口基地	4269	1539	567	237	2165	1867
大连软件出口基地	85934	61012	11401	11660	65202	9066
上海软件出口基地	28618	13847	2960	3761	17665	7192
深圳软件出口基地	165922	100459	14712	35243	92950	37723
西安软件出口基地	79068	41574	11718	10803	40359	27892
五、按软件园区分列						
北京中关村软件园	43631	18696	5118	5182	23992	14456
大连软件园	85924	61007	11396	11658	65197	9063
上海浦东软件园	28541	13858	2965	3764	17573	7204
南京软件园	42580	20340	5416	6857	25131	10590
杭州软件园	106003	41262	13257	6922	64838	34243
山东齐鲁软件园	81801	24330	13369	8839	57127	15834
长沙软件园	22719	10917	3405	1891	15231	5595
广州天河软件园	151482	100106	23427	8095	93850	49536
珠海南方软件园	11819	6865	683	1880	7129	2811
成都软件园	68524	15016	7801	5743	35146	27636
西安软件园	79068	41574	11718	10803	40359	27892
六、按行业分列						
软件产品行业	1482455	721843	188743	146620	894142	441687

2012年内资企业主要指标汇总表（六）

单位：人

	从业人员年末人数	软件研发人员	管理人员	硕士以上人员	大本人员	大专以下
信息系统集成服务行业	692454	260218	81602	55588	419727	217139
信息技术咨询服务行业	255359	104369	33323	20680	151842	82837
数据处理和存储服务行业	401629	137713	46989	30918	222219	148492
嵌入式系统软件行业	301115	118959	35352	44710	142781	113530
集成电路设计行业	62145	22948	10819	7024	30207	24914
七、按省、市分列						
北京市	337381	132495	37204	35817	174651	126905
天津市	51716	19834	4098	2871	34128	14718
河北省	27066	7810	2715	2117	16059	8890
山西省	8431	3666	1029	546	5349	2537
内蒙古自治区	3917	1338	524	191	2640	1085
辽宁省	344704	241495	36668	35222	262514	46957
吉林省	39312	12829	4148	3245	28095	7973
黑龙江省	21996	14336	3317	3396	15206	3401
上海市	201428	84577	25605	23215	112194	66016
江苏省	442284	142792	56041	47629	230965	163636
浙江省	169892	54881	23052	9266	89415	71214
安徽省	21510	7325	2712	1894	12792	6826
福建省	150561	31338	16651	8636	75942	65983
江西省	13879	3994	1523	863	8413	4602
山东省	246342	69410	32823	27662	153878	64795
河南省	28215	12981	3865	1990	19112	7112
湖北省	92126	45658	15380	11799	54457	25865
湖南省	50187	20524	7655	4932	28044	17209
广东省	601582	361097	85470	58486	343891	199198
广西壮族自治区	17248	3243	1413	525	10272	6453
海南省	3579	1527	457	93	2453	1033
重庆市	72669	15856	5441	4618	40192	27857
四川省	129512	20962	11532	8310	76527	44675
贵州省	11588	4053	1767	301	6587	4700
云南省	10508	5081	1318	476	6292	3740

2012年内资企业主要指标汇总表（六）

单位：人

	从业人员年末人数	软件研发人员	管理人员	硕士以上人员	大本人员	大专以下
西藏自治区						
陕西省	79068	41574	11718	10803	40359	27892
甘肃省	5886	2384	1088	319	3941	1626
青海省	241	67	35		83	158
宁夏回族自治区	2687	984	542	92	1823	771
新疆维吾尔自治区	9642	1939	1037	226	4644	4772
八、按副省级城市分列						
大连市	85924	61007	11396	11658	65197	9063
宁波市	41041	6559	5447	1064	13407	26568
厦门市	65200	5265	10838	4707	24132	36361
青岛市	32508	8632	3209	4310	16702	11495
深圳市	254346	154869	26432	40542	142227	71572
沈阳市	241497	174684	23119	22559	190391	28543
长春市	21882	9578	2774	1979	16461	3443
哈尔滨市	16943	11554	2672	2665	11474	2809
南京市	238773	85080	30827	29303	129263	80188
杭州市	116960	44315	16025	7777	71322	37861
济南市	179062	51457	26046	21516	118891	38651
武汉市	89809	44836	15106	11623	53144	25039
广州市	280972	181470	52507	13916	170384	96673
成都市	124156	19649	10696	7899	74705	41552
西安市	79068	41574	11718	10803	40359	27892

2012年内资企业软件产品完成情况

项　目	企业数	本年收入（万元）	其中：出口（万美元）
软件收入明细合计	**26043**	**180908843**	**2149714**
软件产品行业（E6201）			
一、软件产品合计	19525	59592657	453445
（一）基础软件	4301	10762946	55193
1. 操作系统	947	2244841	4417
2. 数据库系统	747	1318091	3332
3. 中间件	701	2979028	21793
（1）基础中间件	239	1014853	878
（2）业务中间件	326	1017016	11593
（3）领域中间件	136	947159	9322
4. 办公软件	526	473715	2762
5. 网络基础软件	246	359298	183
6. 其他	1134	3387973	22707
（二）支撑软件	830	1706156	4205
1. 开发工具和平台软件	376	837122	3155
2. 测试工具软件	136	179319	56
3. 网络支持软件	181	306160	822
4. 基本支撑软件	137	383555	172
（三）应用软件	11868	35849740	150813
1. 管理软件	2926	5143091	24247
2. 办公自动化软件	751	1135089	3026
3. 地理信息系统软件	289	611893	3083
4. 网络应用软件	443	826675	983
5. 多媒体软件	292	443023	3563
6. 动漫游戏软件	330	2061123	6807
7. 科学和工程计算软件	66	195397	
8. 智能分析软件	207	447797	193
9. 工业软件	1110	4034182	17977
（1）产品研发类软件	310	796109	4962
（2）生产控制类软件	800	3238073	13014
10. 行业应用软件	5454	20951471	90934

2012年内资企业软件产品完成情况

项　　目	企业数	本年收入（万元）	其中：出口（万美元）
（1）通信软件	894	7172804	35007
（2）金融财税软件	431	2320899	12011
（3）能源软件	388	1899186	2999
（4）商务（贸）软件	101	203791	1555
（5）交通应用软件	491	1642228	7741
（6）医疗软件	365	567242	5032
（7）统计软件	35	37564	
（8）其他行业应用软件	2749	7107757	26589
（四）嵌入式应用软件	948	6444390	195690
（五）信息安全产品	743	2387755	2333
1. 基础类安全产品	100	485492	615
2. 终端与数字内容安全产品	49	242956	
3. 网络与边界安全产品	158	604156	480
4. 专用安全产品	116	428092	105
5. 安全测试评估与服务产品	40	94628	
6. 安全管理产品	150	294567	256
7. 其他信息安全产品及相关服务	130	237865	877
（六）软件定制服务	835	2441671	45211
信息系统集成服务行业（E6202）			
二、信息系统集成服务合计	8758	44433228	421588
（一）信息系统设计服务	2399	12434917	338102
（二）集成实施服务	4221	25557933	55859
（三）运行维护服务	2138	6440378	27627
信息技术咨询服务行业（E6203）			
三、信息技术咨询服务合计	6545	18824982	61737
（一）信息化规划	759	3763447	4702
（二）信息技术管理咨询	3864	10121313	42136
（三）信息系统工程监理	604	2042797	330
（四）测试评估	306	1061030	44
（五）信息技术培训	1012	1836395	14524
数据处理和存储服务行业（E6204）			

2012年内资企业软件产品完成情况

项　　目	企业数	本年收入（万元）	其中：出口（万美元）
四、数据处理和存储服务合计	4516	30025730	37227
（一）数据处理服务	1023	5793364	6953
（二）运营服务	2359	18480064	27299
1. 软件运营服务	675	2091245	3304
2. 平台运营服务	1462	14572819	20562
（1）物流管理服务平台	152	1034976	1256
（2）电子商务管理	446	4727461	4355
（3）在线娱乐平台	300	4679333	12300
（4）在线教育平台	156	508263	443
（5）其他在线服务平台	408	3622787	2207
3. 基础设施运营服务	222	1816000	3434
（三）存储服务	174	546125	203
（四）数字内容处理服务	818	4853059	2490
（五）客户交互服务	142	353119	282
嵌入式系统软件行业（E6205）			
五、嵌入式系统软件合计	2543	24674970	1098613
（一）通信设备	743	13029211	952700
1. 通信传输设备	306	1717759	50109
（1）光通信设备	98	788561	14798
（2）卫星通信设备	49	249404	18361
（3）无线通信设备	159	679794	16950
2. 通信交换设备	92	1560702	124472
（1）数字程控交换机	53	1463063	124168
（2）软交换机	24	32957	108
（3）光交换机	15	64682	196
3. 移动通信设备	57	5448938	512096
（1）基站	36	5383305	512096
（2）直放站	21	65632	
4. 网络设备	288	4301813	266023
（1）网络控制设备	132	848077	20991
（2）网络接口和适配器	32	2314498	209285

2012年内资企业软件产品完成情况

项　　目	企业数	本年收入（万元）	其中：出口（万美元）
（3）网络连接设备	101	884644	28207
（4）网络优化设备	23	254594	7540
（二）广播电视设备	116	490857	10830
1. 广播电视节目制作及播控设备	83	433067	10774
（1）非线性编辑设备	10	21751	1056
（2）虚拟演播室设备	16	33025	96
（3）音视频信号处理设备	57	378291	9622
2. 广播电视发射设备	33	57791	56
（1）数字电视发射机	19	52738	56
（2）电视转播发射机	14	5053	
（三）数字家用视听产品	39	624346	23215
1. 电视接收机顶盒	39	624346	23215
（四）计算机应用产品	479	2861456	26945
1. 金融、商业、税务电子应用产品	64	242531	3693
（1）银行自助服务终端	31	68392	0
（2）POS机	21	50081	365
（3）税控机	12	124058	3328
2. 汽车电子	145	1490156	1270
（1）传动系控制系统	31	176221	114
（2）行驶系控制系统	32	217414	953
（3）车身控制系统	49	853593	190
（4）安全控制系统	33	242928	13
3. 智能交通	45	196212	76
（1）交通信号控制机	45	196212	76
4. 医疗电子设备	100	230900	8882
（1）医用电子仪器设备	83	205955	8633
（2）医学影像设备	17	24945	249
5. 智能识别装置	116	677606	12934
6. 自动检售票设备	9	24051	89
（五）信息系统安全产品	66	106997	301
1. 边界防护类设备和系统	25	51684	111

2012年内资企业软件产品完成情况

项　　目	企业数	本年收入（万元）	其中：出口（万美元）
2. 密钥管理类设备和系统	41	55313	190
（六）电子测量仪器	166	441107	8770
1. 器件参数测量仪器	48	78076	796
2. 扫描、频谱波形分析仪器	26	223857	6451
3. 通信测量仪器	29	84002	1003
4. 特殊测量仪器	63	55171	519
（七）装备自动控制产品	934	7120996	75852
1. 集散控制系统	313	3254638	23059
2. 电气传动及控制系统	281	1772272	34888
3. 装备制造工控系统	340	2094085	17905
集成电路设计行业（E6206）			
六、集成电路设计合计	680	3357275	77103
（一）MOS微器件	39	189417	4838
（二）逻辑电路	63	165530	633
（三）MOS存储器	15	34313	38
（四）模拟电路	64	362682	3843
（五）专用电路	135	665263	25224
（六）智能卡芯片及电子标签芯片	104	559796	461
（七）传感器电路	72	307203	484
（八）微波集成电路	16	71697	598
（九）混合集成电路	172	1001374	40985

反侵权盗版声明

举报电话：(010) 88254396；(010) 88258888

传　　真：(010) 88254397

E-mail：dbqq@phei.com.cn

通信地址：北京市万寿路 173 信箱

电子工业出版社总编办公室

邮　　编：100036